国网新源控股有限公司

"运维一体化"生产管理变革

探索与实践

国网新源控股有限公司　主编

中国电力出版社
CHINA ELECTRIC POWER PRESS

内 容 提 要

面对 2030 碳达峰、2060 碳中和的愿景，抽水蓄能电站因其在保障电网安全稳定、促进清洁能源消纳和系统经济运行等方面的重要作用，迎来了最好的历史机遇。传统的运行和维护相对独立的生产管理模式已经越来越不适应行业的持续发展。国网新源控股有限公司作为聚焦于抽水蓄能电站建设运营的大型国企，勇于承担历史责任，充分调研、精准试点、批次推广，探索出了适合中国抽水蓄能行业发展的"运维一体化"生产管理模式。本书对这一探索历程、"运维一体化"生产管理模式的主要内容、各属地单位的特色实践都进行了较为详实的阐释。

本书主要适合抽水蓄能电站和水电站从业人员阅读，对电力行业相关人员也有一定启发借鉴意义。

图书在版编目（CIP）数据

国网新源控股有限公司"运维一体化"生产管理变革探索与实践 / 国网新源控股有限公司主编. —北京：中国电力出版社，2021.7

ISBN 978-7-5198-5721-9

Ⅰ. ①国… Ⅱ. ①国… Ⅲ. ①抽水蓄能电站–电力系统运行–维修–一体化–生产管理–研究–中国 Ⅳ. ①F426.61

中国版本图书馆 CIP 数据核字（2021）第 111151 号

出版发行：中国电力出版社

地　　址：北京市东城区北京站西街 19 号（邮政编码 100005）

网　　址：http://www.cepp.sgcc.com.cn

责任编辑：谭学奇（010-63412218）

责任校对：黄　蓓　李　楠

装帧设计：赵姗姗

责任印制：吴　迪

印　　刷：三河市万龙印装有限公司

版　　次：2021 年 7 月第一版

印　　次：2021 年 7 月北京第一次印刷

开　　本：787 毫米×1092 毫米　16 开本

印　　张：13.5

字　　数：238 千字

印　　数：0001—1500 册

定　　价：98.00 元

前言 qianyan

中国国家主席习近平在 2020 年 9 月 22 日召开的联合国大会上表示:"中国将提高国家自主贡献力度,采取更加有力的政策和措施,二氧化碳排放力争于 2030 年前达到峰值,努力争取在 2060 年前实现碳中和。"着力发展清洁能源,推进能源绿色发展,推动科技进步,切实提高能源产业核心竞争力,打造中国能源升级版,为实现中华民族伟大复兴的中国梦提供安全可靠的能源保障是能源行业每名从业人员的追求。

近年来,中国电力领域呈现出电力供需矛盾逐步转化、新能源快速发展、跨区电能交换规模增加和电力市场逐渐完善等趋势,抽水蓄能电站调峰填谷、调频调相、事故备用和黑启动等传统功能得到进一步增强,在保障电网安全稳定、促进清洁能源消纳和系统经济运行等方面的重要作用凸显出来,行业市场价值逐步彰显,抽水蓄能电站发展迎来了最好历史机遇。

当前设备集成度更高、可靠性更好,人员具有较扎实的专业理论功底和较宽的知识面,追求自我价值实现,传统的运行和维护人员业务分离模式已经不能适应当前发展的需要。国网新源控股有限公司(简称新源公司)"运维一体化"模式是面对新时代的机遇与挑战,新源公司上下凝心聚力、勇于探索,为实现以人为本的高质量发展而做出的战略选择。"运维一体化"核心内涵是"组织机构一体、运检业务融合、人员轮换灵活",实施的策略指引是"标准化体系,多样化实践,地图化培养,个性化成长"。运维一体化模式的实施需要组织体系、业务体系、标准体系、绩效体系、培训体系、班组建设体系、验收检查体系等一系列体系支撑。

实践表明,新源公司运维一体化模式有效提高电站运检管理效率和设备管控水平,显著加快运检人员综合素质和业务水平的提升,初步实现运检人员从"运行操作型"和"维护消缺型"向"运行、维护、检测、评价"复合型人才的转变,基本满足新源公司快速发展对人才的需求。

本书的主要内容就是对上述工作的概括与总结,第一章梳理了国内外宏观形势和发展的机遇与挑战;第二章介绍了调研、试点、推广等运维一体化模式的探索过程;第三章全面介绍了运维一体化模式;第四章重点介绍了各基层单位独具特色的实践经验;第五章对新时代的发展进行了展望。

　　在本书的编写过程中,得到了华东琅琊山抽水蓄能有限责任公司、河北张河湾蓄能发电有限责任公司、安徽响水涧抽水蓄能有限公司、辽宁蒲石河抽水蓄能有限公司、华东天荒坪抽水蓄能有限责任公司、河南国网宝泉抽水蓄能有限公司、山西西龙池抽水蓄能电站有限责任公司、华东宜兴抽水蓄能有限公司、江西洪屏抽水蓄能有限公司以及北京厚德人力资源开发有限公司的大力支持,在此表示衷心感谢。

　　本书以抽水蓄能电站从业人员、水电站从业人员、电网企业从业人员、各级企业管理人员以及高等学校水利水电相关专业在校学生为读者对象。

　　限于编者水平有限,虽然对书稿进行了反复推敲,仍难免有疏漏与不足之处,敬请读者批评指正。

编者

目录
mulu

前言

第一章

2014，发展的十字路口

2014 年是"十二五"与"十三五"衔接的关键之年，从国内看，全面深化改革成为普遍共识；从国际看，全球政治、经济格局正在深刻调整，综合国力竞争日趋激烈。能源领域也发生着深刻变革。围绕能源安全与温室气体减排的国际地缘政治博弈错综复杂，中国能源供给面临的资源约束日益加剧，生态环境问题更加突出，步入新常态的社会经济对能源和电力的需求仍将呈刚性增长。习近平总书记在中央财经领导小组第六次会议上指出，要推动能源消费革命、供给革命、技术革命和体制革命，为中国能源和电力科学发展指明了方向。

为改变我国能源结构中化石能源比重偏高的情况，以水能、光能、风能为代表的清洁能源将得到巨大发展。清洁能源中以光能、风能为代表的新能源输出容量具有波动性和随机性，并网规模越大对协调平衡调节需求越大。抽水蓄能电站启停时间短、调节速度快、具有双倍调节能力，是技术最成熟，最具经济性和大规模开发潜力的路径。中国抽水蓄能装机规模已位居世界前列，但装机容量比例远低于合理水平，发展空间和潜能巨大，国家也适时推出了一系列政策指导和促进抽水蓄能的发展，可以确认"十二五"～"十三五"时期是抽水蓄能的发展机遇期。

在发展机遇期内，国网新源控股有限公司（简称新源公司）作为全球最大的调峰调频专业运营公司，所管理的以抽水蓄能为主的水电站在各方面将持续高速增长，对新源公司的管控能力、发展承载能力提出了重大挑战，其中规模的快速扩大与人才成长周期相对较长的矛盾尤其突出。

传统生产管理模式下，运行专业与维护专业分开，在专业技术上存在壁垒，专业水平相对较浅，职业生涯发展空间受限，人才成长周期相对较长。如果在高速发展中仍然维持原有的生产模式，很难缩短人才成长周期，导致维护人员数量少，维护力量匮乏，管理无法到位。如何快速适应抽水蓄能行业发展趋势，提升人才成长速度，拓宽人才发展空间，构建具有新源公司特色的科学高效的核心业务管控模式，提升公司的发展能力和运营效率，等待着新源人给出明确答案。

第一节 国内外宏观形势

党的十八大提出了"两个一百年"的奋斗目标。习近平总书记提出"四个全面"治国方略，确立了新形势下党和国家各项工作的战略方向、重点领域和主攻目标。十八大以来，中国经济正步入"中高速、优结构、新动力、多挑战"的新常态。从发展阶段和未来趋势看，中国经济将保持持续平衡发展，随着新型工业化、信息化、城镇化和农业现代化建设深入推进，中国经济社会发展对能源和电力的刚性需求依然很大，持续增长态势不会发生根本改变。

从国际上看，围绕能源资源的地缘政治博弈错综复杂，国际竞争更趋激烈，利用境外资源不确定性增加，能源通道存在较大隐患，安全保障面临严峻挑战。

当前，国际社会的一个重要议题是气候变化。为应对温室效应，1992年5月9日通过了《联合国气候变化框架公约》。中国于1992年11月7日经全国人大批准《联合国气候变化框架公约》，并于1993年1月5日将批准书交存于联合国秘书长处。《联合国气候变化框架公约》自1994年3月21日起对中国生效。2009年在哥本哈根召开《联合国气候变化框架公约》第15轮缔约方会议（COP 15），会议前夕，中国承诺减排40%，2020年中国单位国内生产总值二氧化碳排放比2005年下降40%～45%，非化石能源占一次性能源消费的比重达到15%，森林面积比2005年增加4000万ha，森林蓄积量比2005年增加13亿m^3。2014年12月9日，正在秘鲁首都利马出席《联合国气候变化框架公约》第20轮缔约方会议（COP 20）的中国政府代表表示，2016～2020年中国将把每年的二氧化碳排放量控制在100亿t以下。

承诺庄严，压力巨大。中国能源结构中化石能源比重偏高，煤炭消费比重高达66%，比世界平均水平高35.8个百分点；发电量中煤电比例为75%，高出世界平均水平约28个百分点；非化石能源占能源消费总量的比重仅为9.8%。同时还存在煤炭过度开采资源环境难以承载，油气对外依存度不断提高，新能源开发利用水平不高，能源储备应急体系不健全，重要关键设备和核心技术依赖进口，体制机制约束问题突出等一系列问题。

总体来看，世界政治、经济格局深刻调整，能源供求关系深刻变化。中国能源资源约束日益加剧，生态环境问题突出，调整结构、提高能效和保障能源安全的压力进一步加大，能源发展面临一系列新问题新挑战。习近平总书记在中央财经领导小组第六次会议上指出，要推动能源消费革命、供给革命、技术革命和体制革命，为中国能源和电力科学发展指明了方向。

推动能源生产和消费革命是长期战略，需要科技革命和机制体制创新。2014 年，国家发布的《能源发展战略行动计划（2014～2020 年）》文件中提出，要以开源、节流、减排为重点，确保能源安全供应，转变能源发展方式，调整优化能源结构，创新能源体制机制，着力提高能源效率，严格控制能源消费过快增长，着力发展清洁能源，推进能源绿色发展，着力推动科技进步，切实提高能源产业核心竞争力，打造中国能源升级版，为实现中华民族伟大复兴的中国梦提供安全可靠的能源保障。同时坚持"节约、清洁、安全"的战略方针，加快构建清洁、高效、安全、可持续的现代能源体系，重点实施节约优先、立足国内、绿色低碳、创新驱动四大战略。

针对中国能源发展实际和经济社会发展对电力的刚性需求，国家电网有限公司（简称国家电网公司）提出实施"两个替代"（清洁替代、电能替代）是从根本上解决能源环境问题，实现中国能源安全、清洁、高效和可持续发展的唯一出路，建设以特高压电网为骨干网架、输送清洁能源为主导、全球互联的坚强智能电网是实现电网互联互通的重要途径。为适应川藏水电开发送出需要，规划建设西藏统一电网，与川、渝电网相联。华北、华中、华东电网都是受端电网，水火互济、风光互补效益显著。通过特高压电网建设，网间联系更加紧密，能够大幅提高东中部负荷中心接受区外来电能力和清洁能源消纳能力，电网结构得到进一步优化，使国家电网更安全、更可靠、更经济。

新能源输出功率具有波动性和随机性，特别是高比例新能源电源接入电力系统后，要实现有效消纳，系统内必须配备必要的灵活调节电源。从国内外发展经验看，抽水蓄能电站的发展，与各国新能源发电规模快速扩大保持着近似"同步"的节拍。抽水蓄能以水能转换为载体，通过提供系统储能服务和多工况调度运行，在电网中承担调峰、填谷、调频、调相、事故备用、黑启动等任务，已经成为现代电力系统不可或缺的重要组成部分。

根据对国外抽水蓄能产业发展规模的调查，一般电力系统内配备 5%、10%到 12%不等比例的抽蓄电站作为调节电源。尽管中国抽水蓄能装机规模已位居世界前列，但是装机容量占发电总装机比例不超过 2%，远低于合理水平。中国抽水蓄能的发展空间和潜能巨大。国家也适时推出了一系列政策指导和促进抽水蓄能的发展，仅 2014 年就出台了多项政策。

2014 年 11 月，国家发展改革委发布了《关于促进抽水蓄能健康有序发展有关问题的意见》（发改能源〔2014〕2482 号），明确提出把抽水蓄能电站作为优化能源结构、促进新能源开发利用和保护生态环境的重要手段，到 2025 年，全国抽水蓄能电站总装机容量达到约 1 亿 kW，占全国电力总装机的比重达到 4%左右。

2014 年 11 月，国务院发布《政府核准的投资项目目录》（2014 年），将抽水蓄能核准权限下发至省级政府。

2014 年 12 月，国务院发布《关于精简审批事项规范中介服务实行企业投资项目网上并联核准制度工作方案的通知》（国办发〔2014〕59 号）。通知明确：一是属于企业经营自主权的事项，一律不再作为前置条件。二是对法律法规没有明确规定为前置条件的，一律不再作为前置审批。三是对法律法规明确规定为前置条件的，除确有必要外，都要通过修改法律法规，一律不再作为前置审批。四是核准机关能够用征求相关部门意见方式解决的事项或者能够通过后续监管解决的事项，一律不再作为前置审批。五是除特殊需要并具有法律法规依据外，有关部门一律不得设定强制性中介服务，不得指定中介机构。

2014 年 12 月底，国家发展改革委和中央编办联合发布《关于一律不得将企业经营自主权事项作为企业投资项目核准前置条件的通知》（发改投资〔2014〕2999 号）。通知提出企业投资项目，除关系国家安全和生态安全、涉及全国重大生产力布局、战略性资源开发和重大公共利益等项目外，一律由企业依法依规自主决策。明确项目的市场前景、经济效益、资金来源和产品技术方案等"内部性"条件，均由企业自主决策、自担风险，项目核准机关不得干预企业投资自主权，不得将属于企业经营自主权的事项作为企业投资项目核准的前置条件。同时提出项目申请报告中属于企业经营自主权的相关内容，仅供项目核准机关在核准过程中了解，项目核准机关不得以"内部性"条件否决企业的项目申请。

综合国内外宏观形势分析，可以确认抽水蓄能正处于加快发展的重要机遇期。未来更多抽水蓄能电站的投运，将充分发挥削峰填谷等综合辅助服务的功能，有助于电网安全调控能力和调峰能力的提升，促进新能源大规模、大范围消纳，为实现能源生产和消费革命提供有力保障。

第二节　新源公司的机遇与挑战

"十二五"～"十三五"时期是抽水蓄能的快速发展机遇期，新源公司管理的以抽水蓄能为主的水电站运营容量和在建容量将接近 4000 万 kW，管理跨度、管理单位数量将持续扩大，对新源公司管控能力、发展承载能力提出了重大挑战。新源公司还面临结构性缺员、领军人才匮乏、竞争加剧、风险扩大、部分设备老化等诸多问题。经过多年努力，新源公司在项目储备、管理能力、技术能力、人才储备等方面打下了坚实基础，为构建适应新源公司特点、科学高效的核心业务管控体系，提升发展能力和运营效率提供了有力保障。

一、新源公司的基本情况

国网新源控股有限公司于 2005 年 3 月成立，按照国家电网公司战略部署，"十一五"和"十二五"期间，新源公司平稳完成多次资产划转和业务调整工作。2011 年 7 月，国家电网公司组建国网新源水电有限公司（简称新源水电公司），与新源公司实行一个班子、一套机构、两块牌子的一体化管理，新源公司主营业务逐渐明确，发展定位更加清晰。截至 2014 年年底，新源公司累计注册资本金 78 亿元，主要负责开发建设和经营管理国家电网公司经营区域内的抽水蓄能电站和常规水电站，服务坚强智能电网建设，在国家电网公司战略布局中具有重要地位。

新源公司成立以来，走过了一段励精图治、上下求索、奋勇拼搏、成果丰硕的发展历程。"十一五"初期，新源公司面临主营业务尚未明确，发展定位较为模糊，历史遗留问题和各种矛盾相互交织、错综复杂，管理松散、经营粗放，整体管理基础十分薄弱的局面，安全生产和队伍稳定面临很大风险，公司发展面临严峻挑战。面对挑战，新源公司党组团结带领全体干部员工，主动承担起历史的责任和使命，承担起国家电网公司党组的重托，实现了从多元化到专业化的重大转变，成长为全球最大的调峰调频专业运营公司。

（一）组织机构现状

截至 2014 年底，新源公司管理二级单位 48 家，其中抽水蓄能业务单位 35 家，常规水电业务单位 8 家，其他业务单位 5 家。

新源公司管理 48 家单位中，新源公司所属单位 40 家，其中分公司 12 家，全资子公司 2 家，控股公司 26 家。新源水电公司所属单位 8 家，其中分公司 6 家，全资子公司 2 家。

（二）资产情况

新源公司拥有的发电资产主要分布在国家电网公司经营区域内。截至 2014 年底，投运机组总容量 2015.5 万 kW，其中抽水蓄能 1637 万 kW，常规水电 375.5 万 kW，国际水电 3 万 kW；在建总容量 1010 万 kW，其中抽水蓄能 890 万 kW，常规水电项目 120 万 kW；

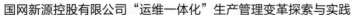

新源公司资产总额 630.28 亿元，资产负债率 65.09%。

（三）人力资源情况

"十二五"期间，在新源公司抽水蓄能项目快速增长的同时，员工队伍总体规模得到严格控制，队伍结构不断优化，员工素质持续提升。截至 2014 年底，用工总量 6517 人，其中劳务派遣人员 635 人。长期职工中，从学历结构看，研究生以上学历 364 人，本科学历 3338 人，分别占 6.2% 和 56.7%；从专业技术结构看，高级职称人员 988 人，中级职称 1304 人，分别占 16.8% 和 22.2%；从技能结构看，现有操作技能人才 2205 人，具有高级工及以上职业资格的占员工总数的 27.72%。水电单位长期职工数量多，学历层次偏低，不在岗退养人员近 60 人。

2014 年，新源公司全员劳动生产率 123.46 万元/（人·年）（含新源控股公司和新源水电公司）。

（四）生产经营情况

2014 年，新源公司抽水蓄能机组全年发电启动 18 864 次，成功率 99.89%；抽水启动 12 779 次，成功率 99.52%；机组等效可用系数为 89.83%。常规水电机组全年发电启动 8450 次，机组等效可用系数为 92.95%。

2014 年，新源控股公司完成基建投资 37.82 亿元，完成发电量 106.8 亿千瓦时，主营业收入 85.24 亿元，实现利润 16.88 亿元，可控费用 52 819 万元，资产总额达 525.16 亿元，资产负债率 68.41%，净资产收益率 9.00%；新源水电公司完成基建投资 9.28 亿元，完成发电量 71.55 亿千瓦时，营业收入 24.09 亿元，实现利润 4.65 亿元，可控费用 29 909 万元，资产总额 105.12 亿元，资产负债率 48.49%，净资产收益率 6.76%。

二、新源公司发展规划

新源公司不断深化对抽水蓄能电站功能和公司定位的认识，不断深化对经济社会发展规律、能源电力发展规律、国有企业发展规律的认识，确立了"三优两化一核心"现代企业集团长期战略目标，制定了"三步走"发展战略途径，推动新源公司走上科学发展的轨道，形成了具有新源公司特色的发展战略，铸就了新源公司在国家电网公司战略部署中的重大战略意义和服务国家电网安全稳定运行的重要责任。

新源公司长期战略目标是：打造"资产优良、服务优质、业绩优秀，发展集约化、管理专业化，以抽水蓄能储能电源业务为核心"的"三优两化一核心"现代企业集团，建设国际一流的调峰调频电源专业运营公司和清洁能源公司。

（1）资产优良，就是资产结构合理，盈利和偿债能力强；不良资产少；成本费用低，现金流量大。突出企业的基本定位，突出对企业经营价值的追求。

（2）服务优质，就是紧密围绕国家电网公司建设现代电网和电网安全稳定经济运行的需要，服务于国家电网，成为坚强智能电网的重要组成部分。提高开发建设和经营管理抽水蓄能电站及调峰调频水电站能力，体现新源公司的核心价值观。

（3）业绩优秀，就是安全、质量、效益指标同业领先，企业健康发展，社会贡献显著。表明新源公司追求健康发展和全面发展的目标取向。

（4）发展集约化，是指积极贯彻党的十八大精神，变粗放式经营为集约化发展，充分整合新源公司系统资源，加强新源公司系统间的横向沟通，实现资源共享；在国家电网公司的指导下，统筹规划抽水蓄能项目，集中开发建设，合理配置资源；加强集中招标采购，降低经营成本，实现规模效益；加强资金的集中管理，合理调配资金流向，实现企业效益最大化。

（5）管理专业化，是指通过对新源公司抽水蓄能、调峰调频水电站及国际能源开发等经营领域的精益化管理，提高新源公司在各经营领域内的专业化水平，在较短的时间内使各经营领域整体水平达到同行业一流水平；同时，随着新源公司专业化水平的不断提高，将更加有的放矢地深入开展精细化管理。

（6）以抽水蓄能电源业务为核心，突出了新源公司的业务定位和特征。抽水蓄能电站是优良的调峰调频储能电源。为了履行新源公司职责，保证电网安全稳定运行，就要紧紧围绕这项核心业务，做好抽水蓄能电站的开发建设和经营管理，突出这些项目在保证电网安全稳定中的特殊作用，为建设坚强电网，做出最大的贡献。

（7）现代企业集团，是指通过全面整合新源公司各项业务，推广集约化发展模式，形成专业化管理能力。完善法人治理结构，建立现代企业制度，积极发挥董事会、监事会作用，加强所属企业管理。加强新源公司总部建设，使总部真正成为战略决策中心、资源配置中心和管理调控中心。

根据国家电网公司战略部署和新源公司党组的安排，确定"三步走"的战略任务：

第一步，夯实基础、谋划布局阶段。要有效掌控蓄能电站关键站点，为形成规模经营优势和核心竞争力打下坚实基础；已顺利实现。

第二步，快速发展、全面提升阶段。坚持速度、质量、效益协调统一，力争到"十二

五"末，实现可控容量超过 3500 万 kW，项目储备 3000 万 kW 以上，成为产业优势突出，服务和引领能力显著，管理规范高效，在行业处于领先地位的现代企业集团。

第三步，价值创造，行业引领阶段。坚持专精优方向，着力打造企业核心竞争力，做强做优抽水蓄能和水电主营业务。力争到"十三五"末，实现可控容量超过 5000 万 kW，项目储备 3000 万 kW 以上。[注]

新源公司着力深化"四化"工作（集团化、集约化、精益化、标准化），着力加强"三基"管理（基础、基层、基本功），着力提高管理效力、效率和效益，着力提升专业和技术支撑能力，着力提升企业"六个"素质（管理素质、设备素质、技术素质、经营素质、队伍素质和文化素质），建立健全科学的管控体系，坚持总结提升与创新管理相结合，依法治企与加快发展相结合，推进管理方式向集团化、集约化、专业化转变，管理手段向信息化、标准化、精益化转变。

三、管理挑战与机遇

"十二五"～"十三五"期间，是抽水蓄能的快速发展期，新源公司管理的水电站运营容量和在建容量将接近 4000 万 kW，管理跨度、管理单位数量将持续扩大，对新源公司的管控能力、发展承载能力提出了重大挑战（见表 1-1）。

表 1-1　　　　　　　　新源公司"十三五"期间抽蓄电站分布

序号	省份	电站	机组	装机容量（万 kW）
1	北京市	十三陵电站	4 台×20 万	80
2	安徽省	响水涧公司	4 台×25 万	100
		琅琊山公司	4 台×15 万	60
		响洪甸公司	2 台×4 万	8
		绩溪公司	6 台×30 万	180
3	浙江省	天荒坪公司	6 台×30 万	180
		桐柏公司	4 台×30 万	120
		仙居公司	4 台×37.5 万	150
4	河北省	潘家口电站	3 台×9 万	27
		张河湾公司	4 台×25 万	100

注：截至 2017 年，新源公司"三步走"战略规划提前实现。

续表

序号	省份	电站	机组	装机容量（万 kW）
5	河南省	回龙公司	2 台×6 万	12
		宝泉公司	4 台×30 万	120
6	湖北省	莲水公司	3 台×1.5 万	4.5
		莲蓄公司	4 台×30 万	120
7	湖南省	黑麋峰公司	4 台×30 万	120
8	山东省	泰山公司	4 台×25 万	100
9	山西省	西龙池公司	4 台×30 万	120
10	辽宁省	蒲石河公司	4 台×30 万	120
11	吉林省	白山电站	2 台×15 万	30
12	江苏省	宜兴公司	4 台×25 万	100
13	福建省	仙游公司	4 台×30 万	120
14	江西省	洪屏公司	4 台×30 万	120

新源公司进一步发展面临的挑战有：

（1）新源公司已实现了国家电网公司经营区域内抽水蓄能发展的全覆盖，但随着抽水蓄能投资市场的放开，各发电企业和地方投资集团对抽水蓄能的投资热情高涨，市场竞争将越来越激烈，新源公司对市场的控制能力逐步削弱，已掌控的项目丢失可能性增大。

（2）相关的产业政策一再重申项目的市场前景、经济效益、资金来源和产品技术方案等均由企业自主决策、自担风险，国家也不再对项目技术方案进行行政审查。这对新源公司的市场研判、投资风险把控、技术管理和项目管理等方面提出了更高的要求。

（3）结构性缺员矛盾和领军型人才匮乏的局面短期难以改变。新源公司经营区域涉及 19 个省（市、自治区），管理单位 48 家，员工 6500 余人，点多面广，管理链条长。抽水蓄能和常规水电结构性缺员严重，领军型人才缺乏，人员结构配置上需要进一步优化。

（4）部分水电站，尤其是建设时间较早的常规水电站，设备老化严重，进入技术改造高峰期，安全生产压力大。同时历史遗留问题多，包袱较重，社会稳定压力大。

面对挑战，新源公司自身也蕴含着进一步发展的机遇：

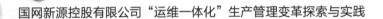
1. 新的市场环境为新源公司发展提供难得的发展机遇

以"中高速、优结构、新动力、多挑战"为主要特征的经济新常态，正在深刻改变中国经济的面貌。从抽水蓄能产业发展阶段看，中国步入经济新常态期后，虽然用电量增长速度有所放缓，电力系统峰谷差却日益加大，用户对供电质量标准在逐步提高。"十三五"期间，中国可再生能源比重将大幅提高，根据《能源发展战略行动计划（2014—2020年）》，截至2020年，中国核电装机容量达到5800万kW，风电装机容量达到2亿kW，光伏发电装机容量达到1亿kW，新能源的快速发展对系统调节和保障手段提出新需求。同时，为加快调整能源结构、增加清洁能源供应，解决大气污染问题，国家电网公司强调要大力实施清洁替代和电能替代，推动构建全球能源互联网，这对跨区大电网和送受端电网的安全保障水平提出更高的要求。面对新的电力市场环境和系统需求，国家发展改革委2014年底已正式明确，截至2025年，全国抽水蓄能电站装机容量要达到1亿kW，占全国电力总装机容量4%。因此，"十三五"期间，适度加快抽水蓄能发展是电力系统的迫切需要，新源公司将面临中国抽水蓄能加快发展的难得机遇期。

2. 新源公司抽水蓄能的项目储备和前期工作能够满足"十三五"发展的速度

从站址资源及前期工作项目储备方面看，经过"十二五"的努力，抽水蓄能的选点规划工作已全部完成，成果得到了国家能源局的批复和肯定。新源公司抽水蓄能项目前期"规划一批、预可研一批、可研一批、核准一批、开工建设一批"的良性发展格局已形成并趋于稳固。同时，项目前期已形成了一整套完整并行之有效的管理体系和协调沟通机制，无论是从项目储备还是项目前期管理工作上，都能适应国家产业政策变化和国家电网公司发展大局需要，能够满足进一步发展需求。

3. 新源公司建设管理能力基本能够承受进一步发展的压力

近年来，新源公司加强基建管理的体系建设、标准化管理，取得了很大的成效。符合抽水蓄能特点的基建管理体系已基本形成，新源公司基本建设项目的质量、进度、造价和技术管理已基本形成体系，并逐步深化、细化。虽然高峰年度在建项目较多，但同时处于土建高峰期的项目并不十分集中，通过完善基建管控机制、提升项目公司管理水平、增加基建项目管理人员等措施，能够承受进一步发展的压力。

4. 新源公司安全生产风险管控能力能满足进一步发展的需要

近年来，新源公司不断建立健全安全体系，推进安全管理标准化，强化安全教育培训，创新安全管控方式，全面开展岗位安全资格认证，形成了机组检修质量专项监督和设备质量管控督查的常态化机制。强化应急管理体系建设与应用，健全应急联动机制，构建互联互通、高效协同的应急指挥系统，应急处置能力得到了全面提升。

5. 新源公司盈利水平和投资能力基本能够满足适度快速发展的需求

从新源公司自身的资本金来源和资金筹措能力上来看，经过国家电网公司近几年连续资本金注入，资金紧张的局面正逐步缓解；随着运行年份增加、内部管理加强和相关政策落实到位，新源公司存量资产收益逐年提高；同时，新投产项目逐渐增加，促进新源公司盈利能力和盈利水平提升，新源公司投资能力基本能够支撑进一步发展的需要。

6. 新源公司人才储备和技术能力基本能够满足进一步发展的需求

经过多年来的艰苦磨炼、内部培养和外部招聘，新源公司基本上形成了一支集项目前期、基本建设和运营管理为一体的抽水蓄能专业化管理队伍。领军型和专家人才等各类队伍配置、结构和梯队正逐渐趋于合理，队伍的能力和素质逐步提高。同时进一步建立了技术服务体系：以建设公司为依托，形成了服务于基本建设的咨询服务体系；以检修公司为依托，形成了服务于安全生产的技术监督服务体系；以技术中心为依托，形成了对项目前期、基本建设、安全生产过程中的重大技术问题进行把关的服务体系。抽水蓄能技术上也已经很成熟，不存在重大的技术敏感性问题，无论是在管控能力方面，还是技术水平方面，新源公司基本上能够支撑进一步发展。

新源公司正处于重要的发展机遇期。开工和投运容量将不断扩大，安全生产、工程建设、经营管理任务艰巨。要实现新源公司发展速度、安全健康和规模效益的协调统一，必须进一步深化管理、提升能力，建立健全与新源公司特点相适应的运维管控体系。与世界同行相比，与世界一流企业相比，在生产管理和运营效率方面还有较大差距。这种情况，主要是由于水电行业历史沿革复杂，原有的层级多、链条长、专业发展受限的水电生产体系，导致执行力层层衰减、管理成本高、效率低下，已经无法适应公司日新月异的发展形势。运维管控问题具有全局性、根本性，如果不彻底突破原有思路束缚，老问题就会反复出现，新问题也会不断产生。因此，只有从根本上解决新源公司快速发展与结构性缺员的矛盾，建立科学的运维机制，实现向现代企业管理的转型升级，才能顺利完成新源公司"三步走"的发展规划。

传统生产管理模式下，占生产人员近一半数量的运行人员，在专业技术上存在壁垒，专业水平相对较浅，职业生涯发展空间受限。传统生产模式下，由于水电站设备自动化程度不高，机械保护、消防系统等配置不全，导致安全生产过分依赖运行人员把关。而随着水电站"无人值班、少人值守"技术的不断发展，设备自动化程度的不断提高，计算机监控系统已日臻成熟，保护功能已全面覆盖，在线监测系统已日趋完善，高质量的设备维护成了设备稳定运行的保证。若电站仍然维持原有的生产模式，由于维护人员数量少，维护力量匮乏，维护人员多数是救火式的消缺，电站的设备管理无法到位。因此，必须把设备管理的关口前移，把电站的核心业务从设备运行向设备管理转变。

如何快速适应这种趋势，使运行人员由生产技能型人才转变为专业技术型人才，解决运行人员的发展空间问题，构建适应新源公司特点、科学高效的核心业务管控模式，提升新源公司的发展能力和运营效率是急需破解的关键问题。

第二章

新模式的探索者

从生产力和生产关系角度而言，作为抽水蓄能电站生产力要素的生产工具（设备）和劳动者（员工）取得了快速发展，而作为生产关系要素的各项机制却相对落后。这种相对落后的生产关系又制约着电站生产力的发展。为此，部分电站结合自身情况进行了大胆探索，取得了一定效果，在此基础上新源公司深入调研，全面总结基层单位已取得成果，反复酝酿，缜密安排，从试点开始分批次推广，在实践中不断发现问题、解决问题，探索出了以"运维一体化"为标志的新生产管理模式。

第一节 风起于青萍之末

新源公司作为世界上最大的抽水蓄能电站管理专业公司，为了适应抽水蓄能快速发展的要求，于"十一五"期间提出了"三步走"发展战略，力争到"十二五"末，可控容量达到 4000 万 kW 以上，到"十三五"末，实现可控装机容量 6000 万 kW 以上。与此对应的是，2012 年底新源公司已运行抽水蓄能容量是 1427 万 kW。新源公司需要大发展，需要积极开展项目，也需要在较短时间内培养大量的合格人才。如果沿用传统的生产管理体制机制，很难缩短人才成长周期，就新源公司目前的人员状况很难为公司长期安全稳定发展提供人力资源支撑。

从生产力和生产关系角度而言，作为抽水蓄能电站生产力要素的生产工具（设备）和劳动者（员工）取得了快速发展，而作为生产关系要素的各项机制却相对落后。

从设备角度来看，随着科学技术和制造水平的不断进步，抽水蓄能电站技术含量、技术集成度、机电一体化水平和自动化水平快速提高，设备闭锁系统日趋完善，事件记录、数据采集分析等功能日益完备。从人员角度来看，新进厂的人员大都是大学本科生，具有

较扎实的专业理论功底和较宽的知识面。用工成本的不断增加，要求企业严格控制用工数量，提升员工业务技能，提高生产效率；精细化、集约化的管理发展趋势对员工的业务技能提出复合性要求。一专多能，一人多岗将是员工的"新常态"。

在新源公司的快速发展机遇期，如果不是通过探索创新与先进生产力相适应的生产关系，而是仍然按照传统水电站的习惯模式配置人力资源、培训员工、设置管控模式，人力资源总体冗员、结构性缺员的现象必然会以更大的规模出现，既严重影响新源公司的快速发展，也会严重束缚员工个人的成长。

变革是新源人凝聚的共识。各电站根据自己的理解和自身禀赋，进行了一系列尝试，琅琊山抽水蓄能电站的探索就很有代表性。

华东琅琊山抽水蓄能电站有限责任公司（以下简称琅琊山公司）地处安徽省滁州市，装设有 4 台单机容量 150MW 的抽水蓄能机组，于 2007 年 9 月 27 日全部投入商业运行。由于琅琊山抽水蓄能电站在工程建设期按照"小业主、大监理"的模式进行管理，人员一直控制比较少，在 2007 年机组投产运行时，电站总人数为 29 人，其中生产人员为 16 人，不足同时期同规模电站人数的一半。如果按照传统的 5 班 3 倒或 4 班 3 倒的运行值班模式，加上安全和生产管理人员，电站首先面临的就是维护工作人员不足甚至无人可用的局面。然而电站先后荣获安徽省"安康杯"优胜企业，新源公司"安全生产先进单位""世博保电工作先进单位""一流企业工会"、滁州市"十佳工业企业""模范职工之家"等称号。

琅琊山公司是如何做到的呢？成绩的取得离不开自投产以来一直坚持运维一体化管理模式的探索与实践，培养了一批复合型人员，提高了电站管理水平和效率。

琅琊山公司调研了广州、天荒坪、十三陵等抽水蓄能电站的管控模式，深入分析了各自的优点和不足，又借鉴了国外现代抽水蓄能电站的先进管理经验，结合电站实际情况，在探索实践中逐渐形成了以培养复合型人员为核心的运维一体化管理模式雏形。

1. 打破部门壁垒，实现"一专多能"

琅琊山公司虽然对外仍保留生产技术部、运行分场和维护分场三个部门，但对内打破三个部门之间的壁垒，生产人员既是运行分场运行人员，又是维护分场维护人员，同时还是生产技术部设备专工，三个部门的领导也是相互兼任，统一协调全部生产人力资源并安排各项生产任务。对新进生产人员，同样不分专业、岗位，同时开展运行岗位、维护岗位和管理岗位技能和知识培训，保证每位员工都能独立值班，并具备一定的维护工作能力，达到人人都能胜任运维一体化管理模式岗位要求的能力。同时，生产人员还负责一部分检修、技改、科技等项目管理，使每一个人熟悉 ERP、HPMS（生产管理信息系统）、财务管控相关模块和流程。在此基础上，根据每个人的特点和潜力的不同作定向培养，形成专业技术骨干队伍，达到"一专多能"的目的。

2. 抓实新员工培训，拓展专业基础

琅琊山公司招收生产人员的专业主要为：电气工程、自动化、水力机械。由于各院校专业设置的侧重不同，学科设置不尽相同，电站根据安全生产对作业人员专业知识的实际需求，在进行新员工入职培训期间，加入了《电路基础》《电机学》和《电力系统继电保护》等专业基础课。所有新入厂员工都必须经过上述专业基础课的培训，并且考试合格，为下一步的运维一体化培养打下知识基础。具体做法是借助网络视频教育培训手段，接受知名高校老师的辅导，学习期间琅琊山公司安排专人负责，并结合公司设备进行同步讲解，使理论学习与现场实际紧密结合，既生动又形象，便于对抽象概念的理解，收到了较好的效果。

3. 强化基本技能，培养自学能力

生产人员的基本技能包括阅读图纸、资料查找和使用基本安全工器具等，是新入厂人员迫切需要完成的基本培训。琅琊山公司生产相关技术资料已全部实现了电子化，并分门别类进行了整理，共享在公司内网服务器上，便于生产人员查找。关于图纸阅读，公司强调"授之以鱼，不如授之以渔"理念，将各种工程图纸的读图方法和回路逻辑关系作为培训重点，让新员工首先知道"如何读图"，然后"有兴趣并且主动读图"。现场生产人员不仅熟悉各专业的系统图，还能熟练阅读电气二次详图，并且将其与现场实际设备对应起来。琅琊山公司强调对员工动手能力的要求，通过定期组织各类技能比赛、操作演示等活动，保证了生产人员均能熟悉螺丝刀、扳手、万用表、绝缘电阻表、红外测温枪等基本工器具的使用方法和要求。员工基本技能和自学能力的培养，为公司和个人发展都奠定了良好的基础，并起到了很好的促进作用。

4. 一人多岗，弱化运维分工

刘于新入职的生产人员，琅琊山公司不按照传统模式进行分工，运行技能与维护技能同时培养。具体做法是：新入职人员既在运行分场又在维护分场，并且定期进行岗位轮换。在运行分场时熟悉全站设备的运行方式、主要参数以及设备的监控、倒闸隔离操作等全站各设备系统宏观结构的掌握；在维护分场时参与设备的日常检修维护和消缺工作，进一步深化微观知识结构，透彻了解设备的结构特点、控制原理、缺陷发生机理和修复程序。在锻炼员工动手能力的同时，还要求员工以设备说明书为指导，掌握电气机械设备的具体构成、设备的检修流程和工艺方法，熟悉相关试验的数据标准，掌握设备的调试流程和方法。

一人多岗的模式彻底改变了传统电站运行、维护人员"泾渭分明"的状况，运行人员发现缺陷后能够给出初步的原因分析，有利于缺陷的快速准确定位和顺利消除；维护人员在消缺时也能充分考虑对系统运行方式的影响，有利于缺陷的控制和降低对系统的影响。

5. 充分利用各方资源，实现全员全专业培训

新的模式下，员工的专业、岗位都不再像传统模式那样细分与固化，与生产相关的专业都应了解，并具备一定的技能水平。为此琅琊山公司每年都会制定专业培训计划，每个专业都指定专人结合公司设备的实际情况编写培训教材，培训时生产人员全员参与，培训课堂以授课人引导、全员讨论互动的方式进行，课后及时对培训情况进行评估。这样充分发挥了公司各专业技术人才的优势，做到了全员全专业培训，能者为师，人人都是老师，人人又都是学员。

琅琊山公司还将"专题"培训与现场设备故障和消缺相结合。由于实行运维一体，任何生产人员现场都可能碰到各式各样的缺陷，从一次到二次，从电气到水机、甚至水工，消缺负责人除在现场完成消缺工作外，还需在公司月度生产分析会上对消缺思路和过程进行详细介绍，对缺陷相关的边缘知识进行讲解，这就要求每一位生产员工不光要有熟练的操作能力，还要具备丰富的理论知识。因此，理论知识的学习就变成了所有生产人员的"必修课"。这一制度也从根本上解决了传统培训人员人到心不到的现象。

另外，随着员工培训机会的增多，将培训效果最大化也成为琅琊山公司上下一致的共识。公司员工在外出参加专业或高技能培训期间，认真做好培训记录，并结合自身情况整理培训教材，回厂后对其他员工进行培训，这样既检验了外培人员的学习情况，又让大家都能获取外部培训的知识和信息。其他诸如设备制造单位人员现场维护、调试等，也都采取类似方法，努力实现"知识效益"的最大化。

6. 以压促进，挖掘潜力

新员工接受能力强，成长速度快，对于表现突出的员工，琅琊山公司根据个人特点适当压担子，挖掘员工潜力。

琅琊山公司突破工作年限要求，打破"按资排辈"的传统做法，将所有人员放在同一平台进行检验，老员工有了压力，新员工更有了动力。以参加运行副值上岗考试为例，对于考试合格的员工公司一律准予上岗，并分阶段让其独立值班，这一方面很大程度上激励了新员工；另一方面，也让其在初期面临较大压力。独立值班意味着要单独考虑当值期间全厂设备的运行方式、维护工作的许可安排以及设备故障的应急处理，这就要求新员工化压力为动力，不断增加责任心、多学知识、增强自信心才能真正胜任新的岗位。

　　在对检修、技改项目风险进行评估后，对于辅机设备的检修、技改大胆起用新人，让新员工担当项目负责人，负责项目从方案制定、现场试验及验收评价的全过程管理，鼓励他们在工作中不断发现问题，解决问题，然后总结问题。项目执行期间琅琊山公司生产技术部给予必要的指导和技术支持，但不大包大揽，这样既做到了控制项目风险又给予新员工充分的锻炼机会。

　　对于新员工既要进行运行与维护的倒班又要承担所负责的项目，他们有着空前的压力。琅琊山公司积极营造轻松的氛围，对于出现的问题由公司管理层与执行层共同承担，并将重点放在原因分析和总结经验教训上，绝不一罚了事，实现"事事有分析、事事有收获"。琅琊山公司还通过民主生活会、班组安全活动、设置总经理联络员等多种形式听取员工的心声，帮助他们排解压力，克服困难，树立信心。

　　7. 结合标准化建设，实现专业、岗位有效轮转

　　琅琊山公司在新源公司的统一组织和领导下，积极推进标准化建设。先期编制各种管理标准和工作标准，明确各岗位职责及工作开展的要求和流程，后期组织员工编写了全厂设备的检修维护周期以及检修作业指导书，这为生产人员的专业及岗位轮转打下了良好的基础。工作有标准，作业有指导书，这样可以有效降低专业、岗位轮转的风险。专业及岗位轮转制度的实施，使得生产人员有了更大更公平的舞台，人人都有学习和展示自我的机会，充分调动人员的主观能动性，不会因为长期处于"边缘"岗位或专业，工作学习失去激情甚至产生抵触情绪。

　　8. 建立相应用人及分配机制，实现正确引导

　　琅琊山公司实行"公平、公正、公开"的竞争上岗原则，员工晋升必须经过民主测评、笔试、面试等环节，并按比例计算综合成绩后择优选用。在内部分配机制上，公司积极向生产一线人员倾斜，引导员工向复合型人才、专家型人才方向发展。生产一线人员同时考上两个岗位资格者，公司聘用后岗级向上调整一级；非生产一线员工，一员多岗者，根据其工作强度和技术含量情况向上调整薪级。为了拓展员工职业发展通道，公司设立首席工程师和专业技术带头人岗位，经济上分别享受部门副职和正职待遇，不占中层干部指标。这些措施让知识和技能在琅琊山公司充分闪光，充分营造了"让想干事的人有机会，能干事的人有平台，干成事的人有地位"的良好氛围，也催生了员工成长为复合型人才的内在动力。2010～2013 年，全公司共有 60 人次竞聘 26 个岗位，其中包括 4 名部门负责人和 1 名首席工程师。

　　琅琊山公司运维一体化管控模式的实践使人力资源的潜力得到有效的挖掘，拓展了员

工职业发展通道，公司在人员相对较少、队伍结构偏年轻的不利情况下，在设备管理、安全生产、文化建设等方面取得较好的成绩。

（1）提高了抽水蓄能电站管理水平。琅琊山公司在探索过程中，标准化建设、信息化工作、迎峰度夏、防汛、机组检修、各类专项验收、创优质工程奖和企业文化建设等刚性任务重叠，每项工作要求都很高，时间紧、任务重、困难大。公司依靠运维一体化模式的探索，建立了复合型人才的培养模式，建立了高效的管理体制机制和动态的人力资源管理措施，保证了各项工作忙而不乱、有条不紊地开展。琅琊山公司先后承担新源公司 ERP 试点单位、事故隐患排查治理"树典型、传经验"工作的试点单位，每项工作都得到了相关部门和人员的肯定和较好评价。

（2）有利于新员工的快速成长和复合型人才的培养。截至 2012 年，琅琊山公司在编员工 47 人，其中包括刚进厂的 2 名大学生和支援其他单位 3 人，实际在岗人员是定额的 65%，在同类型抽水蓄能电站中人员是最少的。琅琊山公司生产人员都没有抽水蓄能电站的工作经历，多数是从学校分配来的新人员。经过几年锻炼和培养，他们当中大多数人员都具备了既能胜任运行岗位也能胜任维护岗位的能力。80 后的年轻人已成为琅琊山公司的骨干，他们已走到了技术和管理岗位的前台。此外，琅琊山公司还先后向系统输送了 10 名骨干，其中公司级干部 6 人，得到了各方的肯定和赞誉。

（3）拓宽员工职业发展通道，缓解职业倦怠。传统的培养模式下，员工没有经历多工种、多专业的培训和锻炼，定岗于某个岗位容易出现用非所长的情况，时间长了容易造成职业倦怠。琅琊山公司让新员工接受不同专业知识和不同岗位的技能培训和锻炼，在实践中发现员工的特长，然后用其所长。复合型员工的培养为员工将来适应不同环境和不同岗位打下了良好的基础。

随着抽水蓄能产业的快速发展，生产关系相对生产力滞后的矛盾越发突出，以琅琊山公司为代表的各单位迎难而上、勇立潮头，积极探索着、付出着、收获着。

第二节 行进于汗水与智慧之中

在各单位前期自发探索的基础上，新源公司面向抽水蓄能行业的未来发展，通过充分调研、反复讨论，确定了运维一体化的探索道路。这条路通向未来却又遍布荆棘，为了达到成功的彼岸，新源人行进于汗水与智慧之中。

2012 年年底和 2013 年年初，新源公司生产相关人员先后赴琅琊山公司、中电投五凌公司及下属黑糜峰抽水蓄能电站、华能澜沧江公司景洪电站，开展运维一体化模式现场调研。

2013 年初，新源公司二届三次职代会工作报告中确认了研究和开展运维一体化试点工作为工作重点。同年 3 月，确定了琅琊山公司、响水涧公司、蒲石河公司、张河湾公司共四家试点单位，明确了试点的主要时间节点和任务。2014 年 1 月，运维一体化试点总结会召开，对试点阶段的经验教训进行了深刻总结，对取得的显著成绩进行了充分肯定。

2014 年 6 月，在充分总结四家运维一体化试点单位所取得的经验教训基础上，新源公司召开运维一体化推广启动会，开始分批次在抽水蓄能电站范围内进行运维一体化推广。2015 年 9 月，琅琊山公司通过了运维一体化评估验收，同年底，前两个批次的 16 家抽水蓄能生产单位全部进入运维一体化模式，标志着运维一体化取得阶段性成果。

2015 年 4 月，新源公司开始对常规水电单位运维一体化推广进行谋划，经过反复酝酿和不断探索，2018 年 12 月，新安江电站完成了运维一体化实施前的检查，标志着常规水电站的运维一体化进入实施。

一、早期调研

"十一五"期末，新源公司在抽水蓄能电站的建设与管理方面取得了很大成绩，随着设备技术水平的进步和人员素质的提高，原有的运维管理模式已经滞后了，一定程度上阻碍了新源公司的发展。国家对抽水蓄能电站的需求快速增长，也放大了这一矛盾，改变势在必行。为了更高质量发展企业，更好地服务于社会，新源公司选择系统内外有代表性的抽水蓄能单位进行了深入调研，对各电站生产管理模式进行研究总结，找出存在的问题并分析了解决路径。

（一）三种运维模式

2012 年年底和 2013 年年初，新源公司生产相关人员先后赴华能澜沧江公司景洪电站、五凌公司湖南黑糜峰抽水蓄能电站、琅琊山公司、响水涧公司、张河湾公司和蒲石河公司六家抽蓄电站进行了现场调研。

通过对各电站生产管理模式的分析、总结，六家抽水蓄能电站生产运维体系可分为三类：常规模式、点检定修模式、运维一体化模式。

1. 常规模式

响水涧公司、张河湾公司和蒲石河公司三家单位生产运维体系为常规模式，生产部门

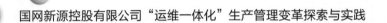

实行"两部两分场"机构设置，即生产技术部、安全监察部、运行分场和维护分场，主要负责设备运行维护和设备管理。电站主机设备实行计划检修，主机设备 C 级及以上检修、试验实行外包。

下面以响水涧公司为例具体阐述常规模式的运作模式。

响水涧公司于 2012 年 11 月 4 台机组全部投产，机组单机容量 25 万 kW，总容量 100 万 kW。公司总人数 69 人，其中生产部门 40 人，占总人数的 58%。

生技部（全部为兼职人员）主要负责技改、检修、技术监督、科技等技术管理工作；安监部（3 人）主要负责公司安全监督管理工作和安全目标，监督安全生产责任落实等。运行分场（35 人）负责设备运行管理，主要包括设备运行监视、现场巡检、操作隔离等工作。维护分场（12 人）负责设备检修维护管理，主要包括设备专业巡检、定期维护、消缺、检修技改项目实施管理等工作。

常规模式的特点为：该模式为水电站一直延续下来的一种传统生产管理体系，运行与维护管理部门分离，在人力资源配置上比较复杂，在工作性质上比较单一，设备消缺、维护等工作由维护人员持工作票进行，运行人员仅负责许可工作票、操作隔离等，运行人员由于工作局限性，专业的深度相对较弱，职业发展受限。

2. 点检定修模式

黑麋峰抽水蓄能电站生产运维体系为点检定修模式，生产部门仅设置安全生产部，负责设备运行维护和设备管理，下设运行分部、点检分部。

黑麋峰抽水蓄能电站于 2010 年 10 月 4 台机组全部投产，机组单机容量 30 万 kW，总容量 120 万 kW。公司总人数 68 人，其中生产部门 41 人，占总人数的 60%。

运行分部（16 人）主要负责设备运行监视、现场巡检、操作隔离等工作。点检分部（19 人）主要负责电站设备设施维护点检及电气二次专业的检修工作。电站设备设施检修、技改工程实施由五凌电力工程公司承担，主要负责设备检修、技改工作以及除电气二次专业以外的试验现场工作。

点检定修模式的特点：点检定修是以点检为核心，全员、全过程对设备进行动态管理的一种设备管理体制，它可有效地防止设备的过检修和欠检修，提高设备的可靠性，降低维修费用。但点检定修模式要求点检人员为专职人员，其人员结构上，运行人员、点检人员和维护人员仍然相对分离，延续传统的运行负责倒班、维护负责消缺、点检工作的模式，究其根本仍然是一种传统意义的生产管理体系。

3. 运维一体化模式

琅琊山公司、景洪电站生产运维体系为运维一体化管理模式，生产部门主要包括生技部、安监部、运维部，负责设备运行维护和设备管理。

琅琊山公司的详细做法在第一节中已经进行了较详细的介绍，下面以景洪电站为例具体阐述电站运维一体化模式的运作模式。

景洪电站于 2009 年 5 月 5 台机组全部投产，机组单机容量 35 万 kW，总容量 175 万 kW。公司总人数 160 人，其中生产部门约 120 人，占总人数的 75%。

生技部（13 人）主要负责计划、合同、技改、检修、技术监督等技术管理工作。安监部（6 人）主要负责公司安全监督管理工作和安全目标，监督安全生产责任落实等。运维部（86 人）负责电站生产设备的运行和维护工作。主机设备 C 级及以上检修由华能澜沧江公司检修公司总承包，电站成立检修督查组（生技部、运维部相关人员组成）负责监督、验收检查、进度保证。

运维一体化模式的特点为：运维一体化是将传统意义上的"运行"和"维护"业务进行整合，运行部门与维护部门合并为一个部门，领导岗位和生产岗位随之减少，既精简了机构，又打破了运行与维护部门间的壁垒，减少了中间环节，提高了工作效率。运维一体化后，运维人员将全部是专业人员，每个人都有自己的专业分工，运行是每个运维人员必须掌握的一项专业技能。工作岗位按计划在运行与维护岗位轮换，经过一段时间的积累，实现所有运维人员"专一、会二、懂三"，由传统的单一型人员成长为复合型人才。

（二）三种模式的主要问题

在调研过程中，通过与多家电站、多方人员的交流，从生产管理、人才培养、公司发展等方面进行了充分沟通，发现三种模式各自存在以下问题。

1. 常规模式存在的问题

（1）体制机制的束缚，导致劳动生产率不高。传统的水电生产模式，形成了运行人员只从事监盘、隔离操作等技能性工作，维护人员从事设备维护检修工作，运行人员与维护人员专业之间存在壁垒，员工掌握的知识面狭窄，劳动生产率不高等问题。

（2）生产人员结构性缺员。部分单位的运行人员相对充足，维护人员相对紧缺，维护分场人员既要履行较多的设备分析与项目管理职能，又要从事设备消缺、项目执行等具体工作，专业管理人员工作量大，工作要求高，维护人员梯层结构断层，人员技术力量相对薄弱，存在结构性缺员的问题。

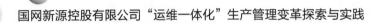

（3）运行人员发展空间受限。随着抽水蓄能电站设备自动化水平的提高，设备集成控制、数据采集系统的功能日益强大，抽水蓄能电站对运行人员和维护人员的要求发生了变化。电站引进的生产人员均为大学毕业生，要求学习、提高、发展的愿望强烈，而运行人员仅仅从事重复性的倒闸操作、运行监视等工作，专业知识无法得到有效的提高，专业深度不够，运行人员职业寿命短，职业发展空间窄。

2．点检定修模式存在的问题

（1）点检定修制仍为传统意义的生产管理模式。点检定修是全员设备管理责任制的管理理念，是以点检为核心，但运行仍采用传统现场倒班模式，维护推行点检定修的理念，设备实施点检管理，定修仅在辅机设备上实施，主机设备仍实施计划检修。运行人员、点检人员仍相互分离、独立，工作之间无交叉，仍然存在结构性缺员、运行人员发展空间受限等问题。

（2）实施点检定修制对点检员要求较高，人才培养周期较长。点检人员是设备的责任主体，既负责设备点检，又负责设备技术管理和检修技改项目管理，技术水平、管理能力要求较高，培养一名优秀的点检员周期较长。

（3）确定设备点检点、点检周期的过程复杂、周期长。点检的基本原则是定点找准设备检查部位，定标准确定工作范围，定周期确定点检时间。由于这些基本原则，决定了点检是实现定修的基础，定修是点检的目的，需要通过实践持续改进提升。

3．运维一体化的问题

（1）现有的支撑体系，缺乏对运维轮换人员的动态考核机制。现有的支撑体系是基于传统生产模式之下制定的支撑体系，在薪酬管理上，向运维一体化人员倾斜力度不够；在教育培训等方面，投入力度不足；在标准建设上，缺乏适应运维一体化的标准；在班组建设上，现场生产人员的额外工作量较大。以上种种因素制约了运维人员的积极性。

（2）运维一体化实施初期，存在安全隐患的问题。运维人员轮换到不同的岗位工作时需要不同的专业技能知识，实施初期由于运维人员的技能水平欠缺，工作的习惯性思维牢固，导致工作票三种人角色之间定期转变、项目负责人轮换时，存在角色不能快速适应当前岗位带来的安全隐患。

（三）运维一体化模式的深入分析

通过对六家单位的现场调研、深入分析和综合比对，可以确认电站实行"运维一体化"模式，确实能简化机构设置，减少生产管理环节，提高工作效率，加快人员培养，也有利于复合型人才的培养，很大程度上满足了新源公司当下和未来快速发展的人员需求，适合在新源公司推广。

实施"运维一体化"，是适应抽水蓄能建设大发展形势的需要。按照国家电网公司战略部署，适应电网调峰、新能源发展以及特高压电网建设的需求，新源公司将全面加快抽水蓄能建设，对新源公司的管理能力提出了巨大考验。新源公司的快速发展需要大量的专业技术人员，而传统模式下电站专业技术人员数量需求大，且专业技术人员的培养需要较长时间，传统生产管理模式无法满足新源公司快速发展对人才的需求，必须探索新型生产管理模式。

实施"运维一体化"，是拓宽运维人员发展空间，优化人力资源的需要。随着抽水蓄能电站设备自动化水平的提高，设备集成控制、数据采集系统的功能日益强大，抽水蓄能电站对运行人员和维护人员的要求发生了变化。在保证安全的前提下，简化运行维护机构设置，精简人员配置，既可以拓宽运维人员的发展空间，又提高了人力资源的利用率。

实施"运维一体化"，是适应水电复合型人才培养的需要。人才是企业发展的核心力量。传统生产模式下的生产人员配置多，技术人员专业分工较细，员工掌握的知识面相对狭窄，劳动生产率不高。目前新源公司人才缺口相当大，如果沿用传统的生产管理体制机制，就目前的人员状况很难保持公司长期安全稳定发展，同时也很难缩短人才成长周期。因此，构建高效率的人才培养机制就显得非常迫切。只有探索新型生产管理模式，将电站优质的人才、资产和管理等资源进行整合，才能培养出"专一、会二、懂三"的复合型人才，满足公司发展对人才的需求。

琅琊山公司基于自身人员少、员工基础素质相对较高、设备自动化程度和可靠性水平较高等特点，积极探索适应"大运行、大检修"要求的人才培养方法，自 2009 年投产，电站在探索实践中逐渐形成了一套以"复合型人才"为核心的人才培养理念和模式，打造了一支技术全面、适应运行、维护、技术管理等多种岗位需求的员工队伍，这也为新源公司推行"运维一体化"提供了样板，积累了经验。

虽然运维一体化管控模式存在诸多优势，但也存在一些问题，如果要在新源公司范围内推广，需要注意以下一些关键点：

（1）运维一体化管控模式是一项全局性工作，不仅仅是运维部门的事情，而是涉及薪酬、教育培训、班组建设、标准建设等各个方面，需要新源公司各部门、各单位齐心协力、共同努力完成。需着眼长远，按照"精简实用、界面清晰、有机衔接、运转高效"的原则，传承电力企业优秀做法，加强体系"建转运"全过程管理，严抓体系运行评价考核，确保体系的高效运转，保证方案的实用管用和执行落地。

（2）运维一体化实施初期，必须确保安全稳定。研究制定合理的配套政策和制度，在安规等国家法规、行业规范允许的范围内实施，积极探索在保证安全生产的前提下，涉及安全生产的业务、制度、人员、资源、流程创新；周密细致的准备前期工作，妥善处理体系建立、公司发展与队伍稳定的关系，明确分工，落实责任，保证实施过程的安全稳定和正常生产经营。

（3）国内无大面积实施运维一体化的经验，实施初期需选取部分电站进行试点。运维一体化要在"研究、试点、总结、推广"的思路下，通过试点取得经验，在总结经验教训的基础上优化方案再进行全公司的推广工作。

（4）运维一体化推广需要出台配套的支撑体系。在薪酬支撑体系建设上，要体现向运维一体化人员倾斜，合理调整生产人员和管理人员的收入比例。加大人力资源配置力度，加强内部管理基础工作和机制建设，建立以绩效为核心的人力资源管理体系；调整员工职业规道路划，建立配套的激励考核机制，岗位晋升及调整应采用"三公开"机制，扩宽员工发展空间。

（5）运维一体化管控模式不能因为运维人员的减少而降低对电站核心业务的掌控能力。实行运维一体化模式初期，在教育培训等方面，要加大投入力度，拓宽专业技术人员的培训渠道；在标准建设上，制定切实可行的标准，加大对标准的学习；通过一系列密集培训、专业考试等方式，提升运维人员对电站核心业务的掌握能力，保证运维人员能绝对掌握电站的核心业务。

（6）运维一体化的实施离不开新源公司培育稳定的专业化检修队伍，保证电站检修工作的正常开展。实施运维一体化后，由于运维人员较少，主机设备 C 级以上的检修主要依靠外包专业检修公司来实施，检修队伍在电站日常维护与设备检修中起着重要作用。公司需发挥集团化优势，培育多支检修队伍，实施检修专业化管理，既能发挥公司系统内外的检修力量优势，同时又能克服电站分散、距离远带来的检修队伍不稳定给实施运维一体化带来的劣势。

二、四家试点

通过早期调研和深入客观的分析，新源公司管理层进一步明确了"运维一体化"是必要的，也是可行的。为了得到可推广可复制的运维一体化实施经验，通过对生产单位所处的生产阶段、地理环境、生产人员业务水平、年龄结构等方面进行认真细致的对比，选取了具有代表性的四家禀赋各异的抽水蓄能电站作为试点,先期试运行,分别是琅琊山公司、响水涧公司、蒲石河公司、张河湾公司。

(一)试点的组织保障

新源公司组织成立了由公司董事长任组长的运维一体化建设领导小组,统一领导运维一体化建设工作,其职责为:领导公司运维一体化建设工作;负责运维一体化建设推进方案的批准;负责运维一体化相关制度标准的批准;负责运维一体化试点表彰方案的批准。

领导小组下设办公室。办公室设在公司生产技术部(水电管理部),其主任为分管生产的副总经理,其职责为:负责处理领导小组日常工作;负责落实领导小组的各项决议;负责研究制定公司运维一体化建设推进方案;负责组织和协调公司运维一体化建设各项工作落实。

新源公司领导小组下设运行维护、安全监督、标准化、绩效考核、班组建设五个工作小组。运行维护工作小组职责为:负责研究制定公司运维一体化的运行倒班、"两票三制"、设备维护、定检等运维管理模式,负责制定(修订)相关的运维一体化制度标准,负责结合运维一体化要求完善生产管理系统功能,负责组织落实相关的运维管理各项工作,负责组织试点单位具体落实有关各项运维管理工作。安全监督工作小组职责为:负责组织落实公司运维一体化相关的"两票"监督、"三种人"监督管理、特种作业监督管理等各项安全监督管理工作,负责制定(修订)相关的运维一体化制度标准,负责组织和监督试点单位具体落实有关各项安全管理工作。标准化工作小组职责为:负责组织和落实公司运维一体化相关制度标准的制定、发布和运行等各项工作,负责制定(修订)相关的运维一体化制度标准。绩效考核工作小组职责为:负责制定(修订)相关的运维一体化制度标准,负责组织落实公司运维一体化试点的人员保障、培训、绩效评价、考核、表彰等各项工作。班组建设工作小组职责为:负责组织落实公司运维一体化试点的员工思想动态分析、班组建设等相关工作。

(二)试点的指导意见

2013年4月,新源公司下发了《国网新源公司关于推进运维一体化工作的指导意见》(以下简称《指导意见》),指导各单位规范开展运维一体化工作。《指导意见》明确了"运维一体化是指对水电站运行和维护业务整合,使运维人员掌握运行和维护技能,提高工作效率,培养复合型人才,保证安全生产的一种生产管理模式。"《指导意见》中还明

确了运维一体化阶段目标要求、生产管理部门机构和岗位设置、运维轮换倒班方案和运维一体化培训指导意见。

1. 运维一体化的前提条件及阶段目标

生产单位运维一体化开展的前提条件是：生产人员配备基本到位，运维分场人数达到运维一体化《生产管理部门机构、岗位设置》的要求；运行人员经过培训，达到维护 B 岗及以上资质的人员占原运行人员总数的 30%以上；维护人员经过培训，达到运行值班员岗及以上资质的人员总数占原运行人员总数的 30%以上。要求到 2013 年底，试点单位运行人员具备维护 B 岗及以上岗位资格的人员占原运行人员总数的 50%以上。维护人员具备运行值班员岗及以上岗位资格的人员占原维护人员总数的 40%以上；到 2014 年底，试点单位运行人员具备维护 B 岗及以上岗位资格的人员占原运行人员总数的 80%以上。维护人员具备运行值班员岗及以上岗位资格的人员占原维护人员总数的 80%以上。

2. 岗位设置和人员配置

各单位生产管理部门分安全监察质量部、生产技术部和运维分场。其中安全监察质量部和生产技术部与之前相比变化不大。将原来的运行分场和维护分场合并为运维分场。运行岗位设值长、主值班员、值班员、助理值班员；维护分电气班、水机班、水工班三个班组，各设班长 1 名；维护各专业按人员技能水平分为 A 岗、B 岗、C 岗。运维分场人员编制如表 2-1 所示。

表 2-1　　　　　　　　运 维 分 场 人 员 编 制

岗位名称		岗位说明	定岗人员		
			2 台机	4 台机	6 台机
主任		负责部门全面工作	1	1	1
副主任		协助主任分管部门工作	2	2	2
专工		分管部门技术管理工作	1	2	2
运行岗位	值长	负责当值期间安全生产管理工作、工作票及操作票的办理工作，组织人员进行交接班、巡视和执行设备定期工作及运行分析	5	5	5
	主值班员	负责协助值长，负责巡视检查、定期工作、工作票、操作票等具体事宜	5	5	5
	值班员	负责协助值长、主值班员，参与设备巡视检查、定期工作、工作票、操作票等具体事宜	5	5	10
	助理值班员	参与运行岗位培训人员，在高岗位人员的监护下，从事运行巡检、日常操作等运行相关工作	若干	若干	若干

续表

岗位名称			岗位说明	定岗人员		
				2 台机	4 台机	6 台机
维护岗位	电气专业	班长	全面负责班组技术及管理工作	1	1	1
		发电机	发电机及附属设备电气部分、发电机出口设备及其控制系统	1	2	3
		变压器	主变压器及附属设备（含控制系统）、出线场设备及控制系统	1	2	3
		厂用电	厂用电系统（含变压器）、照明系统、柴油发电机	1	2	3
		监控	监控系统、通信系统、辅助及公用控制系统	2	3	4
		保护	发电机变压器组保护装置、线路保护系统、电能计量系统、直流系统、SFC 系统、励磁系统（含励磁变压器）、消防控制系统、工业电视系统	1	2	3
	水机专业	班长	全面负责班组技术及管理工作	1	1	1
		发电机	发电机机械本体及附属设备	1	2	3
		水轮机	水轮机机械本体及附属设备、调速器及控制系统、主进水阀及控制系统	2	3	4
		辅机	水消防系统、油气水系统、电梯、桥式起重机及上下库闸门、通风空调系统	1	2	3
	水工		负责水工建筑物的维护、巡检、观测、大坝注册、防汛等工作	2	3	4
合计				32	43	58

3. 运维轮换倒班方案

运维人员分运行组和维护组，当班运行人员不得从事维护工作，当班维护人员不得从事运行工作。运维轮换是指运维人员按周期进行运行和维护岗位互换。运行倒班是指运行组人员按照一定规律轮流值班。特殊情况下，经分管领导批准后，运维人员的岗位角色可进行临时调整。运维人员工作采用不定时计算工时制，连续工作时间不宜过长，工作时间应符合国家法律法规相关要求。根据现场与生活基地的距离是否大于半小时车程，将各单位分为远距离单位和近距离单位两种，以此确定运行组值数。本方案运维轮换人员不含分场领导和水工人员。

近距离单位运行组值数为 5 值，远距离单位运行组值数为 6 值。运行组每值至少安排1 名值长，人员满足运行监盘、设备巡视、倒闸操作等工作需要，原则上每值不少于 3 人。维护组在夜间及节假日应安排值班人员，值班人员应能 20min 内到达现场进行事故处理。

轮换周期原则上近距离单位为 30 天，远距离单位为 24 天。运维人员轮换及倒班原则应相对固定，运维人员倒班表每个轮换周期应提前公布。

（1）近距离单位典型倒班方案：以 4 台机组为例，运维人员 43 人，其中运行组 15人，分 5 值，每值 3 人，采用 5 值 3 倒排班方式，维护组 22 人，运维人员按照轮换周期进行轮换（见表 2-2）。

表 2-2　　　　　　　　　　近 距 离 单 位 倒 班 表

日期		1	2	3	4	5	6	7	8	9	10
运行	一班	A	D	B	E	C	A	D	B	E	C
	二班	B	E	C	A	D	B	E	C	A	D
	三班	C	A	D	B	E	C	A	D	B	E
维护		22 人					22 人				

模式说明：

字母 A-E 表示运行 5 个值，每值 3 人；运行倒班周期为 5 天；维护各班组自行安排节假日及夜间值班人员；运维轮换周期为 30 天，下一轮换周期运行人员按比例转入维护，维护人员相应人数转入运行。

（2）远距离单位典型倒班方案：以 4 台机组为例，运维人员 46 人，其中运行组 18人，分 6 值，每值 3 人，采用 4 值 3 倒 2 值轮休排班方式，维护组 22 人（见表 2-3）。

表 2-3　　　　　　　　　　远 距 离 单 位 倒 班 表

日期		1	2	3	4	5	6	7	8	9	10	11	12
运行	一班	A	D	C	B	A	F	E	B	C	F	E	D
	二班	B	A	D	C	B	A	F	E	D	C	F	E
	三班	C	B	A	D	E	B	A	F	E	D	C	F
说明		ABCD 倒班、EF 轮休				ABEF 值班、CD 轮休				CDEF 值班、AB 轮休			
维护		22 人				22 人				22 人			

模式说明：

字母 A-F 表示运行 6 个值，每值 3 人；运行倒班周期为 12 天；维护各班组自行安排节假日及夜间值班人员；运维轮换周期为 24 天，下一轮换周期运行人员按比例转入维护，维护人员相应人数转入运行。

根据制定的倒班轮换方案，参与轮换人员最多 30 人次，占运维人员总数的 70%。2013年，试点单位每次轮换人员不少于应参与轮换人数的 30%。2014 年，试点单位每次轮换人员不少于参与轮换总人数的 60%，推广单位每次轮换人员不少于运维人员总人数的30%。2015 年，试点单位每次轮换人员不少于参与轮换运维人员总人数的 90%，推广单位每次轮换人员不少于运维人员总人数的 60%。

（三）试点工作根据新形势进行的调整

由于《国家电网公司安全工作规程》（以下简称《安规》）等管理制度和工作规程的要求，电站运维一体化管理模式仍存在一定的局限性。首先，在一个轮换周期内，生产人员不能同时从事运行和维护相关工作，运行人员和维护人员相对固定，各自履行相应的工作职责。从时间上看实现了运维一体化，而在空间上仍然延续传统做法，运行和维护工作的交界面较多，工作流转消耗了大量的时间；另外工作票签发人、工作负责人、工作许可人三者不得兼任，这就要求任何时刻 ON-CALL 人员至少包括工作票签发人、工作负责人、工作许可人以及工作班成员，这不利于节假日和夜间 ON-CALL 人员的精简，一定程度上浪费了人力资源。

2013 年 6 月，Q/GDW 1799.1～1799.2《〈国家电网公司电力安全工作规程（变电部分）、（线路部分）〉修订补充规定》（国家电网安质〔2013〕945 号）下发，文件针对《安规》执行过程中遇到的问题，制定修订补充规定。其中变电部分第 8～10 条所修订内容对于抽水蓄能电站"运维一体化"管理模式深化推进有重大意义：

※ 资料 2-1

《安规》变电部分（节选）

8. 变电《安规》3.2.6.3 "一张工作票中，工作票签发人、工作负责人和工作许可人三者不得互相兼任。"

修订为"一张工作票中，工作许可人与工作负责人不得互相兼任。若工作票签发人兼任工作许可人或工作负责人，应具备相应的资质，并履行相应的安全责任。"

9. 变电《安规》"3.2 工作票制度。"补充规定："运维人员实施不需高压设备停电或做安全措施的变电运维一体化业务项目时，可不使用工作票，但应以书面形式记录相应的

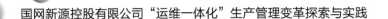

操作和工作等内容。各单位应明确发布所实施的变电运维一体化业务项目及所采取的书面记录形式。"

10. 变电《安规》"3.3 工作许可制度。"补充规定:"变电站(发电厂)第二种工作票可采取电话许可方式,但应录音,并各自做好记录。采取电话许可的工作票,工作所需安全措施可由工作人员自行布置,工作结束后应汇报工作许可人。"

《安规》的适时改动,使得运维人员不再拘泥于运行和维护专业界面,维护人员可以进行适当的倒闸操作或安全措施执行,逐步实现人员与业务的一体化,可真正意义上推行抽水蓄能电站"运维业务一体化"。

新源公司及时行动,组织各部门与实施单位进行反复研讨,多次完善运维一体化实施方案。以张河湾公司为例,张河湾公司在试点期间,从管理上完成了 8 项规章制度的修订,发布了 6 项管理要求;在业务上对全站设备、设施进行梳理,总共梳理 22 项业务,合并 5 项业务,确定了 9 项电话许可开工工作票项目,11 项不开工作票项目;对设备主人分工进行了 40 项调整,对 10 项技术监督责任人进行调整;共组织人员培训 90 余次。

(四)试点基本情况

四家试点单位在深入理解新源公司《指导意见》的基础上,结合各自的特点,充分发挥主观能动性,进行了富有各自特点的探索,也总结了宝贵经验。

1. 琅琊山公司

(1)组织结构。

琅琊山公司共有员工 45 人,安全生产人员共计 30 人,其中安质部 2 人,生技部 5人,运维分场 23 人。参与轮换人员共计 17 人,其中值长 4 人,值班员 6 人,助理值班员7 人,值班员以上人员占比 58.8%。维护班长 2 人,A 岗 4 人,C 岗 8 人,B 岗以上人员占比 35.5%。

(2)轮换模式。

琅琊山公司运维人员以月度为单位进行运维轮换,每月运行组 10 人,维护组 6 人,每 3 个月运维人员全员完成一次循环轮换。运行组负责监盘、巡视、操作等工作,岗位包括值长、主值班员、值班员、助理值班员。维护组负责设备维护、消缺处理等工作,岗位包括班长、维护 A、B、C 岗。运行组倒班采用六班两倒的方式,6 天一个循环。维护组人员按正常时间上班。夜间及节假日期间运行组和维护组分别安排两位 ON – CALL 人员待命，异常情况需要在 15min 内到达现场进行处理。运维人员每人均承担一个或者多个专业系统的设备主人，当从事维护组时，承当相关专业的维护消缺工作，当月运行组时，由生技专工及部门负责人代理相关专业的日常维护工作。

（3）制度建设。

琅琊山公司在保证安全生产、经营管理稳定的基础上，继续深化标准化工作，通过梳理、调整和完善标准、制度体系，做到管理效率和执行标准的水平同时提高。一是进行工作流程的再梳理，系统梳理一体化管理标准和流程，针对不同管理标准构建公司内部横向交叉闭环的流程。二是针对新源公司的考核指标以及日常工作，明确工作周期，提高工作效率。三是利用 6S 管理的理念来整理电子文件，提高文件资料的共享程度。四是继续完善技术标准，利用迎峰度夏期间修订发布了《巡回检查规程》和《定期试验、切换规程》并组织开展维护手册的编制工作。

（4）人才培养。

琅琊山公司结合《国家电网公司电力安全工作规程（变电部分）、（线路部分）》修订补充规定的内容，组织全体员工进行宣贯培训和专题学习，并利用修订条款结合实际制定了运维一体化模式转变方案（初稿），利用总经理办公会和务虚会等形式进行了多次专题讨论。

琅琊山公司结合实际淡化电气与机械专业界线、运行与维护岗位界线、管理与执行层级界线、技能工人和专业技术人员界线，提出了"复合型人才"的培养和使用目标。在实践中通过开展"贴身式"培训、一体化培训、实践中锻炼等多种形式夯实员工专业基础、强化基本技能、培养自学能力。

琅琊山公司积极构建常态化人才选拔机制，为员工成才提供舞台。制定了《员工岗位晋升细则》，明确运行、维护和管理三条员工职业晋升通道，细化每个级别晋升条件和应具备的能力。所有员工的岗位晋升都必须通过岗位竞聘。对于多人竞聘一个岗位的，必须各单项成绩及格，依据竞聘最终成绩，择优录用；对于一人竞聘一个岗位的，则要求测评、笔试和面试各项得分不低于 80 分。

琅琊山公司在人才选拔中注重细节，确保岗位竞聘公开、公平、公正。每次岗位竞聘公司均成立领导小组和工作小组，公司党委会议研究工作方案，经职工代表联席会议审议后在公司 OA 上予以公布，依据竞聘成绩研究聘任人选，并进行公示。测评和面试由公司领导、部门负责人和员工进行评分。阅卷、校核和统计均由工作组组长和纪检人员全过程

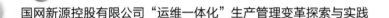
监督，对岗位竞聘全过程进行录像。

2. 响水涧公司

（1）组织结构。

响水涧公司4台机组于2012年11月全部投产，机组单机容量25万kW，总容量100万kW。公司总人数69人，其中生产部门40人，占总人数的58%，主要包括生技部（主任、专工由其他部门人员兼任）、安监部（3人）、运行分场（24人）、维护分场（13人）。在试点过程中建立运维分场，撤销运行分场、维护分场。

（2）轮换模式。

响水涧公司作为刚刚结束基建转入生产的单位，运行人员配置较充裕，采取四班三倒，外加一个ON-CALL值的方式，很好地解决了运行大型操作和机组检修期间运行人员力量不足的问题，人员调剂空间大，调配灵活；维护人员分三个组进行节假日及夜间生产值班，确保了在事故情况下检修消缺的及时性。

（3）制度建设。

多次召开专题会议讨论运维一体化实施细节，以新源公司《运维一体化推进意见》为指导，结合公司实际，明确了运维一体化各阶段工作目标和重点。制定了《安徽响水涧抽水蓄能有限公司运维一体化实施细则》《运维分场电气专工工作标准》《运维分场水机专工工作标准》《运维分场设备主人工作标准》和《运维人员绩效考核管理标准》等多项标准和制度，从制度上保障运维一体化工作的顺利推进。

为提高设备的维护水平，进一步强化生产人员安全生产责任制，落实安全生产人人有责和"一岗双责"制，运维分场依据《运维分场设备主人工作标准》，重新对全厂设备、设施内容进行整合，将原来53个系统整合成39个系统。分场实行管理扁平化，将设备划分给各设备主人，由设备主人负责对设备进行管理，二类以上缺陷处理由运维分场负责组织实施，保证缺陷判断、处理更加及时、准确。同时还编制了《安徽响水涧抽水蓄能有限公司设备、设施主人划分表》，明确岗位责任，确定设备第一主人、第二主人。

运行是安全生产的最后一道关，岗位职责重大，必须保证两票三制在新的运维模式得到严格落实。在运行岗位定岗时，原维护人员与运行人员一同进行笔试、面试，根据运维人员水平进行资质认定，严把人员准入关。轮换人员提前一天进入运行岗位跟班学习，以提前进入运行值班状态。运维人员若确因工作需要进行角色变换，则须履行运维人员岗位轮换手续，手续通过审批后方可进行工作，坚决杜绝同一运维人员同时进行不同岗位工作而导致放宽安全要求，两票制度执行不严的现象。

（4）人才培养。

公司始终坚持培训先行的方针，秉持由浅入深、稳步推进的工作思路，分别针对运行人员和维护人员应具备的能力需求，开展了规程讲座、电站运行方式、两票填写、检修工艺流程及工作标准等培训 22 期，为运维一体化工作夯实基础。

树立大专业概念，全部运维人员按专业划入电气班、水机班。原则上不考虑个体差异，实现运维轮换全员覆盖。以培养专家型技术人才为目标，鼓励生产人员立足专业，一专多能，岗位成才。

运维一体化实施准备阶段，运行、维护分场分别编制了年度培训计划书，按照培训要点开展互教互学的集中授课活动。为检验培训效果，两个分场分阶段地开展考试活动，并将考试成绩纳入个人绩效考核项目中。运行分场抓住春季检修的时机，根据运行人员的个人特点划分七个专业，轮流抽调到维护分场跟班学习，并以工作班成员角色参与现场设备检修维护工作。跟班学习结束后，对学习情况进行总结，谈学习体会，总结专业知识，由维护分场给出学习鉴定。安监部提前开展运行和维护人员的岗前培训，进行三种人资质认证考试。

考虑到现场实际工作的需要和人员的紧缺，在原维护人员不能全部跟班学习的前提下，采取了与值长结对的方式进行运行培训，并设立阶段目标，定期进行考核。运维轮换初期，在有经验的工作人员监护、配合下，将原运行岗位人员作为工作负责人果断推到设备故障消缺的第一线，有效提升了专业培养效率。针对检修现场发现的问题、技术改造和异动项目，开展在班考问，使生产人员及时掌握设备异常和变动情况，调动生产人员深入思考问题的主动性。为确保运维一体化人员的全覆盖，公司所有生产人员参加了华东网调调度证的取证考试。

运维全员参与机组检修，修中学，学中教，教中升。利用机组检修，由运行人员从前期的工单策划、作业指导书编写，到过程中的设备消缺维护，直至后期的设备验收、修后总结进行全程跟踪，由原维护人员进行监督，同时检修期间的隔离措施也调换岗位操作，全程由原运行值长监督，运维人员在机组检修期间互相学习，共同提升两个岗位的技能水平。

部分生产人员兼职生技部工作职能，拓宽了眼界，同时因为兼职工作使专业管理减少了中间环节，现场工作与管理工作得到较好的衔接。外委维护人员大多是有过多年电力系统生产经验的老师傅，对年轻生产人员起到了较好的传帮带的作用，同时弥补了维护人员偏少的不足。

3. 张河湾公司

（1）组织结构。

张河湾公司作为试点单位，经过 2013 年 4 月、5 月的准备工作，于 2013 年 6 月正式试行运维一体化，人员开始轮换，总体试行情况良好。运维分场共 31 人，主任 1 名，副主任 2 名，主任助理 2 名，专工 2 名。班组设置水机班、电气班和水工班，将原电气班和自控班进行合并，原运行人员全部划分到班组，其中水机班 7 人，电气班 15 人，水工班 2 人。现已将全厂设备包括上下库、办公区及湖心岛设备全部划分设备主人，技术监督专责也进行重新划分，制定 A、B 角，便于工作的连续性。其中运维轮换人员 18 人，运行组人员 9 人，维护组人员 9 人。值班员以上人员占比 83.3%，B 岗以上人员占比 55.5%。

（2）轮换模式。

张河湾公司由于在岗人员数量尚未达到六值四倒班的要求，按照五班三倒方式进行。运维轮换方式按照远距离单位设定，周期为 1 个月。将运行操作组和维护 ON-CALL 组工作任务进行整合，一是巡检任务合并，主要目的是通过共同巡检，让维护和运行人员尽快熟悉设备，了解相互巡检的内容、重点。二是统一进行值班工作，现场有操作、事故处理一起进厂房处理，有利于人员熟悉相互的业务流程及各专业设备情况，目前开展效果较好。

（3）人才培养。

张河湾公司在试点过程中，分场人员充分认识到运维一体化工作对生产管理、人员专业技能提升都有很大好处，认识统一，工作开展较为顺利。张河湾公司注意到人员的积极性、责任心对试点效果影响很大，需要积极引导。如果对工作和设备不熟悉，对工作思路不是很清楚，工作的质量就不可能得到保障。

轮换到维护的运行人员，对班组成员的技术水平和专业特长方面不是很了解，给实际的管理工作带来一定的难度，需要进一步学习，同时要和班组人员多沟通。而原运行人员到维护后，对班组管理、项目管理、异动、隐患等工作标准、流程不太熟悉，原维护人员到运行后，对设备隔离、操作、系统、调度规程等不太熟悉，通过运维轮换，加强标准、规程规范的学习，人员技术水平、综合管理能力得到较明显提高。轮换人员有条件的话在正式轮换前一周利用业余时间到相应班组和值内进行了解学习，使得轮换工作软着陆。班组、值内应及时梳理日常工作一览表，制定计划尽量细致、准确，责任到人，有利于轮换人员的学习，并能及时上手工作，同时也保持了工作的连续性，防止疏漏。

由于三种人考试有在岗工作时间的要求，应提前考虑对三种人进行培训和资格考试，以免人员轮换后影响实际的工作票办理（班组人员带票人数较少）。运维分场坚持每月召开运维一体化工作阶段总结会，分析讨论轮换过程中存在的问题、想法和建议等都可以提出来，集思广益，共同改善提高运维一体化工作。

4. 蒲石河公司

（1）组织结构。

蒲石河公司四台机组于 2011 年 9 月 29 日全部投产。受东北电网火电比重偏大、风电消纳率偏低、核电机组陆续投运并配合试验等因素影响，蒲石河电站机组启动非常频繁，加上新投运机组性能尚未稳定、国产化设备容易发生问题，诸多因素构成了蒲石河电站安全生产的潜在隐患，安全生产压力巨大。

蒲石河公司生技部 9 人，安监部 3 人，运维分场人员 39 人。生技部主要负责生产运行、检修技改、计划统计、合同资金、技术监督、物资仓储、科技信息、防汛等技术管理工作。运维分场主要负责电站生产设备的运行和维护工作，设主任 1 人（暂由生技部主任兼职）、副主任 2 人、专业副主任 2 人。运维分场分为维护组和运行组，维护组分为机械班、电气班和水工班。机械班和电气班均设班长、副班长、A 岗、B 岗、C 岗，每班人员均有主要设备专业分工。运行组分为四个值（4 或 5 人不等），每值设值长、主值班员、值班员、助理值班员岗位。

（2）轮换模式。

暂时执行四值三倒班方式，稳定一段时间后再考虑实行六值四倒班方式。具备轮换岗位资质者，每月进行一次轮换。实行 ON-CALL 制度，晚间操作及消缺均由 ON-CALL 完成，每天换人，每周排班。运维分场中，2008 年及以后的新毕业学生有 28 人（比例为 71.79%），在电力设备设施的运行维护、检修技改等方面经验不足，应对突发应急事件的能力亟待提高。

（3）制度建设。

蒲石河公司试点前共有运行值长 7 人，维护班长 2 人，技术员 2 人，年龄 45 岁以上的 1 人。为继续发挥技术骨干的作用，值长、班长、技术员等骨干人员，原则上给予不低于高级运维专责待遇，过渡期 2 年，期满后按所聘岗位执行；年龄超过 45 周岁的运维人员不参与运维轮岗，原则上给予不低于高级运维专责待遇。为保证运维一体化平稳过渡，

对现有运维人员按照岗位任职条件进行培训，并保留现有运维人员岗位薪酬水平不变，培训期满对现有全部运维人员根据岗位任职条件组织开展岗位资质考评。

（4）人才培养。

蒲石河公司重视人才培养，在筹备运维一体化试点时就有针对性地开展人员换岗培训。轮岗人员与公司级技能专家签订师徒协议，制定专项奖惩机制，对不同条件的人员制定培养计划。鼓励员工自学自训。开展运行与维护人员的定期交流工作，每个月有 1～2 名运行人员交流到维护，同时有维护人员交流到运行部门。

（五）试点工作总结

2014 年 1 月，新源公司召开了运维一体化试点总结会，对试点阶段的经验教训进行了深刻总结，对取得的显著成绩进行了充分肯定。

试点单位各自的实践亮点纷呈。试点单位积极贯彻新源公司"规定动作"不打折，"自选动作"有创新，"特殊调整"先报批的要求，在新源公司出台的建设推进方案和深化试点方案的指引下，超前谋划、精心培育，努力增加运维一体化体系建设的"含金量"。琅琊山公司注重支撑体系的建设，常态化的员工岗位晋级机制，薪酬管理、岗位晋升等多渠道并行，解决了职工后顾之忧，为运维一体化顺利开展奠定基础。响水涧公司根据自身所处的实际情况，以专业班组建设为载体，注重班组建设的成效，通过开展班组培训、班组互助等工作，抓实抓好班组建设工作。张河湾公司设立运维一体化专项奖励基金，根据运维一体化试点中所做出的贡献的大小进行分别奖励，充分调动生产一线员工的积极性。蒲石河公司开展针对性强的一对一培训方式，签订师徒合同，利用多方优势资源开展针对性培训，提高培训的时效性。

在试点过程中，新源公司本部和各试点单位始终将安全生产放在首位，严守《安规》红线不突破，生产队伍稳定，生产业务正常，运维一体化管控体系初现成效。

（1）优化了生产组织机构、岗位设置。合理调整生产部门，缩短部门间的管理传递，提高管理效率；优化岗位设置，明确岗位职责，运维人员掌握多技能知识，减少专业之间协调，缩短设备消缺时间。试点表明，生产部门设置合理，生产人员岗位职责划分基本可行，运维业务开展有序，安全生产平稳。

（2）生产业务流程运转通畅，岗位职责清晰。梳理运维业务，合并巡检等部分重叠内容，调整部分定期工作周期，制定电话许可工作票内容和不需要办理工作票业务内容，重新界定各岗位之间的界面。通过运维业务的梳理，岗位职责的界定，业务部门与生产职能管理部门的界限更清楚，分工更清晰，专业管理更明确，更有针对性，更符合运维业务的特点，更突出了设备管理这一核心业务。

（3）运行人员发展空间窄、维护人员结构性短缺的问题初步得到解决。运行人员通过学习专业知识，拓宽了知识面，打开了专业发展的通道。具备运维技能的原运行人员充实到维护专业岗位上，缓解了维护专业人员短缺的问题。通过运维一体化的实施，既解决了运行人员发展空间窄的问题，又有效缓解了维护专业缺员的矛盾，运行和维护岗位之间的协调也更加顺畅。

（4）业务试点取得阶段性成果。通过半年时间的试点，生产人员技能得到大幅提高，累计93人取得运维人员资质，其中，琅琊山公司17人，响水涧公司35人，张河湾公司11人，蒲石河公司30人；总共完成了51项规章制度的修订，发布了18项管理要求；梳理了54个系统741项业务，合并了90项业务，确定了73项电话许可开工工作票项目，326项不办理工作票项目；完成105项设备主人调整，梳理了27 283条设备台账；总共培训1833人次，进行73次考试；办理了1796张工作票，执行了1480张操作票，进行10 565次合并巡检，完成了1550项定期工作，消除了351项缺陷，完成了261个作业指导书的策划，1363项检修任务，开展了2530项技术监督。

（5）班组建设、绩效管理等有提升。在班组建设方面，4家试点单位均成立了大班组，既能较好减轻一线班组负担；又有利于班组培训及创新工作的开展，真正抓实班组建设核心工作。数据显示琅琊山公司班组建设综合排名第三，响水涧公司班组建设综合排名第四，张河湾公司班组建设综合排名第六。在绩效管理方面，通过分析试点单位现行一线岗位薪酬倾斜政策的运行情况，总结出了一些行之有效的有利于引导一线员工发展、促进运维一体化建设的薪酬激励手段。

以上成效的取得，得益于以下五点：

（1）统筹推进、组织到位。新源公司高度重视运维一体化试点工作，建立健全工作机制，统筹人力、物力和技术资源配置，确保工作稳步推进。运维工作小组不定期召开制度讨论会和座谈会，及时沟通各方情况，研究解决各类问题，加强过程管控。运维检修部作为牵头组织部门，深入调研，认真开展体系设计，将两票和运检业务梳理作为主要抓手，紧扣安全生产，发扬团结协作精神，发挥了组织协调作用；人资部以保障运维一体化体系建立和发展为目标，调整试点单位机构设置，跟进设置配套岗位并理顺岗位职责，研究推行统一的运维一体化薪酬支撑体系，设置专项奖励资金支持运维一体化试点工作，为试点工作顺利推进提供了重要保障；安质部强调严守安规"红线"原则，确保了运维一体化试点推进期安全稳定；科信部强化规范管理，组织建立健全适应运维一体化建设的制度标准体系，提升了公司管理质效；政工部以国家电网公司《班组建设管理标准》为依据，以技能建设和创新建设为抓手，积极研究推进运维一体化模式下的班组建设，促进了一线运维员工的能力提升。

（2）周密部署、求真务实。新源公司本着实事求是的原则，认真研究制定实施方案和工作计划。分管领导参加的座谈会、方案讨论会多达10次，工作小组内部的讨论会和座谈会20余次，保证了方案的科学可行。4家试点单位克服时间短，任务重的困难，以最快的时间完成组织机构调整、人员岗位调整、业务梳理合并等各项工作，保证了工作按计划推进。各试点单位从实际出发，真改革、真整合、真考评、真建设，不走过场，不搞两套体系，不搞表面文章，注重过程管控，注重"运维一体化"体系建设实效，做了大量扎实有效的工作。琅琊山公司系统梳理一体化管理标准及相关规程规定要求，编制"运维一体化"工作分配表，将运维37项日常工作在"运维负责人运维负责人""ON－CALL人员""运维人员"之间进行重新分配；响水涧公司依据制定的《运维分场设备主人工作标准》，对全站设备、设施进行梳理，将原来53个系统整合为目前的39个系统，重新确定设备第一、第二主人；张河湾公司定期召开总结分析座谈会，及时发现工作中存在的问题和不足，调整运维一体化现场工作内容；蒲石河公司通过佩戴臂章、使用不同安全帽颜色、设置"小黑板"公示当值运行人员岗位等手段，保障现场安全作业。正是本部和试点单位的共同努力，试点工作达到了预期目的。

（3）坚持安全红线不突破。《安规》是指导安全生产的规范性文件，是用鲜血换来的经验，是生产安全的保证，各级人员高度重视安全工作，始终坚持安全红线不突破，严格遵守安全作业要求，严控两票三制，狠抓违章作业。

（4）转变思想、围绕大局、克服困难。试点单位领导职工能够切实转变思想，突破固有思维束缚，围绕公司发展大局，调整工作方法方式，改变行为习惯，克服工作中各种困难，能够做到在困难面前迎难而上，为试点工作付出了艰辛的努力。

（5）培训工作扎实有效。运维一体化的实施，是建立在运维人员具有较高技能水平的基础上，是建立在生产人员既能从事运行岗位，又能从事维护岗位工作的前提下。各试点单位加大培训工作力度，结合本单位的实际情况制定针对性培训方案，制定上岗考评方案，严格执行上岗考评制度，专业培训工作认真扎实，运维人员技能水平提高明显。

但是，必须清醒地认识到，运维一体化的建设涉及工作方法、行为习惯的改变，是一次重大的生产运维管理变革，挑战巨大；运维一体化的推广面临运维人员专业技术水平、能力还需要进一步提高的压力，尤其是在 SFC、励磁、监控等核心业务方面，还面临着培养周期长，培训难度大等实际困难；运维一体化的运行还需要一系列配套体系的支持，还需要进一步对标准、制度、流程等优化调整。

三、抽水蓄能推广

在四家单位试点成功的基础上，运维一体化在抽水蓄能单位推广提到了议事日程上。2014 年 1 月份编制了《运维一体化推广方案制定工作策划》，标志着运维一体化在抽水蓄能单位的推广工作正式开启。2014 年 4 月，正式发布了《运维一体化推广方案》及《运维一体化业务规范》《两票管理补充说明》《运维岗位培训规范》和《运维一体化实施条件》四个支撑文件，明确了工作思路，确定了第一批共 13 家推广单位。2014 年 6 月召开运维一体化推广启动会，推广工作全面展开，会上确定了潘家口、黑麋峰、仙游 3 家单位为第二批推广单位。从 2014 年 8 月开始，第一批推广单位积极对照实施条件开展准备工作，提交实施申请。截至 2014 年 12 月底，13 家单位均顺利通过新源公司组织的实施前检查，正式进入运维一体化模式试运行阶段。2015 年 9 月开始，琅琊山公司等第一批试点单位陆续通过新源公司组织的实施后验收评估，运维一体化模式由试运行转为正式运行。

（一）推广策划

2014 年 1 月份编制了《运维一体化推广方案制定工作策划》，为了使推广方案更具操作性，决定采用"集中—分散—集中"的方式，组织部分单位在四家试点单位经验基础上共同编制运维一体化推广方案，从方案编制初期就充分吸纳推广单位的意见。

在策划酝酿过程中，各部门各单位充分讨论、反复斟酌，就推广的一些原则性问题达成了共识：

（1）运维一体化管控体系的建设，是新源公司一项重点工作，不是运维检修部在单打独斗，而是整个新源公司各有关部门在公司党组的坚强领导下，齐心协力加快建设与公司快速发展相适应的现代运维一体化管控体系，做好安全生产工作，不断提高设备管理水平，促进公司高质量发展。

（2）运维检修部组织力量配合人资部在试点基础上对机构、岗位设置进行总结分析，制定生产单位机构设置、岗位设置工作指导意见；进一步梳理业务管理要求和业务开展情况，加快推广初期需要的标准制度、业务流程的研究制定；结合公司管理范围广、南北跨度大和地域文化差异大的特点，充分考虑各单位的实际情况，制定合理的推广进度、阶段目标和实施方案。

（3）推进运维一体化工作中应分析各单位的实际情况，尤其是一些投产时间较长、员工年龄结构偏大的老电站，充分考虑职工年龄结构、知识层次的差异性，在保证安全生产的前提下，稳步推进运维一体化管控体系。在《安规》的允许范围内进一步开展业务梳理工作，进一步完善业务流程和岗位工作要求，不断深化标准体系；完善生产管理系统、制度、标准等管理要求，提前做好相关配套工作；及时跟踪、及时分析、及时总结，确保运行顺畅。

（4）确保生产安全稳定是重中之重。要高度重视安全生产工作，严守安规红线，重视两票三制管理，加强安全教育，规范运维岗位业务流程，严肃处理违章情况，坚决杜绝从事非授权业务事件的发生。要加大培训工作，组织编制运维人员通用培训教材，开展单位内部轮训，结合机组检修和厂家培训等机会，提升培训效果，提高培训质量，缩短培训周期。规范运维人员上岗考核，采取理论与实践相结合的方法方式，把好运维人员上岗关，切实提高运维人员技能水平。

2014年3月份，新源公司组织十三陵、天荒坪、白山、新安江等12家单位人员完成了《运维一体化推广方案》及四个支撑文件初稿的编制工作，并配合人资部编制《运维一体化抽蓄生产单位机构设置、岗位设置和人员编制指导意见》。

《运维一体化推广方案》在工资总额上给予推广成功单位倾斜。设置了推广启动条件和验收标准，启动条件没有设置得过于苛刻，新源系统新站较多都具备条件，鼓励参与推广。对于电气和机械两个班组，人员配置应相对均衡，可以根据系统（如球阀系统包括机械、二次控制等都由机械班负责）来对两个班组进行分工，避免回到老站专业分工过细的路子上。启动初期，可以不要强制性设置1名值守人员，可以考虑另配1名代理制或者运维外包单位1名员工，让值守人员逐步适应。确实只能设置1名的，值班时间应有原则性要求，不能过长。老资格值长的安置需要重点考虑，待遇基本保持不变，便于人员稳定。

《运维一体化推广方案》草案拟定后，各单位结合自身实际，进行了反馈。总建议63条，涉及组织机构岗位的28条，涉及业务梳理20条，涉及教育培训3条，涉及薪酬3条，涉及进度9条（见表2-4）。

表 2-4   推 广 意 见 征 集 表

运维一体化推广方案建议征集表

类型	建议内容	详细说明	提出单位	初步意见
机构、岗位设置	建议增设副班长、班组安全员	合并大班组后，由于人多面广，班组管理存在一定难度，建议设置副班长协助班长开展班组管理工作；建议设置班组安全员负责班组安全活动开展、记录，协助安质部开展安全督察工作。并明确其相应岗级与岗位任职条件	蒲石河	1. 增加副班长岗；2. 安全员执行原规定，在此不体现
	人员安置	在公司决策冗余人员安置政策前，局部改革需要考虑"人人有岗"的过渡方案（参照"三定"工作）	新安江	水电站可在三定框架范围内，设定个性化运维一体化方案
教育培训	建立通用题库	建议由新源公司统一建立通用题库、由各基层单位编制个性化题库，共同组建训练支撑材料	蒲石河	已列入总体规划
	开始一两年内分专业开展短期技能培训	公司运维一体化方案中岗位培训内容较多，培训专业较广。鉴于各厂生产岗位人员较少，普遍存在动手技能不足，尤其是运行人员，且现场检修任务由于外委和工期紧等客观因素存在，仅仅靠下发一本培训手册和考试考核是无法达到目的，只会形成注重表面或形式的负面影响。建议公司利用现有丰培、天荒坪等培训基地，收集各单位培训需求，从今年开始一两年内分专业开展短期技能培训，提高现场人员技能水平和把握关键点的能力	十三陵	在各单位运维一体化方案模板中增加培训需求模块
	培训内容	培训内容太多，建议实操应该多一些，理论少一些	张河湾	在培训规范增加实操内容
业务梳理方面	建议将值守长改为值守人员	"现场值班负责人"与"值守长"概念容易发生混淆，建议精简定义将附件 1 中第二大项第四点的"值守长"改为"值守人员"便于各推广单位理解	蒲石河、泰山、响水涧	建议值守长改为值守人员
	A、B 角业务职责	设备主人在轮值运行业务时，其各项工作由 B 角进行管理，但实际上容易出现遗漏	天荒坪	各单位明确 A、B 角业务职责
	明确现场值班负责人名单	现场值班负责人白班和夜班是否要求是同一个人？应明确可担任现场值班负责人名单	响水涧	各单位自行明确
岗位薪酬方面	明确岗位薪酬分配的指导性意见	根据公司总部要求"薪酬分配向生产一线岗位倾斜，引导员工在生产一线扎实工作"的总体目标，电厂希望公司给出指导性标准，指明管理岗位与生产岗位同岗级薪酬待遇差距参考值。同时希望公司明确运维检修部从事值守、操作、ON-CALL、运维、水工、专工业务岗位薪酬分配的指导性意见，指明各业务岗位薪酬分配顺序	十三陵	已向人资提交倾斜意见
方案进度及其他	制定一揽子改革方案	从员工总量来看，存在大量冗员，因体制原因，目前"大锅饭"难以从根本上打破，改革和稳定需统筹兼顾，局部改革以稳定为主，否则需要制定一揽子改革方案	新安江	按推广方案要求同步启动、分步实施

续表

类型	建议内容	详细说明	提出单位	初步意见
方案进度及其他	推进实施应有较长时间的磨合期,边推进,边整改,边完善	运维一体化方案在初期一定要稳步推进。初期,容易出现安全及稳定问题,已经实施运维一体化的单位的实际情况不具备普遍代表性,各单位有自身的特殊实际情况	天荒坪	在运维一体化正文中着重明确
	薪酬的文件要与本指导方案同步下发	运维检修部定员和运检人员薪酬的文件要与本指导方案同步下发	泰山	与人资部门协商,尽可能同步下发
	工作任务单	工作任务单(可不使用工作票)票面修改,操作的项目,应增加"已执行"和"已恢复"列	响水涧、琅琊山、桐柏	对工作任务单(可不使用工作票)票面进行修改

总建议 63 条,涉及组织机构岗位的 28 条,涉及业务梳理 20 条,涉及教育培训 3 条,涉及薪酬 3 条,涉及进度 9 条

(二)运维一体化推广方案

2014 年 4 月份,经新源公司运维一体化办公室研究、领导小组批准,正式发布了《运维一体化推广方案》及《运维一体化业务规范》《两票管理补充说明》《运维岗位培训规范》和《运维一体化实施条件》四个支撑文件。

《运维一体化推广方案》明确工作思路如下:改变原有生产人员从事单一业务的传统生产组织方式,对运维人员和运维业务进行重组整合,调整组织机构、划分岗位职责、梳理业务流程(从组织机构上进行调整,生产单位的运维检修部对口本部运维检修部,减少内部程序流转,提高执行力;从人员综合素质培养入手,运维合一,生产、管理合一,提高整体效率),同步启动,三批实施(抽水蓄能单位与常规水电同步启动运维一体化,分为三批实施,水电单位过渡期长一些)。

《运维一体化推广方案》中明确了生产组织机构、运检业务体系、业务运转方式和重点工作内容。

1. 关于生产组织机构

对原生产技术部(运维检修部)、运行分场和维护分场进行优化:成立计划物资部,负责计划合同、物资采购、科技信息等工作;成立运维检修部,负责专业技术管理、设备运行、维护等工作。运维检修部岗位设主任(副主任)、专工、机电运维班和水工班(见图 2-1)。

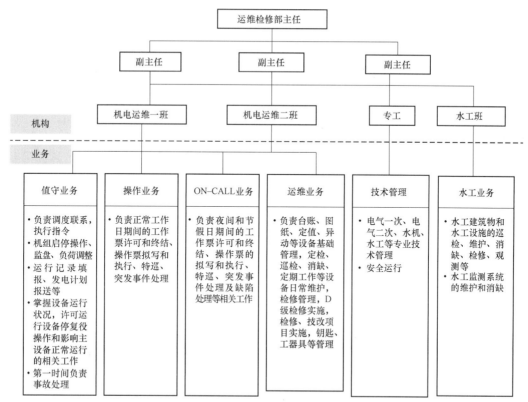

注：各生产单位设置1名值班主任，统筹协调值守、操作及ON-CALL业务。

图 2-1 生产组织机构

2. 关于运检业务体系

运维检修部业务主要分值守、操作、ON-CALL、运维、水工、专业技术管理等。

（1）值守：调度联系，执行调度指令；机组启停操作、监盘、负荷调整；运行记录填报、发电计划报送等日常工作；掌握全厂设备运行状况，许可运行设备停复役操作和影响主设备正常运行的相关工作；第一时间负责事故处理。

（2）操作：正常工作日期间的工作票许可和终结、操作票拟写和执行、特巡、突发事件处理。

（3）ON-CALL：夜间和节假日期间的工作票许可和终结、操作票的拟写和执行、特巡、突发事件处理及缺陷处理等相关工作。

（4）运维：负责台账、图纸、定值、异动等设备基础管理，定检、巡检、消缺、定期工作等设备日常维护，检修管理，D级检修实施，检修、技改项目实施，钥匙、工器具等管理。

（5）水工：水工建筑物和水工设施的巡检、维护、消缺、检修、监测等；水工监测系统的维护和消缺。

（6）专业技术管理：电气一次、电气二次、水机、水工等专业技术管理。

3. 关于业务运转方式

（1）值守：由运维人员轮换担任；实行 24h 内倒班的工作方式，如五班两倒或者六班四倒等方式；单个轮换周期内人员相对固定；原则上每班 1～2 人，明确运维负责人。

（2）操作：由运维人员轮换担任；正常工作时间的工作方式。

（3）ON-CALL：由运维人员轮换担任；夜间及节假日待命的工作方式。

（4）运维：由运维人员承担；正常工作时间的工作方式。

（5）水工：正常工作时间的工作方式。

（6）专业技术管理：正常工作时间的工作方式（见图 2-2）。

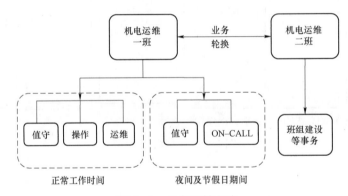

图 2-2　业务运转方式

4. 重点工作内容

重点工作内容包括机构岗位设置、生产业务梳理、运维一体化管理标准、班组建设、运维培训、运维一体化实施条件、运维一体化推广方案宣贯和实施方案编制。

制定运维一体化推广单位的组织机构、岗位设置及人员编制的典型设置，编制运维岗位职责，发布《运维一体化抽蓄生产单位机构设置、岗位设置和人员编制指导意见》，由人力资源部牵头。

梳理生产业务，对现有的生产业务进行整合和重新划分，明确业务范围、业务关系和业务要求，给出典型轮换方案范例，编制并发布《运维一体化业务规范》；根据 Q/GDW 1799.1《电力安全工作规程（变电部分）》的相关内容，梳理两票等业务流程，明确两票流转程序，划分两票执行界限，编制并发布《两票管理补充说明》。由运维检修部和安全监察质量部牵头。

对现行的管理标准进行修订，完成运维一体化相关管理标准的修订初稿；逐步开展生产管理系统的功能完善，与运维一体化相适应。由运维检修部和经济法律部牵头。

明确运维班组的建设要求，提高班组建设质量水平。由思想政治工作部牵头。

编制运维岗位上岗条件、培训内容及要求，明确相关理论及实践培训的内容和时长的指导性意见，形成《运维岗位培训规范》。由运维检修部和人力资源部牵头。

编制运维一体化实施条件，明确推广单位实施运维一体化所必备的验收条件。由运维检修部牵头。

对运维一体化推广方案及相关附件内容进行宣贯，从方案编制的出发点、编制过程中的引导方向、业务流程的关键点、实施重点内容等方面进行宣贯。由运维检修部和推广单位牵头。

抽水蓄能推广单位根据运维一体化实施要求，编制本单位实施方案，方案中需要明确本单位的推广组织机构、推进计划、机构岗位调整、运维业务梳理、人员培训、激励机制、相关岗位人员的安置以及本单位需要说明的其他事项。由推广单位负责。

（三）实施前准备工作

2014 年 4 月，12 家参与推广方案编写的单位共同完成了《工作票管理标准》《操作票管理标准》等 35 个运维管理标准的修订初稿。5 月份，新源公司运维检修部按照专业分工完成部门内部初步审查。6 月上旬，修订组成员根据运维检修部初步审查意见对初稿进行修改完善，经部门第二次审查后形成征求意见稿，分三批下发各生产单位征求意见。通过以上工作，修订组形成了送审稿，经运维一体化领导小组批准后，正式发布。

2014 年 5 月 7 日和 16 日运维检修部分别组织召开北方区域和南方区域运维一体化推广座谈会，新源公司 17 家抽水蓄能单位和 2 家生产准备单位负责人参加会议。座谈会上运维检修部、人资部、政工部分别对运维一体化推广方案、机构及岗位设置、班组建设等内容进行了宣贯，各抽水蓄能单位介绍了本单位运维一体化实施方案、进度计划、实施过程中的困难及对运维一体化推广工作的建议。通过两次座谈会，各抽水蓄能单位进一步理解推广方案的内容，并基本掌握编制本单位实施方案的方法及注意的问题。

2014 年 6 月 26 日召开运维一体化推广启动视频会议。会议上四家单位分别谈了各自的情况，张河湾公司作为试点代表介绍了运维一体化试点情况，十三陵公司作为近 20 年的老站谈了员工思想中求稳的思维惯性，天荒坪公司提出年龄结构断层、新员工比例偏高、班组文化建设等挑战，宝泉公司则重点介绍了实施前的准备工作。

在推广启动视频会上，明确了保障运维一体化落地的"六个落实"。即在提高认识、统一思想上狠抓落实，明确运维一体化生产管理模式的实践探索具有重要意义，深化对"运维一体化"体系建设艰巨性、紧迫性的认识；在加强组织、明确责任上狠抓落实，各单位"一把手"要亲自抓、负总责，分管领导要具体抓，要抓住关键阶段、重要环节，要建立机制、理顺关系；在细化方案、顺畅流程上狠抓落实，业务界面要明确，业务内容要细化，业务流程要清晰；在强化培训、提高技能上狠抓落实，做好管理标准的宣贯，做好运行规程、检修规程的学习，做好安全技能的培训；在把好关口、确保安全上狠抓落实，严把运维人员资质关，严把运维轮换交接关，严把安规红线关；在专业指导、持续改进上狠抓落实，重视班组建设，确保队伍稳定，建立激励机制，确保工作可持续性，重视过程指导，持续总结改进。

在推广视频会议上，确定了潘家口、黑麋峰、仙游3家单位为第二批推广单位。

2014年7月29日，考虑到运维一体化会带来组织机构、岗位职责划分和业务流程的重新调整，同时《国家电网公司电力安全工作规程》和公司相关管理制度也进行了修订，在实施期间将存在一定安全风险，为进一步保障安全生产红线不动摇，发布了《安全风险预警通知单》（编号：第2014-001号）（见表2-5）。

表2-5   安全风险预警通知单

主送单位	十三陵电厂、张河湾公司、西龙池公司、泰山公司、蒲蓄公司、天荒坪公司、宜兴公司、桐柏公司、琅琊山公司、响水涧公司、回龙公司、宝泉公司、莲蓄公司
主题	运维人员岗位业务调整安全风险预警
概要	公司于2014年启动运维一体化推广工作，各单位在实施运维一体化后，其组织机构、岗位职责划分和业务流程都进行了重新调整，国家电网公司电力安全工作规程和公司相关管理制度也进行了修订，在实施期间将存在一定安全风险
风险分析	一、违法违规风险 1. 违反规章制度的风险 在实施运维一体化过程中，运维部门职责及运维岗位分工与原组织机构和原岗位分工相比较均有较大调整。在运维一体化管理模式下，运维部门和运维岗位人员的安全生产职责有较大变化，"四种人"和单独巡视高压设备人员的资格也将发生变化。相关各单位的原有安全生产职责规范已不能满足运维一体化模式的管理要求，如不进行调整和完善，可能会出现安全生产职责落实不到位和违反安全管理规章制度等情况，存在违反规章制度的风险。 2. 违反法律法规的风险 按照安全生产法等法律法规的要求，运行人员、维护人员需取得与从事工种相对应的合格证或资格证（如特种作业操作证等）后方可上岗。在运维一体化模式下，运维岗位人员将从事原多个岗位的工作，必须取得相应岗位所要求的合格证和资格证。在实施运维一体化的过程中，如岗位资格管理不到位，可能会出现无证上岗、无证操作等情况，存在违反法律法规的风险。

风险分析	二、人员伤害和设备损坏的风险 1. 可不使用工作票业务。《国家电网公司电力安全工作规程（变电部分）》增加了可不使用工作票的业务条文。公司在梳理运维业务后对可不使用工作票的运维业务进行了规范，但需要各单位根据本单位实际进行进一步的明确和细化。如果不结合本单位特点，对该类业务进行规范和严格管理，将可能发生随意扩大使用范围、无票作业等情况，导致现场安全措施失控，对人员和设备安全构成威胁。 2. 可采取电话许可工作票业务。《国家电网公司电力安全工作规程（变电部分）》增加了第二种工作票可采取电话许可的业务条文，公司在梳理运维业务后对该业务进行了规范，但需要各单位根据本单位实际进行进一步的明确和细化。由于该业务工作所需的安全措施由工作人员自行布置，如果各单位未对该业务进行规范和严格管理，将可能会发生随意扩大使用范围、作业人员越权操作等违章情况，对人员和设备安全构成威胁。 3. 工作任务单的使用。《国家电网公司电力安全工作规程（水动部分）》规定了可以使用工作任务单的业务范围和业务内容，但在实际工作中，各单位应结合本单位实际，对工作任务单的使用范围和要求进行细化与明确。如不对该类业务进行规范和严格管理，将可能出现工作任务单使用不当和随意扩大使用范围等情况，从而导致安全措施缺失、作业人员对保留带电带压部位不清楚等问题，对人员和设备安全构成威胁。 4. 单人操作和检修人员从事电气倒闸操作。《国家电网公司电力安全工作规程（变电部分）》对单人操作和检修人员操作作出了规定。针对运维一体化业务，公司运检部在《国网新源控股有限公司运维检修部关于发布运维一体化运检管理操作手册的通知》（运检〔2014〕11号）的《操作票管理标准》中明确了"电气设备倒闸操作应为监护操作，不允许单人操作和检修人员操作"的具体要求，各有关单位应在运维一体化实施过程中严格执行并加强监督，同时应结合运维一体化后倒闸操作业务特点对人员进行针对性的培训。如操作人员培训不到位、规定执行不严格、监督不到位，将存在发生误操作、违反调度纪律等安全风险
有关要求	1. 本预警通知单自签发之日开始生效。 2. 有关单位应结合本单位实际，对本预警通知单中所列各类安全风险进行辨识与分析，逐项制定安全风险控制措施，明确工作要求和计划，切实落实安全责任，确保各项措施全面有效。 3. 有关单位应认真落实各项安全风险控制措施，要做到认识到位、责任到位、执行到位，确保运维一体化实施准备阶段、试运行阶段和正式运行阶段的全过程安全风险可控、能控、在控。 4. 有关单位应在运维一体化实施准备阶段完成安全风险控制措施制定和有关落实工作，并在运维一体化试运行开始前，将有关安全风险控制措施落实情况及相关佐证材料报公司安质部备案。 5. 运维一体化试运行开始前，公司安质部将对有关单位的措施制定及落实情况进行监督检查，措施不完善、落实不到位的单位不得开始运维一体化试运行。 6. 有关单位在本预警通知单中所列各类安全风险的控制措施均已得到有效落实，并经公司安质部检查确认后，本预警解除

编制：	审核：	签发： 日期：

落实情况反馈信息：

（详细反馈安全风险控制措施及相关落实情况，内容较多的可在本栏中概述整体情况，并另附详细的情况反馈报告。有关佐证材料以附件形式一并反馈。）

执行人：	日期： 月 日（单位盖章）

（四）实施前检查

从 2014 年 8 月开始，按照新源公司运维一体化推广方案，第一批推广单位积极对照实施条件开展准备工作，提交实施申请。新源公司抽调骨干人员完成了第一轮推广单位实施前检查工作。

这次检查依据《运维一体化实施条件》，从安全风险控制、机构（岗位）设置、业务梳理优化、人员培训和薪酬与绩效管理等几方面进行量化评估。这次检查是在有明确指导思想，有切实可行的检查方案条件下开展的。推广启动会后，新源公司领导十分重视实施前检查工作，从检查方案的制定、检查人员的落实、检查时间的安排、检查方案的实施等给予全程指导，并明确这次检查的指导思想：这次检查不仅仅是对申请第一批运维一体化推广实施单位的检查，也是本部全面、深入了解各单位推广情况的良好契机，要把检查当成是一项宣贯、确保运维一体化体系建设健康发展的服务举措。根据检查目标，运维一体化办公室精心制定实施前检查方案，7 月份修订了《运维一体化实施条件》，完善了《运维一体化实施条件评价表》，多次征求了参检部门的意见，在琅琊山实施前检查试用后，再次进行了修正并予以发布，以确保检查方案的合理性、准确性和可行性。其中标准抽考试卷先后更新 5 个版本。

为保证检查结果的公正性，运维一体化办公室决定 13 家单位实施前检查全部由本部人员完成。根据检查方案，合理调配检查人员，先后共 16 人参与，每次均由人资部、安质部、运维检修部的人员组成，由运维检修部的负责人任组长带队检查，避免检查"走过场"，确保检查工作取得实效。

在现场检查工作前，检查组组长专门召集检查组成员对每家申请单位的实施方案进行个案分析，评价其运维轮换成效和存在问题，及时将意见、建议反馈给申请单位。与此同时，针对现场检查中发现的问题，分门别类做好后续工作：对属于扣分点的问题，要求申请单位立刻予以纠正；对属于建议的问题，则给予指导、帮助；对属于推广实施过程中普遍存在的共性问题，则编制《运维一体化宣传手册》《运维一体化问题解答》，其目的是保障运维一体化体系建设健康有序前进。

为保障检查的顺利实施，提高检查效率，运维检修部每次检查前均正式印发《检查通知》制定详细的检查行程，以文件的形式明确实施检查方案。为了尽量减少占用生产人员现场有效工作的时间，减轻基层负担，检查组采用"业余时间抽考，工作时间判卷"的方式，组织各单位运维检修部人员进行《运维一体化运检管理操作手册》抽考共计 280 人次。

通过此种行程安排，充分提高了检查效率、压缩了检查时长，有效地减轻了基层单位迎检负担。

截至 12 月底，新源公司抽调人资部、安质部、运维检修部相关人员先后完成了第一批 13 家推广单位实施前检查工作。13 家单位顺利通过实施验收，进入运维一体化模式试运行阶段。第一批推广实施单位顺利通过实施前检查，丰富了公司运维一体化管控体系的内容，提高了公司上下对运维一体化的认识，坚定了构建新源特色的"大运检"体系的信心。

※ 资料 2-2

运维一体化问题解答（一）（节选）

运维一体化问题解答（一）主要针对运维一体化试点及试运行过程中，各单位反馈的常见问题进行解答，分目的意义、组织机构、业务体系、运维轮换、保障措施、激励措施和其他问题共七大类。

33 每个人员能力技能各有不同，业务流转后工作质量如何进行保障？

答：各单位严格开展人员的岗位认证和资质把关工作，不具备条件不得上岗。

34. 业务轮换使运维人员能够熟悉多项业务，但是否不利于专业技能的培养？

答：通过业务轮换，提高运行人员的业务技能。通过业务调整，强化设备管理的力度，提高运维人员专业和技能的深度。通过初级、中级、高级、首席运维等岗位设置，拓宽运维人员的成长通道。

运维一体化问题解答（二）（节选）

本手册集中解答各单位提出的业务管理与行政管理、安全生产与员工发展、当前实际与工作要求、岗位职责与薪酬激励、运维一体化验收条件等问题。

42. 建议降低复合型人才比例的指标值，同时希望公司在毕业生分配方面充分考虑目前各单位生产人员缺员的实际情况，给予大力支持。

答：复合型人才率是运维一体化人员能力、业务融合的重要衡量指标，未达到该指标说明未完全进入运维一体化模式，不能为了追求通过验收而放低指标值。另公司在进行毕业生招聘和分配过程会充分考虑各单位人员现状等情况。

（五）推进工作视频会

2014 年 12 月 23 日上午，运维一体化体系建设推进工作视频会召开，会议总结了前一阶段工作特点和不足，并发布了实施后的验收条件。

1. 工作特点

（1）思路明确、行动统一，形成全方位的管控体系。运维一体化管控体系是集约化管理、一体化运作的重要基础，是缩小新源公司系统电站间管理差异、提升整体管理水平的必要手段。新源公司高度重视运维一体化管控体系的建设工作，本部牵头制定了《运维一体化推广方案》及《两票管理补充说明》等一系列支撑文件，修编了 35 个运维一体化运检管理操作手册，涵盖实施前、实施中、实施后各阶段，覆盖安全、组织、技术等各个方面。

发布了《运维人员岗位业务调整安全风险预警》（编号：第 2014－001 号），要求各单位在机构调整的同时要修订本单位安全职责规范，业务调整的同时要开展风险分析并落实预控措施；下发了班组减负相关文件，切实减轻基层班组负担。有关单位根据本部运维一体化推广方案及相关文件，编制了符合自身实际的运维一体化实施方案，并按照方案开展机构调整、业务梳理、人员培训等工作。可以清晰地看到，新源公司运维一体化管控体系已初步形成。

（2）科学部署、精心组织，加强全过程监督管理。根据运维一体化推广工作的总体部署，新源公司 5 月份分别组织召开北方区域和南方区域运维一体化推广培训宣贯会，新源公司 17 家抽水蓄能单位和 2 家生产准备单位参加，指导各单位按照"同步启动、三批实施"的原则启动运维一体化工作，并于 5 月底前编写本单位运维一体化实施方案报公司运维一体化办公室。6 月份，根据各单位的意愿，推广启动会上确定了 13 家申请第一批推广实施的单位。新源公司运维一体化办公室修订了《运维一体化实施条件》，完善了《运维一体化实施条件评价表》，在琅琊山公司实施前检查试用后，再次进行了修正并予以发布，确保检查方案的合理性、准确性和可行性。根据检查方案，先后调配本部人资部、安质部、运维检修部共 16 人参与 13 家第一批推广单位实施前检查，针对发现的问题及时予以纠偏，并提出整改意见。结合检查工作，共组织初、中、高级运维专责 280 人参加标准抽考，避免检查"走过场"，切实做到运维一体化推广全过程监督。

2. 存在不足

在充分肯定成绩的同时，也要清醒地认识到工作中存在的不足。

（1）个别单位主要领导对运维一体化的重要性、紧迫性缺乏足够的认识，工作中存在被动、应付的现象；

（2）各单位之间因发展阶段不同，基础管理水平参差不齐，客观条件也存在较大差异，使得各单位运维一体化体系建设工作开展的深度和广度不均衡；

（3）培训力度有待加强。通过实施前检查的 13 家单位，标准抽考的平均成绩为 74.5 分，检查总得分平均为 90.4 分，除琅琊山、宝泉、宜兴三家单位总得分超过平均分外，大部分单位的检查总得分不高，尤其是标准抽考成绩较差；

（4）多数单位运检业务的划分上不够规范，对运维负责人的理解存在偏差，赋予了运维负责人很多不应承担的业务；

（5）班组办公环境、硬件配置与国家电网公司班组建设的要求存在差距。

这些问题，需要在今后的工作中认真研究解决。

（六）推广单位座谈会

2015 年 1 月 27 日召开了推广单位座谈会，与会单位包括潘家口电站、仙游公司、黑糜峰公司等三家第二批推广单位和仙居公司、洪屏公司等二家生产准备单位。会议明确了上述五家单位推进运维一体化的时间节点，并着重讨论了 13 家第一批推广单位检查中发现的问题，强调了在方案编制时需要注意的关键点：

结合新颁布的《国家电网公司安全生产工作规定》《国家电网公司安全生产职责规范》及运维一体化的要求重新修订本单位安全生产职责规范，特别要根据各工作岗位的工作内容，明确运维一体化模式下运维检修部主任、副主任、各专业专工、班长及各级运维人员的安全生产职责。

运维检修部各级运维专责的资质认证需在实施前完成阶段性认证，生产单位可采用直接转岗认定或者参照《运维一体化培训规范》要求采用考评方式，建议优先采用考评方式进行。

安排运维值班表时需要注意参与运维轮换的人员应值守、操作、ON－CALL、运维四项业务均参与，避免单一从事某项业务较长时间。

定期工作、设备巡检应将原运行分场、维护分场的两部分内容进行融合，实施前检查通过后，生产管理信息系统中需要对定期工作、设备巡检的年度计划相应调整。

人员培训计划编制时除了对安全、技能方面的培训外，要加强对 35 个运维一体化运检管理操作手册的培训，特别是运维一体化后变化较大的两票三制等。

激励机制编制时需从薪酬津贴、岗位提升、绩效考评等多方面，整体考虑向高端人才、关键岗位、一线员工倾斜。

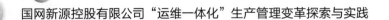

（七）试运行单位阶段性总结

2015 年 6 月召开运维一体化区域座谈会，会议对 13 家进入运维一体化试运行阶段的抽水蓄能单位工作情况进行了总结。各单位汇报了本单位运维一体化工作开展情况，探讨了存在的问题，研究了验收条件和管理手册方面的建议；新源公司领导及有关部门对问题建议进行了探讨和解答，明确了下阶段工作的主要事项。

1. 各单位运维一体化业务轮换情况

13 家单位均按照上报的实施方案进行了组织机构的调整，并按照自身特点开始了业务轮换。情况汇总如表 2-6 所示。

表 2-6 　　　　　　　　　各单位运维一体化业务轮换情况表

单位	运维检修部人员结构	业务运转方式	业务轮换方式
天荒坪	1. 在册员工 65 名。 2. 两个机电运维班正式员工 48 名（含 8 名见习岗人员）。 3. 参与业务轮换的人员约 30 名。 4. 派遣制员工 35 名	1. 值守采用六班四倒的方式，每班两人，每人连续从事值守业务时长为 3 个月。 2. 操作每组 3 人，包括一名运维负责人，一名操作监护资质人员，一名操作资质人员。 3. ON-CALL 分为六组，每组包括 5~6 人（含 1 名运维负责人）	业务轮换每半月进行一次，即从值守业务抽出 2 名人员进入运维业务，运维业务内抽出 2 名人员进入操作组，操作组 2 名人员进入值守业务。运维负责人每月进行一次轮换
桐柏	1. 在册员工 48 人。 2. 两个机电运维班共 52 人（在册员工 34 人，生产辅助用工 18 人）。 3. 辅助生产用工 19 人	1. 值守：6 人执行六班三班倒，每班 1 人（其中的 4 个班有 1 名生产辅助用工）。值守组上 5 天休 3 天，8 天一个循环，7 个倒班 56 天后轮出到运维，能确保轮入轮出都是在周一。 2. 操作：正常工作日设操作 2~3 人，负责操作、工作许可及应急事故处理。操作与 ON-CALL 分别在工作日的 08:00 和 17:00 进行交接，周末交接班为周一 13:00 和周五 11:00（节假日结合具体放假时间确定）。 3. ON-CALL：每组不少于 6 人。 4. 18 人参加运维业务岗位轮换，分六个组，每组 3 人；其余运维人员（在册员工 11 人、生产辅助用工 14 人）为 F 组，执行运维业务，另有生产辅助用工 4 人参与值守工作	轮换周期为：值守 8 周，运维（ON-CALL）12 周，操作 4 周，最后轮回值守。24 周共 168 天完成一个轮换循环
宜兴	1. 在册员工 45 人。 2. 机电运维一班（侧重电气）18 人。 3. 机电运维二班（侧重机械）13 人。 4. 辅助人员 1 名	1. 值守实行 5 班 3 倒的工作方式，每组 1 人。 2. 操作分为 5 组，每组 3 人，操作组长即运维负责人，2 名操作人员白天负责操作业务，夜间加入 ON-CALL 组工作，一个月内五组进行轮换，每组负责一周。 3. ON-CALL 除去值守外的所有运维人员，分为 5 组。每组共 6 人，负责一周，每周一交接	轮换方式每个月运维组中轮出 2 或 3 人进操作组，操作组中轮换出 2 或 3 个人进值守组，值守组中轮出 2 或 3 个人进运维组
琅琊山	1. 在册员工 34 人。 2. 机电运维班 24 人。 3. 长期协作单位 16 人纳入班组统一管理	1. 值守人员采用单人值班，6 值 2 倒的方式。 2. 操作人员为 2 人，至少一人能满足监护、许可等要求，根据实际情况增设操作人员。 3. ON-CALL 人员满足处理现场一般问题的能力，根据实际情况增派现场处理人员	每月从机电运维班中抽出 8 人，其中 6 人值守、2 人操作，其他运维人员从事运维业务，夜间及节假日期间明确 ON-CALL 人员（从运维业务人员中安排）

续表

单位	运维检修部人员结构	业务运转方式	业务轮换方式
响水涧	1. 在册员工 49 人。 2. 两个机电运维班 38 人。 3. 常驻外委人员 12 人，值守辅助人员（兼夜间巡检）5 人	1. 值守采用五班三倒值班方式，每班 1 名值守人员。 2. 操作，每月 3 组，每班配备 2 名操作人员，每 5 天（正常工作时间）进行人员轮换。 3. ON-CALL，每月 3 组，每组 10 人左右（含外委人员），每 7 天进行人员轮换	每个月从两个机电运维班抽出 5 人从事值守业务；抽出 6 人分成 3 组从事操作业务；抽出 3 人担任运维负责人，最后将剩余人员分成 3 个 ON-CALL 组
莲蓄	1. 在册员工 51 人。 2. 机电运维一班（偏机械）23 人。 3. 机电运维二班（偏电气）21 人	1. 值守业务五班三倒，每班两人，轮换周期为两个月。 2. 操作业务由三名运维人员承担，轮换周期为一周。 3. ON-CALL 业务由五名运维人员承担，轮换周期为一周	在每 2 个月从运维业务人员中抽 7 人与值守人员进行轮换，3 个班中的值守负责人下个周期轮换；每 1 周内从事运维业务人员与操作人员进行轮换
宝泉	1. 在册员工共 43 人。 2. 一个机电运维班共 30 人	1. 值守人员共 6 人，分成两大组，执行六班三倒的方式。每组人员上 5 休 3。 2. 操作组/ON-CALL 共 8 人，分两大组，倒班方式与值守组保持一致。正常情况下每组中操作业务 2 人，ON-CALL 业务 2 人。 3. 运维班组人员根据操作、值守的轮班周期，同步轮出 4 人至操作组	按照运维班组→操作组（ON-CALL）→值守组→运维班组的顺序进行轮换，每次轮换人员 3~4 人，运维大轮换周期为 80 天
回龙	1. 在册员工共 31 人。 2. 一个机电运维班 19 人。 3. 辅助用工 4 人、外委维护人员 12 人	1. 值守组 5 人。 2. 操作组 4 人。 3. ON-CALL 组 4 人	班长及副班长 3 人以 35 天为一个周期在机电运维班长和运维负责人岗位之间轮换，其余运维人员 16 人以 70 天为一个周期在值守、操作、运维、ON-CALL 组之间轮换
十三陵	1. 在册员工共 49 人。 2. 运维一班 15 人。 3. 运维二班 15 人	1. 值守采用五班两倒（12 小时工作制）的运转模式，轮换周期为 3 个月。每值配备正式值守人员 1 人，辅助值守人员 1 人。 2. 操作组每班 2 人，每班值班周期为一个月。 3. ON-CALL 分成 10 个组，每组 3 人，即原运行人员 1 人、运维一班 1 人、运维二班 1 人	轮换周期为 3 个月
泰山	1. 在册员工共 42 人。 2. 运维一班 16 人。 3. 运维二班 15 人。 4. 外委员工 41 人	1. 值守采用四班两倒（12 小时工作制）的运行模式，轮换周期为 1 个月。每值配备值守人员 2 人。 2. 操作由 4 名人员组成。 3. ON-CALL 每组 2 人	操作组人员与运维、值守人员每月轮换
蒲石河	1. 在册员工共 49 人。 2. 机电运维班（不含见习学员）31 人。 3. 外委员工 35 人	1. 值守采用五班三倒值班方式，两人一组，按月轮换。 2. 操作两人一组，执行正常工作制，按月轮换。 3. ON-CALL 夜间配置 4 人，节假日配置 6 人，每日轮换	运维检修部人员实行大排班，每年为一个轮换周期，运维人员基本按照值守、操作、运维时间 4:1:7 比例从事生产业务。如 1、4、8、12 月值守，2 月操作，其他时间运维
西龙池	1. 在册员工 42 人。 2. 机电运维班 31 人。 3. 长期协作单位 16 人纳入班组统一管理	1. 值守采用五班两倒值班模式，每班一人，每月轮换 2~3 人。 2. 操作采用每周轮换模式，每班配置两人。 3. ON-CALL 采用每周轮换模式，每班配置 3~4 人（各专业至少 1 人）	运维业务轮换每月轮换一次，即从值守业务抽出 2~3 人进入运维业务，运维业务内抽出 2~3 人进入操作组，操作组 2~3 人进入值守业务

国网新源控股有限公司"运维一体化"生产管理变革探索与实践

续表

单位	运维检修部人员结构	业务运转方式	业务轮换方式
张河湾	1. 在册员工 39 人。 2. 机电运维班 26 人。 3. 常驻外委人员 15 人	1. 值守目前采用五班三倒方式，实施单人值守（每值配备一名运行辅助人员）。 2. 操作设置三组（每组 3 人），每周一生产早会后交接班。 3. ON-CALL 值班设置三组（每组 4~5 人），周期为一周（7 天），每周一生产早会后进行交接班	在值守 2 个月（高级运维专责 2 人）、3 个月（中级运维专责 3 人）然后轮入运维组；不在值守人员的剩余运维专设置操作组、ON-CALL 组和运维组，其中操作组和 ON-CALL 组每周进行轮换

总体来看，运维方式可分为以下几类：

（1）按照"值守→运维（ON-CALL）→操作→值守"顺序进行轮换，通常轮换周期为月，轮换人数为 2~3 人，即每月从值守业务抽出 2~3 人进入运维业务，运维业务内抽出 2~3 人进入操作组，操作组中抽出 2~3 人进入值守业务，如宜兴公司、泰山公司、西龙池公司。轮换周期最短的为张河湾公司，操作组和 ON-CALL 组每周进行轮换；其次是天荒坪，每半个月进行一次业务轮换。轮换周期较长的是十三陵公司，为 3 个月。

（2）按照从运维班组中抽取适当人员从事值守和操作的方式进行轮换。如琅琊山公司每月从机电运维班中抽出 8 人，其中 6 人值守、2 人操作；响水涧公司每月从机电运维班抽出 5 人值，6 人操作。

（3）按照大排班的方式进行轮换，即参与轮换的人员全部经历完"值守→运维（ON-CALL）→操作→值守"的流程。轮换周期最长的为蒲石河公司，时间为 1 年；然后是桐柏公司 24 周共 168 天，宝泉公司 80 天，回龙公司 70 天。

2. 试运行期间各家单位的困惑

（1）业务与行政之间的矛盾。

业务管理和人员管理归口不一致。按照管理手册要求，明确运维负责人当班期间作为值守、操作业务的业务领导，而值守、操作人员的管理调配以及月度考评由班长负责。运维负责人在职责上负责应急事故的初期处置，而运维负责人又归班长管理，那么在应急处置过程中，运维负责人与班长如何协调。

（2）安全生产与员工培养发展之间的矛盾。

操作组人员归班组管理，对于班组安排的消缺和维护工作，操作人员敢于协调、敢于质疑的力度不够，容易导致心理原因造成安全把关不到位。

检修期间现场操作许可工作量大时，需安排正在从事运维业务的人员支援操作业务；ON-CALL 组的运维负责人工作日白天正常从事运维工作，节假日同时负责工作许可和隔离操作。这些环节如果人员思想没有及时切换，很容易造成安全把控不到位。

新轮入值守或操作业务人员，对于全厂设备状态不熟悉，特别是上次轮出期间设备异动、技改、临时措施等情况，仅依靠学习班等措施难以快速进入状态，容易因轮换过程中业务生疏带来安全隐患。

（3）实际情况与目标之间的矛盾。

业务轮换使得岗位培训不连贯，目标方向不明确。部分参与轮换的人员，特别是近几年参加工作的年轻同志普遍反映目标方向不明确。机构合并以前，运行人员以"运行值长"的职责要求作为培训目标，不断提升故障判断和应急处置能力；维护人员以解决分管设备存在的问题为目标，以专业能手作为培训目标。运维一体化实施后强调业务轮换，这也导致很多年轻同志找不准努力的方向和着力点，不知道自己到底应该重视"全"，还是重视"专"。

部分运维人员学习意识存在误区。他们认为只需要搞好自己所负责设备即可，对于其他专业可学可不学，导致学习思路不够开阔。

部分运维人员依靠外委单位的思想严重，形成了一种凡事依靠厂家或者外委单位的心态，只负责电话通知，造成动手能力不足。

考虑到实际情况以及调度的实际要求存在差异化，管理手册中关于运维负责人、值守人员资质要求的部分规定显得过于刚性。

（4）轮换时长与系统深入学习、钻研之间的矛盾。

每轮换一次，就要进行各种权限调整，如生产管理系统中的相关权限、门禁卡的相关权限。轮换过频，造成岗位认识度降低，部分运维人员培训时间的连续性受到影响，导致培训效果不理想。需要各单位结合实际情况，确定合适的轮换时长。

（5）运维人员岗位与承担的责任之间的矛盾。

运维负责人承担的责任和其岗位不匹配。按照目前的岗位体系，运维专责分初、中、高、首席运维专责。新的运维一体化管理手册明确"运维负责人"职责，其当班期间是值守、操作业务的业务领导，负责事故应急的初期处置。在职责上，运维负责人相当于原运行值长的部分功能，而在岗位上仅仅是高级运维专责，低于班长的岗位。运维负责人在运维一体化实施过程中有着重要角色，对现场的安全把控的作用尤为明显，但是在运维一体化岗位设置中未体现，容易造成责任、权力、薪酬不明确，不利于人员工作开展及人员成长。

根据试点情况来看，部分单位薪酬向一线倾斜的力度不明显，造成一线人员心理落差较大,不利于工作的安全开展。应尽早出台运维一体化后相关岗位薪酬激励机制指导意见,充分落实运维一体化方案中薪酬向一线倾斜的要求,制定相关保障机制。

3. 关于验收条件的建议

(1) 关于关键指标。

1) 建议"运维复合人才率"指标取消评分标准"两个数值每同时提高10%加2分"。只要"机电运维班中级及以上运维专责人员达到班组人数(见习岗除外)的60%以上(100%),且同时具备运维负责人、操作监护、工作负责人三种资质的人员达到中级及以上运维专责人员的60%以上",满足要求的得10分而不是得6分。

2)关于运维人员值守、操作、运维三项业务的累计时间,该指标基础数据中取自HPMS排班表,建议改为取自运行值班模块。原因:一是排班表是今年3月才开始使用,而运维一体化去年9月就开始实施,排班表中数据不全;二是排班表是每月排一次,而在实际执行过程中可能会有微调,造成实际数据不准确。

3)关于业务均衡度指标,该指标目前在系统中具体统计了每个中级运维人员值守时间、操作项数、工作负责人次数,和所有运维工作平均到每个运维人员的平均数作对比,差值越小则认为均衡度越高。建议该指标改为统计每个运维人员从事值守、操作、运维三项业务的时间,三项业务时间差值越小均衡度越高。原因:一是业务均衡度体现的主要是运维人员在运维一体化体系下参与各项工作的全面性和所有运维人员的轮换均衡;二是操作票项数和工作负责人次数和年度检修工作的安排有关,并不是均衡在每个月,故操作票项数和工作负责人次数不能具体体现运维人员从事各项业务的均衡度。

(2) 运维负责人。

1) 建议尽快结合"运维负责人"的相关要求修改验收条件。

2) 建议在运维一体化验收条件中明确运维负责人的验收要求。

3) 建议运维负责人暂不参与统计业务轮换参与度和业务均衡度。原因:运维负责人的业务素质要求较高,在运维一体化初级阶段,各单位能取得运维负责人资质的人员较少,为了确保现场工作开展,运维负责人从事操作业务、运维业务的时间相对较多,值守业务参与的相对较少。建议在运维一体化实施一段时间后,运维负责人再纳入业务轮换度和业务均衡度统计。

(3) 设备主人。

1) 由于设备重要程度的不同,设备主人在缺陷管理、隐患管理、定期工作、项目管理、检修管理、专业讲堂等工作的参与度存在一定的差别,建议验收条件中明确。

2）建议该指标应考虑 HPMS 设备系统划分不同而导致的设备主人担任 2 个以上设备系统 A 角。比如若 HPMS 将出线场设备和 GIS 设备划为两个系统，HPMS 系统中统计时该设备主人就有可能担任 2 个设备系统 A 角。

3）关于设备主人到位率指标，该指标从 HPMS 系统中每个设备 A 角执行所负责的设备定期工作、工单、缺陷、反措、技术监督、定期工作等数量与该设备上述工作总量的比值来确定设备 A 角的参与度。在实际工作中，设备 A 角参与工作时因业务轮换和人员培训等关系，更多的时候是以业务指导和技术支持的方式参与工作，业务的实际执行人并不是设备 A 角。故建议该指标不以系统中业务执行人的方式统计，应线下统计。

（4）轮换周期。

建议轮换周期让各厂根据实际情况确定，相应的验收标准指标适当优化。

（5）综合。

1）验收条件内主要强调运维人员参与四种业务的要求，而对专工从事运维工作没有提及，人资部下达的文件对电气、水机等专工的职责强调了专业技术管理，但为了做好专业技术管理，更应到现场掌握设备的健康状况，建议在工作票负责人和设备主人等方面予以体现。

2）建议对于运维一体化验收应着重从各单位试运行中是否存在影响安全生产因素的角度出发，切实发现各单位的薄弱环节，总体上把控各单位运维一体化的风险，确保各单位安全稳定生产。

3）运维一体化试运行的重点是安全，关键是人员培训。运维一体化验收应重点检查是否按照要求的模式运转，具体的指标应该作为参考。为防止基层单位一味追求指标而忽略安全风险，建议对关键指标进行局部调整。

4. 对于管理手册修订意见

（1）管理手册编制机制。

1）建议梳理本部日常运维管理中的具体要求，并落实于管理手册中，如操作票管理手册中关于操作后反馈信息的要求与实际管控要求有差异；运行记录等之前也下发了一系列要求，并未出现在值守管理手册中。能够统一执行的建议明确，避免各单位在编制执行手册中出现的差异化。

2）建议梳理新源公司相关管理手册，部分管理手册（如工作票管理手册和操作票管理手册等）建议统一标准，细化要求后统一执行，不建议各单位编写执行手册。

3）建议对已发布和即将发布的管理手册设置一个过渡期，以便各基层单位对不满足管理手册要求的部分加以改正，确保管理手册执行落地。

（2）具体管理手册建议。

1）工作票管理手册建议增加关于现场勘察的内容。

2）操作票管理手册规定接令人为操作人和监护人，且填写要求监护人在接令人栏签名，这样操作必须由三人才能完成，建议明确接令人为操作人，监护人和审批人可以为同一人，便于现场执行。

3）运维钥匙管理手册建议增加机械五防关于插在设备上的钥匙的管理内容；门禁卡管理部分，门禁系统应具备装置断电即自动开门的功能，建议增加区域火警动作报警后门禁系统自动开门的功能。

4）设备巡回检查管理手册中检查周期要求中适当放宽 GIS 设备、出线场设备、厂用电设备的检查周期要求。

5）防误闭锁装置管理手册总体要求中，"五防"功能除"防止误分、误合断路器"可采取提示性措施外，其余四防功能必须采取强制性防误闭锁措施。现带电挂接地线和带接地线合闸是人防，而无技防。

5. 下阶段工作主要事项

新源公司领导及有关部门对问题建议进行了探讨和解答，明确了下阶段工作的主要事项。

（1）运维一体化工作要稳步推进。根据各单位运维人员数量、业务资质等实际情况，坚持"成熟一家、验收一家"，不强制要求试运行单位 2015 年通过验收。

（2）运维一体化工作允许差异化。各单位在不违反运维一体化原则框架基础上，在本单位运维一体化执行手册中明确差异化管理要求，报公司运维检修部备案后执行。

（3）明确了运维负责人岗位职责。运维负责人统筹管理值守、操作（ON-CALL）业务，班长原则上不得干涉其当班期间业务工作。

（4）明确了设备主人的职责要求。设备主人作为设备的第一责任人，应切实履行起设备项目管理、技术管理等日常各项管理工作。

座谈会还对运维一体化职责分工、人员培训、薪酬激励、班组减负等工作进行谈论，并根据会议意见会后修订了运维一体化验收条件相关内容。

（八）实施后验收评估

琅琊山公司作为新源公司第一个通过检查实施运维一体化模式的单位，截至 2015 年 8 月底已满一年。根据验收评价表初步测算结果，琅琊山公司关键指标得分 36 分（满分

40分），其他指标得分58分（满分60分），总分94分左右，超过验收的80分合格线，符合验收条件。根据要求，于2015年8月17日正式提交验收申请，成为第一个提交实施后验收申请的单位。

2015年9月，新源公司组织了琅琊山公司运维一体化验收，采取系统测算、现场检查和其他形式相结合的方式。琅琊山公司以优异成绩通过了验收，运维一体化工作得到充分肯定，同时也发现了一些问题（见表2-7）。

表2-7　　　　　　　　　　琅琊山验收问题及整改建议

序号	问题描述	提出部门	整改建议
1	薪酬套改方案继续保持向生产岗位倾斜，保证平稳过渡	人资部	按照《国网新源控股有限公司岗位绩效工资管理办法》（新源企协〔2015〕232号）执行本单位的套改方案，体现岗位差别，向生产岗位倾斜
2	结合实际创新培训方式	人资部	结合运维一体化模式及本单位的实际情况，创新培训方式，加强生产人员实际操作技能培训，多给公司培训工作建言献策
3	两票风险分析不全面，预控措施针对性不够强	安质部	按照两票管理手册，认真开展风险分析及预控措施
4	安全生产责任书中安全目标个别条款有冲突	安质部	结合运维一体化的岗位职责要求重新修订各岗位的安全生产责任书、工作职责
5	现场考问的记录不够齐全	安质部	定期对在岗生产人员开展针对性现场考问、技术问答和事故预想等现场培训，并做好相关记录
6	班组成员总数及中级运维专责的数量较少，高级及首席运维专责参与值守、操作的时间较长	运检部	合理补充新员工，增加机电运维班人员数量；加大对初级运维专责的值守、操作业务的全面培养，有效提升中级运维专责的数量，减少高级、首席运维专责从事值守、操作的时间，使其有重组的时间从事设备主人的工作
7	安全工器具、运维钥匙管理仍然在值守业务中，与公司管理手册不一致	运检部	结合现场实际，编制安全工器具、运维钥匙管理执行手册，明确其管理职责，如与公司管理手册不一致及时向公司运检部备案
8	ON-CALL应急体系生产人员中有部分人员不够清晰	运检部	建议执行本单位ON-CALL应急管理执行手册，明确应急处理的流程，并顸生产人员及时宣贯
9	运维一体实施方案部分生产人员了解不够	运检部	加强本单位运维一体化实施方案的宣贯力度，保证外来人员培训时清晰掌握运维一体化的内涵
10	班组与部门之间业务界线不够清晰	政工部	完善运检部、机电运维班的工作界线，发挥班组管理的能力，可适当给予资金支持，提升班组活动的空间和主动性
11	班组的风采展示、班务公开等内容较少	政工部	按照国家电网公司班组建设有关要求，设立班务公开、风采展示等文化展示墙，塑造班组形象

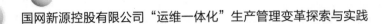

同年,响水涧公司也顺利通过验收。

2016 年 10 月,对西龙池公司、泰山公司、蒲石河公司、天荒坪公司、宜兴公司、宝泉公司等 6 家符合条件的单位进行运维一体化实施后评估验收。本次评估验收采用现场检查和视频会议相结合的方式,重点对管理人员抽考管理手册、对运维负责人抽考专业知识,并对生产管理系统中自动计算的关键指标进行了复核。六家单位评估验收成绩均合格,关键指标由生产管理系统中自动计算得分与现场验收复核得分基本一致,均符合验收指标的要求。

在 6 家单位顺利通过验收的同时,也发现了一些问题:通过抽考情况看管理人员的考试成绩良好,运维负责人考试成绩差距较大,年轻的运维负责人整体水平较低,特别是手写操作票能力较弱,运维检修部将结合现场检查,继续加强对各单位运维负责人的专业抽考,同时建议加强员工培训、考试,提升运维负责人技能水平;存在班长管理压力大、设备 AB 角出差不易排班等问题,建议六家单位班组内实行专业小团队模式,相近的专业组成一个团队。

四、常规推广

2015 年,为指导常规水电单位运维一体化工作的开展,新源公司年初启动推广方案的编制工作,召集新安江、富春江、莲水、白山、丰满、松江河等 6 家常规水电单位运检及人资相关业务骨干,于 3 月 16 日完成推广方案初稿编制工作。4 月 24 日,新源公司组织《常规水电站运维一体化推广方案》(以下简称推广方案)第二次集中修编,并完成推广方案送审稿的编制工作。送审稿是在初稿广泛征集各常规水电单位意见的基础上修改形成的。

推广方案在国家电网公司劳动定员标准和新源公司"三定"方案的基础上,参照抽水蓄能单位运维一体化推广方案,主要对常规水电单位组织机构、岗位设置及人员编制进行明确。机构设置方面保持办公室、发展计划部等 10 个职能部门不变的基础上,设置运维检修部、水工部 2 个生产机构,并考虑部分单位的实际情况可选设检修中心、后勤服务中心、集体企业管理中心 3 个选设机构。中层干部及管理人员职数以公司 "三定"方案核定人数控制,运维检修人员职数以抽水蓄能单位为基准,考虑机组台数、站点分布、设备运行等因数进行人员核增。

推广方案还对常规水电单位运维一体化业务规范、两票补充说明、运维岗位培训规范、运维一体化实施条件等内容进行了明确。

2015 年 5 月 27 日，新源公司在新安江电站召开了常规水电站运维一体化座谈会，部署常规水电站运维一体化推广实施等相关工作。会议肯定了各常规水电站对运维一体化模式的认识，明确了运维一体化代表了水电行业先进的生产管理模式，是新源公司今后发展的方向，推进常规水电站运维一体化具有十分重要的意义。

新源公司要求本部相关部门、各常规水电站要进一步转变观念，充分理解推广运维一体化的重要性和必要性；牢牢把握住设备条件和人员条件两个基本条件，提升主设备及控制系统的安全健康水平，强化运维人员理论和技能培训，抓住年轻大学生这个主力军。同时对下阶段的工作做了部署，要求本部相关部门与各常规水电站上下联动、横向协调，机构设置要灵活，充分结合各家的实际情况，扎实推进此项工作的开展，看准时机，早日进入运维一体化试运行。

2015 年 6 月 18 日，新源公司发布常规水电单位运维一体化推广方案，用以指导常规水电单位运维一体化工作的开展。推广方案是在抽水蓄能单位运维一体化推广方案基础上，充分考虑 6 家常规水电单位实际情况编制而成的。推广方案对各常规水电单位运维人员培训、业务梳理、两票管理、风险管控等工作提出了要求。

2018 年 12 月，新安江电站完成了运维一体化实施前的准备工作，标志着常规水电站的运维一体化进入实施阶段。

五、历程回顾

2012 年年底，新源公司生产相关人员赴琅琊山公司进行运维一体化工作调研。

2013 年 1 月 5～7 日，赴中电投五凌公司及下属黑麋峰抽蓄电站、华能澜沧江公司景洪电站，开展运维一体化模式现场调研。报告对比了常规模式、点检定修模式、运维一体化模式这三种模式，总结了各模式的优点与问题。调研发现，电站实行"运维一体化"模式，确实能简化机构设置，精简人员配置，减少生产管理环节，提高工作效率，也有利于复合型人才的培养，适合在新源公司推广。

2013 年初，新源公司二届三次职代会工作报告中确认了研究和开展运维一体化试点工作是工作重点。2013 年 3 月，新源公司下发了《国网新源控股有限公司关于印发运维一体化建设推进方案的通知》，确定了琅琊山公司、响水涧公司、蒲石河公司、张河湾公司共四家试点单位，明确了试点的主要时间节点和任务。

2013 年 4 月，新源公司下发了《国网新源控股有限公司关于推进运维一体化工作的指导意见》，指导各单位规范开展运维一体化工作。文件中明确了"运维一体化是指对水电站运行和维护业务整合，使运维人员掌握运行和维护技能，提高工作效率，培养复合型人才，保证安全生产的一种生产管理模式。"文件明确了运维一体化阶段目标要求、生产管理部门机构和岗位设置、运维轮换倒班方案和运维一体化培训指导意见。

2013年5月初，新源公司分管领导带领生技部、人资部和安监部，到琅琊山和响水涧进行了运维一体化管控模式调研。在调研过程中，两个单位人员表达了对实施运维一体化管理模式的支持。通过运维一体化管控模式的实施，可以拓宽生产人员的成长渠道，技能和技术通道并行，优化人力资源配置，提高工作效率，有效缓解新源公司专业人才短缺的问题。

2013年5月底，运维一体化试点工作启动会在京召开，标志着运维一体化试点工作正式开始。新源公司要求运维一体化试点"规定动作"不打折，"自选动作"有创新，"特殊调整"先报批。

2013年7月，在新源公司年中工作会议上，针对前一阶段工作中出现的实施初期存在安全风险、工作体系需进一步健全以及激励机制有待建立等问题，提出了强化风险管控确保运维一体化工作安全、加强标准建设健全完善运维一体化工作体系、建立激励机制确保运维一体化工作可持续开展、制定推广方案确保运维一体化体系建设平稳有序等下阶段重点工作思路。

2014年1月，新源公司运维一体化试点总结会召开。会议对四家试点单位的试点成果进行了总结。会议确认运维一体化管控体系试点工作已完成，下一步将进入推广阶段。会议号召大家要进一步振奋精神，按照"近、中、远"目标，全力以赴推进，确保高水平完成建设任务。力争到2016年，基本形成具有新源公司特色的运维一体化管控模式。

同月，在新源公司二届四次职代会上，强调要稳步推进运维一体化工作，根据生产单位实际情况和生产人员技能水平，科学制定推广方案和工作目标，及时解决发现问题，完善蓄能单位机构设置与编制，建立满足运维一体化要求的劳动组织方式，抓好运维一体化模式下的班组建设工作，切实提高运维管控能力，形成具有新源公司特色的运维一体化管控体系。

2014年3月10日，新源公司运维检修部项目组在北京组织召开了《运维一体化管控体系研究》项目启动会。运维检修部项目组介绍了运维一体化管控体系总体策划情况，对运维一体化管控体系推广方案编写进行了分工。3月11～17日进行了运维一体化推广方案（初稿）编写工作。

2014年4月底，新源公司运维检修部项目组完成了抽水蓄能单位运维一体化推广方案的审核工作，发布了《运维一体化业务规范》《运维岗位培训规范》《运维一体化实施条件》等配套文件。

2014年5月，项目组配合人资部形成了《运维一体化抽水蓄能生产单位机构设置、岗位设置和人员编制指导意见》。同月，召开了北方区域座谈会和南方区域座谈会。十三陵、张河湾、泰山、西龙池、蒲石河、潘家口和检修公司参加了北方区域座谈会，琅琊山、响水涧、天荒坪、桐柏、宜兴、莲蓄、仙游、黑麋峰、响洪甸、宝泉、回龙等11家生产单位和仙居、洪屏2家生产准备单位参加了南方区域座谈会。座谈会上各方就新源的推广方案框架及各自的推广方案进行了深入探讨。

2014年6月，新源公司召开运维一体化推广启动会，运维检修部、人资部、政工部介绍了推广工作的准备情况，并对下一阶段任务进行了安排。

2014年6月底，新源公司运维检修部完成了原生技部的34个一体化管理标准初稿的编制工作，形成了《运维一体化运检管理操作手册》（初稿）。

2014年7月，考虑到运维一体化会带来组织机构、岗位职责划分和业务流程的重新调整，《国家电网公司电力安全工作规程》和新源公司相关管理制度也进行了修订，在实施期间将存在一定安全风险，发布了《安全风险预警通知单》（编号：第2014-001号）。

2014年8月，河北张河湾蓄能发电有限责任公司与国网新源水电有限公司丰满培训中心签订《国网新源控股有限公司运维一体化管控体系培训教材编制项目技术服务合同》。

2014年8月初，新源公司运维检修部项目组修订了《运维一体化实施条件》。

2014年8月到9月，琅琊山、宝泉、响水涧、宜兴完成运维一体化实施前检查，解除了《安全风险预警通知单》（编号：第2014-001号），开始转入运维一体化试运行。

2014年9月16～19日，项目合作单位丰满培训中心在吉林召开了《运维一体化技能培训教材》编写启动会暨大纲编制会。

2014年9月，由新源公司运维检修部组织，采取函调、现场调研相结合的方式，主要调研集控中心的基本情况、调度方式、倒班模式、监控系统及辅助系统等软件配置、电源配置、水电站与集控中心的生产模式等。

2014年10月19～31日，新源公司运维检修部项目组在北京组织对《运维一体化运检管理操作手册》（初稿）进行了修订。

2014年12月，召开运维一体化体系建设推进工作视频会，运维一体化办公室发布了验收标准，对试运行所要达到的目标指明了方向。

2015年2月4～6日，新源公司运维检修部项目组在丰培中心组织召开了《运维一体化技能培训教材》初稿集中编制及审查会。会上各专业汇报了初稿编制情况，与会人员进行了充分的讨论、审查。

2015 年 2 月，新源公司运维检修部项目组编制了《运维一体化验收条件》，并下发抽水蓄能单位征求意见。

2015 年 3 月，对运维一体化标准进行了再次修订，形成了管理手册。

2015 年 4 月 20～24 日，新源公司运维检修部组织系统内常规水电站在宝泉电站召开了常规水电单位运维一体化推广方案编制会，形成了常规水电单位运维一体化推广方案。

2015 年 5 月 19～22 日，新源公司运维检修部组织在丰培中心召开了运维一体化技能培训教材集中修订及审查会。会上各审查组汇报了初稿审查意见，审查专家与编写组人员进行了充分的讨论，并共同根据审查意见对教材进行了集中修订。

2015 年 5 月 26 日，运维检修部组织在天荒坪公司召开南方区域运维一体化座谈会，8 家抽水蓄能生产单位和 5 家抽水蓄能生产准备单位共 13 家单位参加；6 月 9 日，在十三陵电站召开北方区域运维一体化座谈会，8 家抽水蓄能生产单位参加。会议总结了各试运行单位运转情况，分析了业务与行政之间的矛盾、安全生产与员工培养发展之间的矛盾、目前阶段实际与目标之间的矛盾、轮换时长与系统深入学习钻研之间的矛盾和运维人员岗位与承担的责任之间的矛盾。

2015 年 7 月，新源公司运维检修部项目组对《运维一体化验收条件》进行了修订。7 月 15 日，新源公司运维检修部项目组编制完成了《抽水蓄能运维一体化推广方案修订说明》及《运维一体化问题解答》。

2015 年 9 月，新源公司运维检修部项目组根据有关制度管理要求将《运维一体化运检管理操作手册》转化成了《运维一体化运检管理手册》，并结合运维一体化管控体系试行情况修改了部分管理手册的内容。

2015 年 9 月，琅琊山公司通过了运维一体化评估验收，正式进入运维一体化运行模式。同年，响水涧公司也通过了运维一体化评估验收。

2015 年 10 月，河北张河湾蓄能发电有限责任公司与中国电力出版社签订了《运维一体化技能培训教材》出版合同。

截至 2015 年底，16 家抽水蓄能生产单位全部进入运维一体化模式。

2016 年 5 月，召开常规水电站运维一体化座谈会。

2016 年 8 月，发布了新修订的《运维一体化验收条件》。

2016 年，陆续完成了泰山、西龙池、蒲石河、宜兴、天荒坪、黑麋峰共六家单位的评估验收，截至 2016 年底抽水蓄能单位共八家单位通过评估验收。

2017 年 7 月，针对人员配置、执行手册等规章制度进行了集中意见征集。

2017 年 9 月，完成《抽水蓄能电站全过程、全业务运检人员技能培训导则》。

2017 年 12 月，发布《国网新源控股有限公司关于加强运检管理进一步推进运维一体化工作的意见》。

2018 年 6 月 14 日，召开了运维一体化业务调研座谈会常规水电站交流了运维一体化的总体方案和构思，抽水蓄能电站交流了运维一体化情况。

2018 年 12 月，新安江电站完成了运维一体化实施前的准备工作，标志着常规水电站的运维一体化进入实施阶段。

第三节　探索路上的必然性与偶然性

从哲学角度来看，一个事物的出现与发展存在着必然性与偶然性，必然性中蕴含着偶然性，偶然性中又蕴含着必然性。运维一体化也是如此。从发展的角度来看，选择运维一体化是抽水蓄能行业发展的历史必然。

随着科学技术发展，抽水蓄能电站设备的可靠性和自动化水平不断提高，设备集成度更高、闭锁系统更完善，事件记录更精细、数据采集分析功能更全面。电站设备的技术水平、保护的设置和自动化程度完全满足无人值班的需求。从人员角度来看，新入企的员工大部分是大学本科生，具有较扎实的专业理论功底和较宽的知识面，同时也具有新时代年轻人追求自我价值实现的特质。社会的发展的必然趋势是越来越高的生产效率，这也意味着相同规模的抽水蓄能电站，人员数量是越来越少。

抽水蓄能行业正处于大发展的机遇期。近年来，我国电力领域呈现出电力供需矛盾逐步转化、新能源快速发展、跨区电能交换规模增加和电力市场逐渐完善等趋势，抽水蓄能电站调峰填谷、调频调相、事故备用和黑启动等传统功能得到进一步增强，在保障电网安全稳定、促进清洁能源消纳和系统经济运行等方面的重要作用凸显出来，行业市场价值逐步彰显。行业大发展带来了人才的巨大缺口。

作为抽水蓄能电站生产力要素的生产工具（设备）和劳动者（员工）取得了快速发展，而作为生产关系要素的各项机制却相对落后，一定程度上制约着生产力的发展。

在人员能力方面，传统模式下运行人员与检修人员各负其责，运行专业的员工往往更

加重视设备监控和安全操作，检修专业的员工往往只在意设备的维护和缺陷处理。虽然两者在各自的职责范围内对工作负责，但是对其他专业的工作了解不多，已经不能适应新设备对人员的综合素质要求，难以快速的解决出现的问题，更不具备跨专业处理复杂问题的能力。在管理组织方面，传统模式下电厂的运行和维护涉及很多方面，管理难度大，需要协调的部门多，导致在遇到问题时，处理时间长，涉及部门多，处理效率差，大大降低了企业运行效率，增加了企业运营成本。在人才培养方面，传统生产模式下人才培养周期长、专业知识面较窄、缺乏系统认识。在职业发展层面，传统生产模式下发展路径单一、发展通道不畅，一定程度影响了年青一代的积极性。

特别需要注意的是，当前的趋势是减员增效，在传统模式下会遇到两个严重阻碍。一是人少了，导致每个专业的人也少了，对于业务交流、业务发展都产生了负面影响，甚至由于可替换人员少了，影响到了业务正常开展。部分业务的人员本来就较为紧缺，遇到因疾病休养、疫情隔离等计划外减员因素，在人员调派上更加捉襟见肘。二是老员工占比较高的单位，其中运行专业的老员工不太适合长期值夜班，如果这部分运行老员工不值夜班，势必对其他运行人员产生更大的压力。新源公司范围内，抽水蓄能电站运行维护部门 45 岁以上员工占比超过 20%，是必须重视的问题。

近几年的实际运行经验表明，随着计算机技术以及控制技术的飞速发展，监控系统对于机组的实时控制已经相当成熟。中央控制室内可以看到大量必要信号，原来必须频繁去现场巡视的工作有相当一部分可以在中控室中完成。但随着自动化程度的提高，对于运行值班人员的要求也相应提高了。由于大部分工作由监控系统来完成，各个操作步骤的人为参与少了，如果不下工夫学习而是仅仅满足于会操作，那就很可能造成操作与实际脱离，从而严重影响工作质量，甚至影响生产安全。

近年来新建机组普遍采取顺序控制的方法进行机组的启停以及工况转换。每个状态的变化都会涉及机组的顺序控制流程。流程能否成功走下去是机组启停以及工况转换的重要条件。因此作为运行人员必须熟识顺控流程，对于流程之中的每一步都要有相当熟练的把握。这样才能做到密切关注机组的启动状况以及在启动流程执行不下去时能够对于故障原因有初步的判断从而方便故障的查找与处理。对设备参数的关注以及对设备机构和自动化元件的了解能帮助更好地监盘。例如调速器压力油罐的油位在停机状态下不应该变化，一次在监盘的时候发现该油位缓慢下降，虽然还没有报警，但是仍然可以判断出一定有异常存在，因此立即现场检查，发现是其他机组运行的振动太大造成该机组的调速器压力油罐油位计裂缝漏油所致。更进一步，如果能够对于设备的结构有较为系统深刻的理解，那就有可能通过设备的信号对设备情况进行深入分析从而发现并消除隐患，保证机组稳定运行，这对于运行人员的要求是非常高的。

上述这些问题和现象的核心，就是运行专业与维护专业分开的管理模式已经不能适应设备、人员和社会的发展需求。要解决问题，就要把分开的运行专业和维护专业融合起来，实现一体化。从这个角度来说，运维一体化是历史发展的必然。

运维一体化管理模式，就是要打破传统运行和维护人员业务分离模式，真正融合运行专业和维护专业，重组组织架构、打破专业壁垒，培养出一批"专一会二懂三"的运维人员，实现处理问题效率大幅提高，人力成本不断降低的目标。这种模式能够重新整合业务流程，在决策层和操作者之间建立紧凑的横向关系，也打破了传统工种的界限优化职责分工，减少各部门间的沟通环节，去掉不同部门间冗杂的重复工作，最大限度地提高企业的工作效率；通过对专业人员进行系统的培训及相关工作流程、标准的学习，建立起一支懂运行、精维护的复合型高素质人才队伍，让机组按时维护、故障及时处理，从而保证机组的安全稳定和高效的运行；运维一体化的实施，员工有了更清晰的职业发展规划、更自主的发展选择，更大程度上激发了员工的主观能动性，也给新源公司运营带来了人力资源上更大的统筹空间，为抽水蓄能电站的持续发展，打下了坚实的人力基础；运维一体化管理的实施，可以在很大程度上提高设备的使用效率，减少不必要的重复和浪费，使得诸如备品备件等其他设备得到合理的利用，从而节约电站的成本，为企业更好的创造出效益。

实施运维一体化过程中深刻地体会到，各抽水蓄能电站差异极大。从地理位置来看，有的电站离市区很近，日常通勤车程在 20min 以内；有的电站则处于偏远山区，离市区有数小时的车程。从设备角度来看，有的电站设备刚投运，正处于磨合期，设备自动化水平较高，出现问题频率较高；有的电站处于稳定期，设备出现问题的次数不多；有的电站投运时间较长，设备需要更新换代，出现问题的频率逐年升高。从运营模式来看，有的电站从筹建开始就刻意淡化了运行和维护之间的专业界限，按照大运检的思路进行培养；有的电站则严格沿袭了运行业务和维护业务相对分离的模式，业务之间界限分明。从人员素质来看，新建的电站人员主体为大学本科生，对新模式接受程度较高，培训相对有效果；部分老的电站人员素质则较低，也习惯了传统模式，培训效果相对较差。以某电站为例，生产人员 550 人，较低学历人员（高中、技校、军转）466 人，占比为 84.7%，由于历史等原因还存在主设备人员少、辅助附属人员多的情况，造成学习力不足、意愿不强甚至一定程度惧怕学习培训的现象。

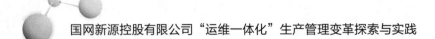

从具体实施的角度来看，新源公司在实施运维一体化全过程中，充分尊重各单位的具体差异，深入剖析偶然性中的必然性，提炼差异性中的共同性，将顶层设计与基层首创紧密结合，从而实现以人为本的高质量发展。

以轮换周期为例，各实施单位根据地理位置、设备状态、人员素质、传统习惯等因素选择了不同的周期长度，从几天到几周再到几个月的都有。虽然周期长短不一，目的都是相同的：最大程度契合本单位生产需要。不少单位在尝试了不同的轮换周期后才确定下来最适合本单位的周期长度。通常来讲，地理位置较近、设备状态较好、人员素质较高、传统模式包袱较少的单位，轮换周期长度偏短；地理位置较远、设备维护压力较大、人员素质需要提高、传统模式包袱较大的单位，轮换周期长度偏长。

再如业务融合深度，各单位人员素质和传统习惯存在显著差异，有的单位年龄偏大的低学历人员占比较高，短期内全面参与业务轮换困难很大。各单位根据实际情况，老人老办法，新人新办法，制定了适合自身的业务融合目标。

总之，新源公司运维一体化的探索和实践就是在充分认识到运维一体化是抽水蓄能行业发展的历史必然的基础上，尊重历史和现实，不搞一刀切，因地制宜精准施策，先试点总结再提炼推广，反复迭代，久久为功。

运维一体化模式

新源公司"运维一体化"模式是面对新时代的机遇与挑战，新源公司上下凝心聚力、勇于探索，为实现以人为本的高质量发展而做出的战略选择。其核心内涵是"组织机构一体、运检业务融合、人员轮换灵活"，实施的策略指引是"标准化体系，多样化实践，地图化培养，个性化成长"。运维一体化模式的实施包含组织体系、业务体系、标准体系、绩效体系、培训体系、班组建设体系、验收检查体系等一系列体系支撑。

实践表明，新源公司运维一体化模式有效提高电站运检管理效率和设备管控水平，显著加快运检人员综合素质和业务水平的提升，初步实现运检人员从"运行操作型"和"维护消缺型"向"运行、维护、检修、技术"复合型人才的转变，基本满足新源公司快速发展对人才的需求。

同时，运维一体化模式也解决了一些传统模式下由于专业细分导致职业发展道路狭窄的问题，优化了人力资源结构。运维一体化模式下，运维人员都是运行维护两手抓，岗位轮换灵活，不适合值夜班的员工可以更多地在白天从事维护业务，这在某种程度上既提升了工作效率，又保障了员工身心健康，是以人为本理念的切实体现。

第一节 整 体 思 路

一、核心内涵

实现运维一体化生产管理模式变革，核心目标就是水电站实现以人为本的高质量发展，核心内涵在于"组织机构一体、运检业务融合、人员轮换灵活"。

组织机构一体是指将原生产技术部、运行分场和维护分场等组织机构进行重组，

成立运维检修部和计划物资部。运维检修部全面负责电站机电设备和水工设施的运行、维护、技术管理以及科技、信息等工作，减少部门之间的沟通壁垒，提高设备管理的质效。机构上各单位彻底一体化，要坚决杜绝内部再人为划分为三个组。各单位运维检修部根据生产人员的数量按照"一个部门、两个（或一个）、三个机电运维班、一个水工班及专工"的统一模式配置，充分发挥班组的作用，做到班组真正的实体化（见图 3-1）。

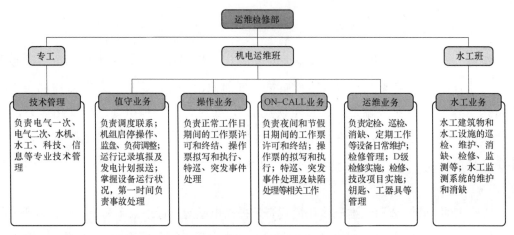

图 3-1　重组后运维检修部业务职责

运检业务融合是指梳理辨识原生产技术部、运行分场、维护分场各项业务，在确保工作不缺项的前提下，进行各项业务的整合，减少重复工作项，精简业务流程，有效提升业务运转的效率。业务融合建立在充分理解运维一体化涵盖的各项业务基础上，关键是对值守、操作、ON-CALL 三项业务的理解。值守，作为调度的延伸，其工作地点是在中控室，在设备的停复役上主要是调度许可，是事故处理的第一负责人。操作，作为检修或消缺工作的延伸，是检修或消缺工作的前期准备。ON-CALL，作为一种应急处理机制，是夜间或节假日期间生产管理的有效补充。因此在进行运维一体化业务梳理时，注意设备系统的划分简化，控制系统跟随所控设备，合理设置值守、操作的业务范围，有效提升业务运转的效率。

人员轮换灵活是指经过培训考核，电站运检人员具备开展值守、操作、运维等各项业务的能力，各单位在满足现场运行维护检修各项工作的基础上，结合实际需求以灵活多变的方式进行人员轮换，从而保证运检人员各项业务均衡发展、同步提高。运维一体化实施后，运维专责将轮流从事运维检修部各项业务，中级运维专责是业务开展的中坚力量，在做好人员培训的基础上严把人员资质关,切实满足值守、操作、运维三项业务全掌握的能力,在人员轮换上尽可能扩大参与轮换人员的范围。班组在安排年度轮换方案时,力求灵活多变,每个人从事某项业务的连续时间不宜过短,保证各项业务均衡发展、同步提高。轮换一定要灵活,即安排值守、操作、运维排班表时不能生搬硬套,不能强硬的固定周期,应以设备管理为核心,而非传统的设备运行为核心。首先保证设备主人在设备管理方面(大修技改项目管理、工作负责人、缺陷处理等)的力量,相对空闲时安排去值守、操作。从事操作业务时应有连续性,复杂操作(机组停服役、倒闸操作等)未完成时不宜整体轮换操作人员,尤其是操作票审批人。

二、策略指引与四个方面

实施运维一体化,是在生产管理领域内进行一场变革,这是一项艰巨的工程,也是一项系统性的工程,需要有清晰可行有效的策略指引。"标准化体系,多样化实践,地图化培养,个性化成长"是实施运维一体化的策略指引。即运维一体化遵循一定标准,各单位可以在符合标准的基础上依据自身特点进行多样实践;人员培养遵循职业发展地图,依照个体特性选择合适路径进行个性化成长。

标准化体系指运维一体化实施中各要素均有章可依,有制可循,做到"写我所做,做我所写",从而保证顶层设计在实施过程中不走样不打折。多样化实践,就是各单位在实施时在充分理解标准化体系的基础上,深入结合自身实际,开展各项工作,充分尊重基层首创精神,发挥各单位的主观能动性。标准化体系结合多样化实践就是将顶层设计与基层首创有机结合,做到"规定动作"不打折,"自选动作"有创新,"特殊调整"先报批。地图化培养是指对运维一体化人员有着合理、清晰的职业发展路径。个性化成长是指个体可根据个人特性选择适合自己的成长路径。地图化培养结合个性化成长就是将公司发展需求与个人特质充分结合,实现公司与个人的双赢(见图3-2)。

实施运维一体化是一项系统性工程,涉及生产管理的方方面面,所有工作一步到位全部抓好既不可行也不必要,应该统筹全局分清主次,将优质资源投入

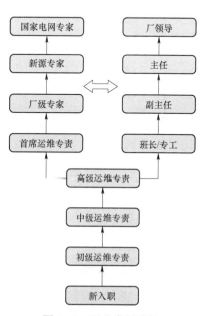

图3-2 职业发展路径

到安全生产、岗位人才、激励机制和技术支撑等四个方面的重点工作。

（一）安全生产方面

1. 严格落实安全风险预控措施

在运维一体化管理模式下,运维部门和运维岗位人员的安全生产职责有较大变化,"四种人"和单独巡视高压设备人员的资格也会发生变化,在实施期间存在一定安全风险。如果相关单位安全生产职责调整或落实不到位,将存在违反安全管理规章制度等情况;如果岗位资格管理不到位,可能会出现无证上岗、无证操作等情况,存在违反法律法规、人员伤害和设备损坏的风险。

实施运维一体化管理模式的单位应结合本单位实际,对各类安全风险进行辨识与分析,逐项制定并落实安全风险控制措施,明确工作要求和计划,切实落实安全责任,确保责任落实到位、执行到位。确保运维一体化实施准备阶段、试运行阶段和正式运行阶段的全过程安全风险可控、能控、在控。

2. 制定运维一体化业务分工、岗位轮换实施细则

运维一体化管控模式与传统管理模式相比,在组织机构、岗位职责、业务分工和岗位轮换上进行了调整,虽然新源公司对业务范围、运转方式和岗位轮换上进行了总体上的规范,各单位仍有必要结合各单位实际情况,对业务分工、运转方式和岗位轮换方式进行明确和细化,进一步提升管理的规范性和精准性,否则有可能发生个别业务疏漏无人负责、人员权责不清、轮换交接不清等情况,对人员和设备安全构成威胁。

实施运维一体化管理模式的单位应参照新源公司推广方案,编制本单位运维一体化实施细则,明确业务关系和业务界面,明确岗位轮换周期、方式及交接要求。细化值守、操作、ON-CALL、运维、专工之间的业务分工、业务关系及运转方式,人员调配要具体到岗位,业务调整要具体到设备,梳理分析各项业务的危险点并制定预控措施;保证工作界面清晰、监督到位,防止出现业务真空地带。

3. 强化专业技术管理和监督检查业务流程

运维一体化模式与传统模式相比,安全生产的保障体系有着显著差异。在传统生产管理模式下,运行分场、维护分场、生技部作为保障体系的三个部门各司其职,其中生技部承担技术管理、监督检查职能。运维一体化管控模式下,技术管理、监督检查职能由运维检修部专业技术管理专工承担,电站所有的值守、操作、运维、检修、技术管理和监督检查等工作均在运维检修部内部运转,存在专业技术管理和监督检查职能弱化的可能。

运维一体化之所以能提升生产管理效率，主要源于对生产流程的优化。实施运维一体化管理模式的单位，应结合新源公司发布的运维一体化管理标准和生产管理系统中的运检业务流程，进一步细化专业技术管理和监督检查运维流程，明确值守、操作、ON-CALL、运维、专业技术管理人员的业务分工和职责，强化部门自查和管理，在运维检修部内部构建责任体系、专业技术管理和监督体系两个层级，形成执行、监督、管理的约束机制。

（二）岗位人才方面

1. 合理统筹，确保运维检修部人员配备到位

与传统模式相比，运维一体化模式对运维人员素质要求较高，在进行运维一体化变革时，容易出现运维检修部人员配备不到位、结构性缺员的状况。人员紧缺容易造成部分运维或 ON-CALL 岗位人员兼任专业技术管理人员，进而导致运维检修部内部的执行、监督、管理的约束机制流于形式。

各单位结合自身人力资源队伍现状，通过增加毕业生招聘等手段，努力保证本单位运维检修部人员配备到位，并做好人力资源整体规划，建设合理的人才梯队。

2. 加强岗位培训，提供人才保障

实施运维一体化模式，打破了原来运行和维护岗位固定的界限，运维班组人员轮流从事值守、操作、ON-CALL、运维等业务。运行岗位要求知识面广，具备系统思维，有较强的心理素质和应急能力；维护岗位要求知识深入，具有钻研精神，有较高的理论水平、分析能力和维护技能。从轮岗情况看，部分运维人员的业务能力和技能水平有待提高。

运维一体化要求一线员工同时具备运行、维护两个岗位的能力，对人员的综合素质提出了更高的要求。各单位应在遵循新源公司规范的基础上，结合自身实际制定详细的运维一体化培训计划和目标，加大运维岗位培训力度，加快培养运维人才。应加强现有人员的岗位培训，拓宽专业技术人员的培训渠道；加强新入职毕业生的培养和锻炼，探索符合新代需求的培训方式，帮助他们早日成才；在完成运行技能培训的基础上，重点加强对设备设施维护技能的培训；加大电站核心业务方面的培训力度，保证运维人员能绝对掌握电站的核心业务。

（三）激励机制方面

薪酬支撑体系建设上，向运维一体化人员倾斜。通过薪酬设计、干部任用、专家人才评选、先进表彰等各种途径落实加强一线员工队伍建设，切实保障安全生产的要求，使一

线员工安心于安全生产工作，更好地形成有利于运维一体化实施的工作环境。

运维一体化的实施涉及组织机构的变革、岗位调整和工作职责、工作方式等变化，涉及员工的切身利益，直接影响员工的思想稳定。应从新源公司发展大局和维护员工切身利益的角度出发，加强思想引导，营造良好氛围，通过会议、简报、新闻报道、树立先进典型等多种形式深入宣传运维一体化的重大意义、实施要求和先进经验，统一思想、提高认识。

（四）技术支撑方面

新源公司抽蓄单位生产一线人员较少，部分运检业务要借助于外聘的维护队伍，主机设备 C 级及以上的检修主要依靠外包专业检修公司来实施，检修队伍和维护队伍在电站日常维护与设备检修中起着重要作用。实施运维一体化后，这个现象短期内不会彻底改变。单纯依靠各基层单位开展专业化检修、技术监督存在一定问题。新源公司应发挥集团化优势，借助检修公司、技术中心等技术支撑单位，按区域做实机组检修、试验检测等业务，实施检修现场标准化作业，更好地为各单位提供技术力量支撑。

三、主要工作内容

实施运维一体化模式是一个极具挑战性的系统性工程，是在统一思想认识、树立正确观念的基础上的"一把手"工程，做好人员培训、班组建设、设备管理、绩效考核等方面工作，严把《安规》红线关，由新源公司提供高水平的技术支撑。具体来说：

（1）做好统一认识工作，树立正确的观念。思想是行动的先导，开展运维一体化，首先要抓思想认识的提高，新源公司通过各种形式的宣贯交流，不断提升各单位领导、各级管理人员对运维一体化工作认识的系统性、全面性和深入性。当前按照"无人值班、少人值守"设计的水电站，设备的技术水平、保护的设置和自动化程度完全满足无人值班的需求，但各电站过于追求高指标，安排了大量的运行人员紧盯着设备，一定程度上造成了人力资源的浪费。同时抽水蓄能电站检修维护人员少，检修业务采用外包的形式，维护人员全是救火式工作，设备管理水平有待提高。电站的核心业务已然转变为设备管理，这就要求设备的主人必须承担起设备管理的职责，从设备台账、巡检、定期工作、缺陷分析到隐患排查、技术监督、检修技改项目进行全方位管理。电站生产人员只有全员参与，把运行人员培养成为设备主人，补充维护人员力量，才能解决一个人管多个设备带来的精力不足、管理不够精细的问题。同时随着运维人员入职门槛的提高，值守业务的优化，运维人员完全具备技术分析的能力，具备同时从事多项业务的能力。推进运维一体化，就是要始终树立正确的观念，坚定信心，相信员工，始终把握设备维护这个核心业务，增强全体干部职工对运维一体化建设重大意义的认识，获得职工对该项工作的认同，不断增强推进工作的合力。

（2）制定切合实际的实施方案，保证推广方案的落地。认识到位是行动到位的前提，行动到位是取得实效的关键。推进运维一体化是一件涉及面广、动用资源多的系统工程，涉及方方面面的利益和关系，新源公司各实施单位"一把手"亲自抓、负总责；分管领导具体抓、抓落实；各级人员充分发挥主观能动性，在领会、吃透推广方案的要求的基础上，深入学习、认真研读新源公司的管理手册、指导手册和问题解答，制定出了符合本单位实际的实施方案。在实施过程中，以超越验收条件为目标，领会精髓、入心入脑，优化业务流程，不断提升人员的素质，推动本单位在运维一体化的道路上不断迈进。

（3）开展全面系统培训工作，加强人才队伍培养，把培训工作贯穿于运维一体化推广的全过程，强化人员从入职到首席运维专责各阶段的培训。以"全过程、全业务、全职种"理念为核心，建立健全多层次、全方位的培训体系。从学标准、用标准开始，落实专业讲堂制度，加强原运行人员对设备维护技能的培训，实现运检人员从"运行操作型"和"维护消缺型"向"运行、维护、检测、评价"复合型人才的转变，不断提升员工安全、技能水平。注重培养高级、首席运维专责专家人才队伍，提升设备管理专业人员的综合素质；落实班组培训机制，每周定期开展培训，加大培训工作宣传力度，提高培训的"针对性、系统性、实效性、多样性"，激发全员参与热情，营造"比、学、赶、帮、超"的良好氛围，促进工作的全面、均衡开展。

（4）做好班组建设工作，务实开展业务提升。新源公司将运维一体化体系建设与管理提升活动紧密结合，结合"班组减负"和"数据共享、业务融合"等工作，指导各单位夯实班组建设，优化班组办公环境，逐渐转变员工的管理思维和管理习惯，确保值守人员定期参与班组活动，提升了员工在班组的归属感，真正把班组建设做到实处。

（5）做好设备管理工作，逐步推行点检定修制。点检定修制是一种在设备运行阶段以点检为核心对设备实行全员、全过程管理的设备管理模式，可以有效地防止设备的"过维修"和"欠维修"，提高可靠性，降低故障发生率，减少设备的维护检修费用。在推行运维一体化的过程中逐步开展设备点检定修制，切实落实设备主人职责，优化设备巡检、定期工作的项目及周期，认真开展设备健康状态分析，深化设备在线、离线状态监测分析，强化设备维护、检修、技术监督管理，规范项目管理，扎实做好安

全生产基础管理工作。

（6）完善绩效考核机制，健全岗位提升通道。建立了一套与运维一体化相配套的薪酬制度，建立动态岗位津贴，体现岗位的差异性；制定了员工考核、考评办法，健全员工技术发展与管理成才多渠道的岗位晋升通道，使优秀的员工可以脱颖而出；创立了与员工所管辖设备可靠性指标挂钩的绩效考核机制，避免了出现能力强弱一个样、干多干少一个样、干好干坏一个样的情况发生，助推运维一体化的顺利实施。

（7）严把安规红线关，平稳有序推进。新源公司及各单位在推广过程中始终坚持强化安全监督、指导，避免了不安全事件的发生。运维一体化实施方案与实际工作相结合，严格执行两票三制，落实风险分析和控制管理，重视每位员工的思想动态，合理设置原值长、班长的缓冲期，建立健全员工关爱体系，及时发现隐患，保证平稳过渡，促进企业和谐发展。

（8）进一步健全支撑服务体系。新源公司抽水蓄能电站主机设备 C 级以上的检修主要依靠检修公司来实施，设备状态评价、技术监督、疑难杂症问题的技术分析主要依靠技术中心来实施，检修公司、技术中心在"大运检"管控体系中起着至关重要的作用。实施运维一体化后，电站培养的是复合型人才，检修公司培养的是专业技能人员，技术中心培养的是专家型人才，三者相辅相成。生产管理信息系统是运检管理的重要支撑，是把握设备维护这个核心业务的重要手段，新源公司进一步加大投入力量，加大生产管理信息系统的深化应用，充分发挥系统优势，建立了符合实际情况的内部评价机制，确保各项工作的有序开展。

第二节 支撑体系

运维一体化的成功实施离不开一整套支撑体系。新源公司在探索实践过程中，逐步建立起以组织体系和业务体系为核心，以标准体系、培训体系、绩效体系、班组建设体系和验收检查体系为支持的支撑体系。支撑体系是随着运维一体化发展而不断完善的，凝结着新源人探索的智慧。

一、组织体系

新源公司层面，运行、维护、检修、试验等工作由新源公司运维检修部管理，国网新源检修公司负责部分电站主机设备 C 级及以上的检修，国网新源技术中心负责各电站设备状态评价、技术监督、疑难杂症问题的技术分析，各电站负责开展具体的运行、检修、试验、维护等工作（见图 3-3）。

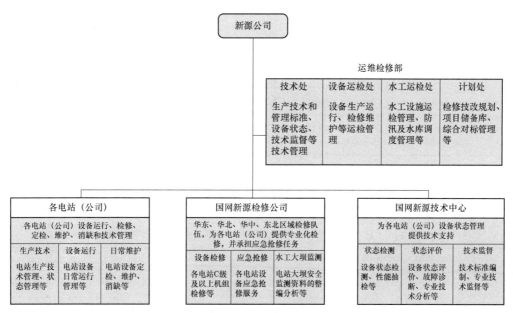

图 3-3 新源公司生产组织架构

电站层面上，新源公司出台了《运维一体化抽蓄生产单位机构设置、岗位设置和人员编制指导意见》（以下简称《指导意见》），规范了电站内部的组织机构。运维修试业务管理的核心部门是运维检修部，其职责如下：

※ 资料 3-1

运维检修部职责

负责电站设备设施运行维护和检修；负责电站设备设施检修、技改项目管理；负责电站设备状态诊断、评价分析和技术监督；负责反事故措施、缺陷、隐患管理；负责水工建筑物的安全监测与管理；负责本专业电力设施保护和消防管理；负责基建尾工、小型基建等相关管理工作；负责科技、信息、通信等相关业务的管理工作；归口环境保护、水土保持、工业卫生、劳动保护的管理；归口生产实物资产管理；归口防汛管理；归口综合管理对标工作；归口技术标准规范的编制和修订工作。

运维检修部设主任岗 1 个、副主任岗 3～4 个（其中一名由党支部书记兼任）、专工岗 5 个、机电运维班 2～3 个、水工班 1 个（水工专工兼班长），机电运维班设首席、高级、中级和初级运维专责，轮流从事 ON-CALL、值守、操作、运维业务（见图 3-4）。

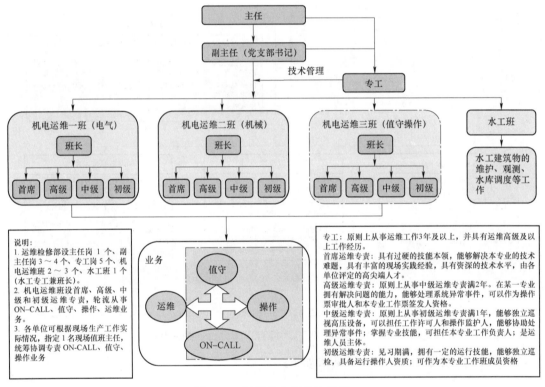

图 3-4 运维检修部机构组织

《指导意见》还规范了岗位职责和编制，以 4 台机组的电站为例，运维检修部人员编制为 56 人，占电站总编制 92 人的 60.9%。具体如表 3-1 所示。

表 3-1　　　　　　　　　运 维 检 修 部 编 制

部门	岗位名称	主要职责	人员编制
运维检修部（56 人）	主任	负责部门全面工作	56
	副主任	协助主任分管部门工作	
	安全专工	负责部门安全管理工作；负责设备运行技术管理（交接班、钥匙管理监督、重要时期保电、设备定期轮换以及定期工作管理）；负责生产培训、停复役、调度协调管理；负责节能降耗、综合事务管理；负责所有技术标准、现场规程、图纸资料等技术文件管理；负责反措管理；负责"两票"管理；负责防误管理；负责临时措施管理	

续表

部门	岗位名称	主要职责	人员编制
运维检修部（56人）	科技与环保专工	负责科技管理工作；归口环境保护、水土保持、工业卫生、劳动保护的管理	56
	信息化专工	负责信息化管理工作	
	电气一次专工	负责电气一次设备专业技术管理；负责技改项目管理；负责消防技术管理；负责临时用电管理；负责备品备件管理	
	电气二次专工	负责电气二次设备（含通信）专业技术管理；负责设备定值管理；负责技术监督管理	
	水机专工	负责水力机械设备专业技术管理；负责电站检修项目管理；负责综合管理对标；负责实物资产管理	
	水工专工（兼水工班长）	负责水工建筑物专业技术管理；负责电站防汛管理	
	机电运维班班长	负责机电运维班组管理工作，是本班组安全生产第一责任人	
	首席运维专责	根据职责分工，承担现场值守、工作负责人、工作签发人、工作许可人、操作票审批人、工作班成员、倒闸操作、倒闸监护、巡回检查、定期工作、缺陷处理、ON-CALL值班、临时指定工作等，是电站主设备A角主人	
	高级运维专责	根据职责分工，承担现场值守、工作负责人、工作签发人、工作许可人、操作票审批人、工作班成员、倒闸操作、倒闸监护、巡回检查、定期工作、缺陷处理、ON-CALL值班、临时指定工作等，是电站主设备A角主人	
	中级运维专责	根据职责分工，承担现场值守、工作负责人、工作签发人、工作许可人、工作班成员、倒闸操作、倒闸监护、巡回检查、定期工作、缺陷处理、ON-CALL值班、临时指定工作等，是电站主设备B角主人，是电站辅助设备A角主人	
	初级运维专责	根据职责分工，承担现场工作班成员、倒闸操作、巡回检查、定期工作、缺陷处理、ON-CALL值班、临时指定工作等，可担任电站辅助设备B角主人	
	水工专责	负责水工建筑物的维护、巡检、观测、大坝注册、防汛等工作	
	见习岗	新进或转岗等处于见习期的生产人员	

二、业务体系

（一）运维一体化业务规范

为促进运维一体化各项业务顺利开展，确保安全生产和工作质量，新源公司制定了《运维一体化业务规范》（以下简称《业务规范》）。《业务规范》明确了业务范围、业务运转方式、业务要求和岗位轮换方案。

1. 业务范围

电站运维检修部业务主要分值守、操作、ON-CALL、运维、水工、专业技术管理等。

（1）值守业务。

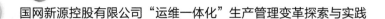

负责调度联系，执行调度指令；机组启停操作、监盘、负荷调整；运行记录填报、发电计划报送等日常工作；掌握全站设备运行状况，许可运行设备停复役操作和影响主设备正常运行的相关工作；第一时间负责事故处理。

（2）操作业务。

负责正常工作日期间的工作票许可和终结、操作票拟写和执行、特巡、突发事件处理。

（3）ON－CALL业务。

负责夜间和节假日期间的工作票许可和终结、操作票的拟写和执行、特巡、突发事件处理及缺陷处理等相关工作。

（4）运维业务。

负责台账、图纸、定值、异动等设备基础管理，定检、巡检、消缺、定期工作等设备日常维护，检修管理，D级检修实施，检修、技改项目实施，钥匙、工器具等管理。

（5）水工业务。

水工建筑物和水工设施的巡检、维护、消缺、检修、监测等；水工监测系统的维护和消缺。

（6）技术管理业务。

电气一次、电气二次、水机、水工等专业技术管理。

2. 业务运转方式

值守：由运维人员轮换担任；实行24h内倒班的工作方式，如五班两倒或者六班四倒等方式；单个轮换周期内人员相对固定；原则上每班1～2人，明确运维负责人。

操作：由运维人员轮换担任；正常工作时间的工作方式；明确运维负责人工作时间，统筹管理值守、操作业务。

ON－CALL：由运维人员轮换担任；夜间及节假日待命的工作方式；明确运维负责人工作时间，统筹管理值守、操作业务。

运维：由运维人员承担；正常工作时间的工作方式。

水工：正常工作时间的工作方式。

专业技术管理：正常工作时间的工作方式。

（1）工作日各单位分管领导指挥、运检主任组织、班组实施安全生产工作；夜间及节假日期间设置值班主任，负责生产管理工作。

（2）机电运维班班长编制阶段性人员安排和倒班计划，制定本阶段从事现场值守、操作、ON－CALL及运维人员名单，报运维检修部审批同意后执行。

（3）运维负责人应全面了解现场设备运行状况，下发的调度操作令及出现的异常情况应立即汇报相关人员。相关人员布置工作时应与运维负责人及时沟通。

（4）操作人员从事工作日期间的现场操作业务，遇到异常情况时应立即汇报运维负责人。特殊情况下，机电运维班班长经运维负责人及运维检修部主任同意后，可安排操作人员从事其他运维业务。

（5）ON-CALL 人员从事夜间及节假日的相关业务，遇到异常情况时应立即汇报值班主任。

3．业务要求

（1）班组设置要求。

两个或三个机电运维班应有一定的专业侧重，一班侧重电气专业，二班侧重机械专业，三班侧重值守、操作。专业设备管理分工应以系统划分，例如：调速器系统由二班管理，则调速器的机械、电气以及其控制系统均由该班组管理。

（2）典型业务分配及风险预控要求。

各生产单位应参照《运维一体化典型业务分工及风险预控表》梳理运维业务，明确值守、操作、ON-CALL 及运维之间的业务分工，分析各项业务的危险点并制定预控措施（见表3-2）。

表3-2　　　　　　　　　运维一体化典型业务分工及风险预控表

工作内容 ＼ 工作岗位	值守	运维	操作	ON-CALL	风险点分析	预控措施
监盘	✓				运维人员一岗多责，因专业管理等工作影响运行值班期间工作质量，存在监盘不到位、机组启停不及时、交接班内容不全以及异常情况时因不能赶赴现场而导致判断失误等风险	设备专业管理必须设置A、B角。运维人员值守期间严格履行监盘职责，必须同期处理的设备管理及维护等工作由B角人员执行
机组启停	✓					
负荷调整	✓					
调度联系	✓					
运行记录	✓					
交接班	✓		✓	✓		
缺陷填报	✓	✓	✓	✓	1．运维人员不熟悉运维一体化业务范围，应办理工作票的工作项目存在"无票作业"的风险。 2．运维负责人对缺陷的处理情况不知情	1.明确"运维一体化业务"范围并加强宣贯，未列入运维一体化业务的工作，必须办理工作票。安质部、运维检修部加强对现场的督查，严惩无票作业行为。 2．加强对运维负责人的抽查和监督
缺陷确认	✓	✓	✓	✓		
缺陷消除			✓			
缺陷汇报		✓		✓		
缺陷验收	✓	✓	✓	✓		
缺陷关闭	✓	✓	✓	✓		

续表

工作岗位 工作内容		值守	运维	操作	ON－CALL	风险点分析	预控措施
工作票拟票			✓			工作签发人与工作负责人或工作许可人兼任，减少了把关环节，存在出错的风险	通过培训、考核等手段提高相关人员的综合素质和业务技能，对工作签发人兼任工作负责人或工作许可人的人员名单予以确认发布
工作票签发			✓				
工作票接票		✓		✓		运维人员一岗多责，存在运维负责人不知晓就办理工作票的风险	加强宣贯，加强违规现象的监督检查
工作票许可与终结	电话	✓		✓	✓	1. 采用电话许可、终结的第二种工作票，存在不录音、记录不完善风险。 2. 电话许可、终结的第二种工作票，运维人员现场安全措施执行不到位	1. 电话许可、终结的第二种工作票必须录音，并做好记录。 2. 电话许可、终结前工作负责人应将安全措施执行情况逐项汇报许可人并录音，安全措施执行不到位严禁许可开工
	现场	✓		✓	✓	存在同一个运维人员既当工作负责人，又当工作许可人的风险	同一张工作票中，工作许可人和工作负责人不得兼任
运行设备隔离操作令		✓				1. 存在运维人员实施高压设备停电不执行操作票制度风险。 2. 运维人员实施运维一体化业务时未做好记录导致恢复时漏项	1. 高压设备停电必须严格执行操作票制度。 2. 应以书面形式记录相应的操作和工作内容
运行设备隔离操作审批		✓					
操作执行			✓	✓	✓		
操作监护			✓	✓	✓		
设备维护 （设备定期保养、检查与试验）			✓			存在运维人员对运维一体化业务范围不清，本应办理工作票的工作项目"无票作业"风险	明确"运维一体化业务"范围并加强宣贯；未列入"不需高压设备停电的变电运维一体化业务项目"的工作，必须办理工作票；安监部门、运维检修部加强对现场的督查，严惩无票作业行为
设备维护计划编制			✓			计划编制人员责任不清晰，设备违反相关技术标准运行	落实设备主人，专责执行，报技术专工
检修项目管理 （含技改、科技、反措等项目）			✓			运维人员一岗多责，因排班要求，运维负责人不能参与项目管理，导致项目管理存在问题	项目管理必须设置 A、B 角。运维人员值守期间严格履行监盘职责，必须同期处理的项目管理等工作由 B 角岗人员代理
检修作业管理			✓			1. 检修策划及前期准备工作不充分。 2. 检修作业现场工作交叉及人员轮岗，两票管理混乱，导致安全风险	1. 做好计划安排，提前谋划。 2. 复杂检修涉及的操作进行提前安排。运维检修部提前安排人员和两票的准备

续表

工作岗位 工作内容	值守	运维	操作	ON-CALL	风险点分析	预控措施
维护性检修		√			维护性检修范围不清,造成检修异常	制定管理办法,明确范围,加强宣贯
巡视检查		√			存在巡视期间发现设备异常,自行操作、处理等风险	单独巡视人员需经本单位批准,单独巡视高压设备时不准进行其他工作,不准移开或越过围栏
					无独立巡视资格人员独立巡视高压设备,存在误入带电间隔、误动无关设备的风险	单独巡视人员需经本单位批准,单独巡视高压设备时不准进行其他工作,不准移开或越过围栏
定期工作		√			运维人员未按照要求执行定期切换工作	部门加强对于运维人员执行人员的跟踪检查
应急管理和事故处理	√	√	√	√	1. 二类及以上缺陷未按照要求汇报运维检修部主任,事故处理不及时。 2. ON-CALL 人员违反值班纪律,ON-CALL 期间外出(饮酒等)导致无法参与应急工作。 3. 应急工作无票作业或者不经许可直接工作	1. 严格执行二类以上缺陷汇报流程。 2. ON-CALL 人员严格执行应急、事故处理规定,加强监督考核。 3. 严格按照两票执行规定履行两票办理工作
反事故演习	√	√	√	√	反事故演习计划性不强,效果差	制定年度计划,提前策划,加强考核
临时措施审核	√	√			1. 审核不到位,导致临时措施编制有误。	1. 未经审核,临时措施不能够执行。
临时措施执行		√			2. 执行工作无票作业或者不经许可直接工作。	2. 严格按照两票执行规定履行两票办理工作
临时措施验收	√	√	√	√	3. 验收不到位,措施执行有误,影响设备安全	3. 运维人员到现场进行验收
设备异动审核	√	√			1. 审核不到位,导致设备异动编制有误。	1. 未经审核,设备异动不能够执行。
设备异动执行		√			2. 执行工作无票作业或者不经许可直接工作。	2. 严格按照两票执行规定履行两票办理工作
设备异动验收	√	√	√	√	3. 验收不到位,异动执行有误,影响设备安全	3. 运维人员与 ON-CALL 到现场进行验收
钥匙管理	√		√	√	1. 钥匙使用混乱,管理不到位。 2. 一类钥匙使用程序执行不到位	1. 任何人使用钥匙都要做好登记,用完及时送回。 2. 值守人员负责钥匙管理,按值移交。 3. 一类钥匙使用严格履行手续
安全工器具(接地线等)管理	√		√	√	1. 地线使用不能严格按照制度执行。 2. 地线归还不及时并随意乱放	1. 接地线使用前应电话(录音)告知运维负责人,征得同意后方可使用。使用完毕需要进行记录。使用完毕拆除后,同样需要电话(录音)告知运维负责人。 2. 每日需要对地线进行检查核对

续表

工作内容 ＼ 工作岗位	值守	运维	操作	ON－CALL	风险点分析	预控措施
计量器具管理		√			因专责人员轮值，导致计量器具检定定期工作异常	制定计量器具检定计划，落实到专人（A、B角）
其他工器具管理		√			工器具管理混乱，未定期校验	建立工器具管理台账，按照周期进行校验，加强监督
防误闭锁装置管理	√		√	√	1. 解锁钥匙使用混乱，管理不到位。 2. 解锁钥匙使用程序执行不到位	1. 一类钥匙按照流程使用，履行手续，做好记录。 2. 每日需要对解锁钥匙进行检查核对
运维规程修编	√	√	√	√	因相关人员轮班导致运维规程修订不及时	运维规程各章节落实到专人（A、B角），加强督促
运维图纸修编	√	√	√	√	因相关人员轮班导致运维图纸修订不及时	运维图纸各章节落实到专人（A、B角），加强督促
备品备件管理		√			运维人员一岗多责，值守期间无法对备品备件进行管理	设备管理设置A、B角。运维人员值守期间，由B角负责备品备件采购、管理等工作
设备分析与总结		√			1. 设备分析与总结的内容不够全面，未涵盖运维全部业务。 2. 分析工作不认真，未及时发现缺陷或隐患	1. 全面梳理运维业务，建立生产分析表，明确内容、周期等。 2. 加强监督检查
水库调度	√	√			责任不清导致水库水位越线运行	明确岗位责任
保电管理	√	√	√	√	运维人员一岗多责，不执行保电管理规定	加强监督、抽查、考核
安全日活动	√	√	√	√	安全活动覆盖面不全面	所有生产人员按班组开展安全日活动，全员参加
生产早会	√	√	√	√	参会人员一岗多责，上传下达不力	理清职责，落实岗位责任制
培训管理	√	√	√	√	技术、技能、业务水平不高导致安全生产风险	制定培训计划，健全岗位晋级机制
水工建筑物运行维护		√			巡检、监测计划不全面，造成设施隐患	制定巡检、监测计划，加强督查
小型基建管理		√			发生质量、安全事件，超工期，超预算	加强现场协调和监督管理

（3）设备主人分工要求。

各单位明确设备主人分工及各项运维业务的责任主体，避免业务推诿、扯皮或遗漏现象。例如：安全工器具定期校验业务应由班长指定专人负责，现场使用管理由值守人员负责。

（4）轮班要求。

为确保现场生产工作安全可控，运维人员在一个轮换周期内岗位相对固定，不是频繁调换。

（5）执行标准。

为适应运维一体化业务，对公司一体化标准中的运行与维护的管理标准进行了修订。

4. 岗位轮换方案

制定典型运维人员岗位轮换方案，各生产单位参照编制本单位轮换方案。

（1）适用范围。

生产现场距离生活基地不远，运维人员正常休息时间可返回生活基地休息，无须安排运维人员集中轮休的生产单位。

（2）轮换安排。

运维检修部管理人员（部门负责人、专工）和水工人员不参与轮换。本方案统筹安排机电运维一班、机电运维二班、机电运维三班运维人员进行岗位轮换。

第一个轮换周期（月、周），从机电运维班（一班、三班）中抽出一部分人员分别从事值守、操作业务，其他运维人员从事运维业务，夜间及节假日期间明确 ON-CALL 人员。

下一个轮换周期（月、周），从机电运维班（二班、三班）中抽出另外一部分人员分别从事值守、操作业务，原值守、操作人员从事运维业务，夜间及节假日期间明确 ON-CALL 人员。

（二）设备主人

设备主人是电站机电主设备及附属设备中某个系统的指定负责人，分为A、B角。设备主人负责所辖设备日常管理工作，包括编制所辖设备健康状态分析报告，提报设备项目计划，完善设备健康台账，负责设备检修、技改、维护、消缺、隐患排查及治理、反措执行、技术监督等工作。

设备主人A角是所辖设备的第一责任人，设备主人B角是所辖设备的第二责任人，A、B角都遵守设备主人工作要求。设备主人A、B角由运维检修部指定的人员担任，人员名单每年发布一次。若设备主人离岗时，运维检修部及时调整并发布。所有运维人员至少承担1个设备主人A（或B）角，且一个人至多只承担2个主设备系统设备主人A角。每个系统安排1名设备主人A角。设备主人对设备进行全面管理，电站主设备系统的设备主人由中级运维专责及以上担任。原则上设备主人A、B角履职一到两年，运维检修部根据设备主人履职情况对设备主人进行调整，培养复合型的运维人员。

1. 设备主人日常工作

（1）在生产管理系统（以下简称 HPMS 系统）中及时更新所辖设备台账。包括设备图纸、说明书、定值单，缺陷和隐患排查治理记录、技改、检修资料、技术监督报告、设备巡视记录、设备健康状态分析报告等。同时纸质版资料应按照对应的管理手册时间节点归档至档案室。

（2）设备主人 A 角负责所辖设备检修、技改、维护、消缺工作。设备主人 B 角是 A 角的后备。

（3）负责所辖设备隐患排查治理，纳入隐患管理流程。

（4）负责所辖设备技术监督工作，完善技术监督台账。配合技术监督单位完成技术监督项目，将技术监督报告归档。

（5）依据《国网新源控股有限公司反事故措施管理手册》，执行所辖设备反事故措施，包括提出反事故措施计划，执行反事故措施，闭环反事故措施流程等。

（6）依据公司业务外包管理规定管理所辖设备外包项目。包括修前策划、项目开工、现场实施、竣工验收、修后总结、流程闭环等，并对相关资料进行存档。

（7）依据《国网新源控股有限公司备品备件管理手册》，管理所辖设备备品备件。设备主人应熟悉所辖设备备品备件现状，包括备品备件的数量、存储位置、元器件的型号、参数、厂家等。对缺少的备品备件制定采购计划。

（8）整理设备的控制逻辑，备份最新的程序。

（9）依据所辖设备管理标准、规程规范、行业标准，结合设备健康状况，制定并执行定期工作计划。

（10）当设备主人 A 角轮入值守、出差、请假等情况不在岗时，与 B 角进行交接，B 角负责接替 A 角工作，班长签字确认。当 A 角回到岗位时，B 角将该段时间内的工作对设备主人 A 角进行交接，班长签字确认。

2. 设备主人月度工作

（1）每月底对所辖设备进行健康状态分析及评价，形成设备健康状态分析报告。报告内容包括设备运行状况，设备检修、技改、维护、消缺执行情况，技术监督、反事故措施执行情况，项目管理情况等。设备主人针对存在的问题提出解决方案，报班长、运维检修部专工审核。

设备主人应根据所辖设备管理标准，结合所辖设备运行现状及健康水平，提报设备年度项目计划。

（2）每年 1 月 15 日前，根据上年度定值变更情况记录，负责将所辖设备现行有效的《设备定值单》汇总形成《设备定值清单》，并经本单位审批后统一发布。

（3）每年 1 月 10 日之前提交上一年度设备专业总结。

（4）每年 11 月底前编制所辖设备下一年度的《技术监督年度工作计划》，并完成本单位审核报送技术监督办公室。

（5）每年 11 月底之前编制所辖设备下一年度《反事故措施工作计划》。

（6）每年 11 月底前提报下一年度日常维护工单计划。

3. 检查与考核

（1）新源公司运维检修部不定期对各单位设备主人履职情况进行检查与考核。

（2）各单位运维检修部不定期对各设备主人履职情况进行检查与考核。

（3）运维检修部机电运维班班长每月定期检查 1 次设备主人履职情况及台账，检查结果作为员工绩效考核的依据。

（4）设备主人 A、B 角考核原则：

1）当机电运维班或运维检修部发现设备主人履职不到位，原则上 A 角负主要责任，B 角负次要责任。

2）A 角有权利直接分配工作给 B 角，当 A 角分配给 B 角工作时，B 角有能力承担该工作且 A 角对工作内容、注意事项、危险点等向 B 角已交代清楚，仍出现设备主人履职不到位情况，则由 B 角负主要责任，A 角负次要责任。

3）当设备主人 A 角不在岗，B 角接手相关工作时，出现设备主人履职不到位情况，B 角负主要责任。

4）设备主人 A 角对 B 角设备主人履职情况有考核建议权。

4. 抽水蓄能电站机电设备主人分工指导意见

将电站机电主设备及附属设备划分为 26 个系统（见表 3-3）。

4 台机组的电站每个系统可安排 1 名设备主人 A 角，6 台机组的电站每个系统可安排 1～2 名设备主人 A 角。

表 3-3　　　　　　　　　　设 备 系 统 表

序号	设备系统
1	发电电动机及其辅助设备（含发电机本体设备、中性点设备、上导、推力/下导、高压注油设备、机械刹车、除油雾设备、发电机消防等）

国网新源控股有限公司"运维一体化"生产管理变革探索与实践

续表

序号	设备系统
2	水泵水轮机及其辅助设备（含水轮机本体设备、主轴密封系统、顶盖排水系统、水导循环系统、调相压水等设备及控制箱等）
3	主变压器系统（含主变压器绝缘状况在线监测系统、主变压器冷却器系统、主变压器消防等）
4	主进水阀系统（含主进水阀阀本体设备、压力钢管明管段、伸缩节、压油系统、自动控制装置等）
5	母线及启动设备（IPB、PRD、GCB、EBI、TA\TV、电抗器、启动母线及隔离开关、母线干燥装置、设备五防装置等）
6	高压电气设备（含出线场设备、GIS设备本体、控制盘柜、高压电缆及附属设备、GIS绝缘状况在线监测系统、设备五防装置等）
7	厂用电系统（含开关、电缆、变压器、柴油发电机、厂用电保护、设备五防装置、防火封堵、电缆桥架等）
8	计算机监控系统（含AGC/AVC、独立光纤硬布线紧急操作系统、调度应用终端、同期装置、PMU系统等）
9	继电保护系统（含机组保护、主变压器保护、线路保护等）
10	励磁系统（含励磁变压器）
11	调速器系统（含调速器电气部分、机械液压部分、液压操作系统等）
12	SFC系统（含SFC设备本体及控制盘柜、输入输出变压器、输入输出开关柜及本体保护、直流电抗器、SFC消防）
13	全厂直流系统（含UPS）
14	通信设备（含调度通信、厂内通信、移动通信、通信电源等）
15	闸门金结（上下库闸门及启闭设备、下库泄放洞设备、尾闸设备）
16	厂内油系统（含油化验）
17	压缩空气系统（含高、中、低压气系统等）
18	供排水系统（含机组技术供水系统、厂内公用供水系统、机组检修排水系统、厂房渗漏排水系统等）
19	消防系统（含火灾报警控制系统、消防联动设备、消火栓给水系统等）
20	通风及空调系统（含通风系统、空调系统、通风空调监控系统等）
21	全厂照明系统（含事故照明逆变装置等）
22	信息系统设备
23	安防设施及工业电视系统（含安防监控中心设备、工业电视、门禁、入侵检测系统、出入口控制系统等）
24	桥式起重机、葫芦等起重设备（含钢丝绳、吊带、卡扣、千斤顶、导链等）
25	电梯（厂房、中控楼、行政办公楼电梯）
26	工器具及仪器仪表（安全工器具及常规电气、机械工具等）
备注：	1. 电站主设备（序号1~12）系统的设备主人需由中级及以上运维专责担任； 2. 发电电动机及其辅助设备（序号1）的设备主人可根据本单位实际情况分为电气、机械两部分； 3. 本表作为资料性附件，各单位可根据实际情况确定

（三）两票补充说明

两票制度是安全生产管理的核心制度,两票制度能否切实执行,能否兼顾安全与效率,直接关系到运维一体化实施的成败。

为规范运维一体化实施单位工作票及操作票执行,确保安全生产,在对《电力安全工作规程》深入理解的基础上,结合各单位的实际情况,新源公司发布了《两票管理补充说明》(以下简称《补充说明》)对两票管理进行补充说明。《补充说明》明确了可不使用工作票的运维业务、需填用工作任务单的工作内容、机电运维班各岗位的业务办理资质等关键事项,有效提升了两票管理的准确性、规范性。

1. 工作票补充说明

（1）电气设备工作。

发电机出口开关、母线、主变压器、开关站设备、SFC、厂用电、高压电缆等电气设备优先按照《电力安全工作规程(变电部分)》规定执行。

1）根据《电力安全工作规程(变电部分)》6.3.6 条规定"运维人员实施不需高压设备停电或做安全措施的变电运维一体化业务项目时,可不使用工作票,但应以书面形式记录相应的操作和工作等内容",可不使用工作票的运维业务共六类(见表3-4)。

表3-4 可不使用工作票的运维业务

序号	内容
1	主变压器的铁芯、夹件接地电流测试、绝缘油采样;绝缘油气体在线监测装置日常维护、消缺
2	电缆桥架维护、电缆敷设整理、防火封堵、盘柜基础安装更换
3	通风空调系统、门式起重机、桥式起重机、渗漏排水、检修排水、建筑消防、通信、照明等系统的控制盘柜检查、外观清扫、红外测温
4	照明系统的灯具安装更换
5	视频及工业电视系统日常维护消缺
6	中控室、计算机室清扫

2）各生产单位参照表3-4制定本单位《可不使用工作票的运维业务》清单及"可不使用工作票业务流程",经本单位批准后发布执行。

3）运维人员实施可不使用工作票运维业务时,必须记录相应的操作和工作内容,并严格执行"可不使用工作票业务流程"。

（2）机械设备工作。

水轮机（水泵）及其附属设备、公用辅助设备等水力机械设备优先按照《电力安全工作规程（水电厂动力部分）》规定执行。

1）根据《电力安全工作规程（水电厂动力部分）》2.2.3 条规定，"填用工作任务单的工作为：生产区域从事建筑、搭、拆脚手架、设备保温、油漆、草坪修理或其他文明生产、日常维护等工作，不需要运行人员采取 2.2.2 条所述安全措施，但有可能发生误动、误碰设备等危险，需对人身安全和设备运行安全采取必要的防护措施、对工作人员进行危险点告知和安全注意事项提示者。"需填用工作任务单的工作内容共七类（见表 3-5）。

表 3-5 需填用工作任务单的工作内容

序号	工作内容
1	渗漏排水系统、检修排水系统、启闭机、桥式起重机等系统的电机轴承加油、注油
2	防火卷帘门等维护、消缺
3	厂内除湿机、通风系统日常维护、消缺
4	水工自动测量系统日常维护、消缺
5	生活水及污水处理系统日常维护、消缺
6	生产区域从事建筑、搭、拆脚手架、设备保温、油漆、草坪修理等
7	其他文明生产工作

2）各生产单位参照表 3-5 制定本单位《使用工作任务单的工作内容》清单，经本单位批准后发布执行。

3）运维人员执行工作任务单时，按照相关标准执行。

（3）电话许可工作票。

根据《电力安全工作规程（变电部分）》6.4.3 条规定"变电站（发电厂）第二种工作票可采取电话许可方式，但应录音，并各自做好记录。采取电话许可的工作票，工作所需安全措施可由工作人员自行布置，工作结束后应汇报工作许可人"。各单位结合现场实际制定可采取电话许可方式的业务范围及工作流程，经本单位批准后发布执行。

2. 操作票补充说明

（1）根据《电力安全工作规程 （变电部分）》5.3.3.3 条规定"检修人员操作：由检修人员完成的操作。a）经设备运维管理单位（部门）考试合格、批准的本单位的检修人员，可进行 220kV 及以下的电气设备由热备用至检修或由检修至热备用的监护操作，监护人应是同一单位的检修人员或设备运维人员。b）检修人员进行操作的接、发令程序及安全要求应由设备运维管理单位（部门）总工程师审定，并报相关部门和调度控制中心备案"，各生产单位可制定相关管理规定，明确可进行检修人员操作的设备、项目、人员及流程，经本单位批准后发布执行。

（2）根据《电力安全工作规程 （水电厂动力部分）》2.7.1.3条规定，"检修操作：由检修人员完成的操作。实行检修操作的设备、项目及运行值班人员需经设备运行管理单位批准，人员还应通过专项考核并书面公布"，各生产单位可制定相关管理规定，明确可进行检修操作的设备、项目、人员及流程，经本单位批准后发布执行。

（3）操作票操作人、监护人、审批人必须经考试合格，单位批准后发布执行。

3. 运维业务办理资质

表3-6列出机电运维班各岗位的业务办理资质，各生产单位参照该表确定机电运维班组全员的业务办理资质并发布执行。其中同一张工作票的工作负责人、工作许可人不得相互兼任。

表3-6 运维业务办理资质

资质＼岗位	运维班长	首席运维专责	高级运维专责	中级运维专责	初级运维专责
工作签发人	√	√	√		
工作负责人	√	√	√	√	
工作许可人	√	√	√		
专责监护人	√	√	√	√	√
操作人	√	√	√	√	√
操作监护人	√	√	√	√	
操作票审批人	√	√	√		

三、标准体系

作为一个生产单位，为了实现技术储备、提高效率、防止再发、教育训练这四大目的，应有一整套标准体系来规范生产行为。新源公司根据"五按"（按程序、按线路、按标准、按时间、按操作指令）、"五干"（干什么、怎么干、什么时间干、按什么线路干、干到什么程度）、"五检"（由谁来检查、什么时间检查、检查什么项目、检查的标准是什么、检

查的结果由谁来落实)的要求对已有标准进行修编和增补。

新源公司运维检修部制定的一体化管理标准自2012年10月16日发布实施以来,在规范水电站安全生产,确保水电站安全可靠运行方面发挥了重要作用,但标准实施过程中遇到了部分不适用的问题。2014年6月生产单位推广实施运维一体化工作,对原运维检修部、运行分场和维护分场进行合并调整,成立计划物资部和运维检修部两个部门。为规范各单位运维一体化业务顺利开展,确保安全生产和工作质量,对原标准进行修订,编制新的管理标准。

2014年3月,新源公司运维检修部组织召开编制工作启动会,十三陵、泰山、天荒坪、桐柏、琅琊山、响水涧、张河湾、蒲石河、白山、松江河、新安江、丰培(培训管理)12家单位13名人员完成35个管理标准的初次编制,主要将各标准中的组织机构进行了合并、调整。5月下旬,运维检修部进行内部第一次审查。6月上旬,运维检修部根据第一次审查意见进行了修改完善,并经第二次审查,形成了征求意见稿。

6月下旬,分三批向新源公司各生产单位征求意见,共收集有效意见389条,采纳224条。通过以上工作,形成了各标准的送审稿(见表3-7)。

表3-7　　　　　　　　　　征求意见汇总表

序号	单位简称	有效意见数量(条)	采纳数量	采纳率(%)
1	琅琊山	59	41	69.50
2	富春江	45	27	60
3	响水涧	44	39	88.60
4	十三陵	38	19	50
5	黑麋峰	38	13	34.20
6	新安江	28	12	42.90
7	仙游	24	13	54.20
8	宝泉	17	9	52.90
9	宜兴	16	8	50
10	莲蓄	13	7	53.80
11	丰满	12	7	58.30
12	张河湾	11	8	72.70
13	桐柏	11	5	45.40
14	天荒坪	8	5	62.50
15	松江河	6	1	16.70

续表

序号	单位简称	有效意见数量（条）	采纳数量	采纳率（%）
16	白　山	7	4	57.10
17	响洪甸	4	4	100
18	蒲石河	3	1	33.30
19	潘家口	2	0	
20	回　龙	2	1	50
21	西龙池	1	0	
总　计		389	224	57.60

6月30日，新源公司运维检修部组织召开送审稿审查会并形成最终稿。7月1日，发布运维一体化运检管理标准。管理标准清单如表3-8所示。

表3-8　　　　　　　　　管 理 标 准 清 单

序号	标准名称	序号	标准名称
1	操作票管理标准	19	防汛、防台管理标准
2	工作票管理标准	20	水情水调系统管理标准
3	值守管理标准	21	水工自动化监测系统管理标准
4	运维交接班管理标准	22	水工建筑物运行维护管理标准
5	运维钥匙管理标准	23	大坝注册管理标准
6	设备巡回检查管理标准	24	大坝定检管理标准
7	设备定期工作管理标准	25	水工管理例行工作管理标准
8	防误闭锁装置管理标准	26	设备缺陷管理标准
9	临时措施管理标准	27	设备运维管理标准
10	水库调度管理标准	28	检修作业管理标准
11	设备定值管理标准	29	备品备件管理标准
12	设备异动管理标准	30	临时用电管理标准
13	检修项目管理标准	31	反事故措施管理标准
14	技术监督管理标准	32	生产设备设施消防管理标准
15	技术改造项目管理标准	33	运检例会管理标准
16	继电保护及安全自动装置管理标准	34	生产准备管理标准
17	重要时期保电管理标准	35	基建移交生产管理标准
18	监控系统及自动化设备管理标准		

从 2014 年 7 月 1 日正式发布修订的 35 个管理标准以来,为了适应国家电网公司和新源公司发展需要,将管理标准陆续转化为管理手册,并根据需要编制了执行手册参考模板,在保障安全生产、规范生产管理行为、提升管理质量等方面发挥了不可替代的作用。目前相关体系文件列表见表 3–9。

表 3–9　　　　　　　　　　　管理手册与执行手册

序号	制度名称	建议归口管理岗位	序号	制度名称	建议归口管理岗位
1	值守管理手册	安全管理	23	静止变频器设备管理手册	电气二次专业管理
2	运维交接班管理手册	安全管理	24	监控系统及自动化设备管理手册	电气二次专业管理
3	操作票管理手册	安全管理	25	继电保护和安全自动装置设备管理手册	电气二次专业管理
4	工作票管理手册	安全管理	26	设备运维管理手册	水机专业管理
5	设备巡回检查管理手册	安全管理	27	水工建筑物运行维护管理手册	水工专业管理
6	运维钥匙管理手册	安全管理	28	大坝定检管理手册	水工专业管理
7	防误闭锁装置管理手册	安全管理	29	大坝注册管理手册	水工专业管理
8	水工管理例行工作管理手册	水工专业管理	30	水工自动化监测系统管理手册	水工专业管理
9	水工巡视检查管理手册	水工专业管理	31	防汛防台管理手册	水工专业管理
10	检修作业管理手册	水机专业管理	32	水库调度管理手册	水工专业管理
11	设备缺陷管理手册	水机专业管理	33	水情水调系统管理手册	水工专业管理
12	设备定值管理手册	电气二次专业管理	34	生产业务外包分级分类安全管理手册	水机专业管理
13	设备异动管理手册	电气二次专业管理	35	生产设备设施隐患排查治理管理手册	安全管理
14	临时措施管理手册	安全管理	36	生产消防设备设施管理手册	电气一次专业管理
15	设备定期工作管理手册	安全管理	37	发电机出口断路器设备管理手册	电气一次专业管理
16	临时用电管理手册	电气一次专业管理	38	新机组基建移交生产管理手册	安全管理
17	反事故措施管理手册	电气一次专业管理	39	发电电动机设备管理手册	电气一次专业管理
18	运检业务风险辨识管理手册	安全管理	40	基建设备代管管理手册	安全管理
19	重要时期保电管理手册	安全管理	41	设备全过程管理手册	电气一次专业管理
20	事故备品备件管理手册	水机专业管理	42	电站运检业务外包管理手册	水机专业管理
21	技术监督管理手册	电气二次专业管理	43	运检例会管理手册	安全管理
22	生产准备管理手册	安全管理	44	综合对标管理手册	综合事务管理

续表

序号	制度名称	建议归口管理岗位	序号	制度名称	建议归口管理岗位
45	设备状态评价管理手册	电气二次专业管理	53	××公司设备健康台账执行手册	水机专业管理
46	电缆设备管理手册	电气一次专业管理	54	××公司生产消防设备设施执行手册	电气一次专业管理
47	设备台账管理手册	水机专业管理	55	××公司设备主人执行手册	水机专业管理
48	QC 工作管理手册	科技信通管理	56	××公司卫星电话使用执行手册	安全管理
49	××公司 ON-CALL 值班执行手册（应包含事故应急处理流程）	安全管理	57	××公司劳动保护执行手册	科技信通管理
50	××公司黑启动执行手册	电气一次专业管理	58	××公司调度管理执行手册（应包含一切与调度申请、沟通、汇报的内容及流程）	安全管理
51	××公司 QC 小组活动执行手册	科技信通管理	59	××公司受限空间作业执行手册	安全管理
52	××公司工器具及仪器仪表管理执行手册	安全管理			

※ 资料 3-2

《设备巡回检查管理手册》（节选）

一、总体要求

（一）各单位运维检修部应根据设备的运行规程、设备厂家、运行维护手册、以及运维人员配置、倒班方式等实际，制定并公布以下内容：

1. 每个具体设备的巡回检查内容、标准、周期；

2. 明确正常情况时，设备巡回检查工作的巡检路线；

3. 明确各种特殊情况时（如新投产设备、大修或改进后的设备第一次投运等），设备特殊巡回检查（简称设备特巡）工作的条件、内容及注意事项；

4. 重要设备还应明确正常状态的标准和参数，明确预警值和报警值；

5. 特巡的内容、标准、周期。

（二）新设备投产或设备更新改造后，要及时修订设备巡回检查内容。

（三）原则上，各单位每两年应调整并公布最新版本的设备巡回检查内容。

（四）备用中的设备应参照运行设备的巡回检查标准，开展巡回检查工作。

（五）主变压器室、母线洞、GIS 室等重要设备的巡回检查路线入口处应张贴工作注意事项。

（六）机电运维班班长负责安排每月运维日常巡回检查人员工作计划。设备运行方式和环境发生变化等特殊情况下，机电运维班班长或运维负责人可针对性安排设备特巡，特巡工作由操作（ON-CALL）人员完成。

二、人员资质要求

（一）巡回检查人员应分为一般巡回检查人员和有权单独巡视高压电气设备人员两大类。

（二）新参加工作的人员、实习人员和临时参加劳动的人员（管理人员、非全日制用工等），不得单独进行设备巡回检查工作。

（三）一般巡回检查人员应经各单位运维检修部考试合格，且应具备单独巡视的能力，人员名单由各单位运维检修部书面公布，原则上应每年公布一次。

（四）有权单独巡视高压设备的人员应熟悉电气规程有关规定，由各单位运维检修部专业考核合格，且经各单位安全监察质量部安全考试合格，人员名单应由各单位安全监察质量部书面公布，原则上应每年公布一次。

（五）在运维岗位工作期限未满 3 个月的新员工，不得单独巡视。

三、检查周期要求

（一）各单位应制定设备巡回检查的范围、内容和周期。

（二）电站机组等主要设备（如发电电动机及其附属设备、水泵水轮机及其附属设备、主变压器设备、GIS 设备、SFC 设备、出线场设备、厂用电设备等）应至少每天巡回检查 1 次。

（三）电站其他设备（如公用辅助设备、上水库设备、下水库设备等）应至少每周巡回检查 1 次。

（四）上水库、下水库应至少每周巡回检查 1 次。

（五）机组运行期间，应安排 1 次有针对性的巡回检查。

（六）各单位运维检修部机电运维班班长及专工每月至少应参加 2 次设备巡回检查。

四、执行设备巡回检查

（一）巡回检查人员必须符合第三章第二节有关资质要求。

（二）巡回检查人员在工作过程中不得做与巡回检查工作无关或其他未经批准的工作。

（三）应携带手电筒、测量表计、测温仪等必要的检查用具，携带专用的巡检仪（PDA），及时记录有关数据和检查结果。

（四）应按照现场安全规程要求，做好个人安全防护，携带必要的安全用具。高压电气设备的巡回检查，还应遵守《国家电网公司电力安全工作规程（变电部分）》相关规定。

（五）巡回检查工作需要打开的设备房间门、开关箱、配电箱、端子箱等，在检查工作结束后应随手关好。

（六）工作应做到"六到"，即：走到、看到、听到，摸到、嗅到、分析到。

（七）进入危险区（如地下孔洞、沟道）或接近危险部位（如高压电气设备、机器的旋转部分）检查时，应遵守《国家电网公司电力安全工作规程（变电部分)》《国家电网公司电业安全工作规程（水电厂动力部分)》相关规定，携带必要的安全工器具，并做好针对性的安全防护措施。

（八）检查人员到达现场后应首先检查是否有明显异常情况，如漏水、漏油、漏气、设备变形、异常声音、异常气味等，然后再根据巡检项目对设备进行检查。

（九）除正常检查内容外，还应重点关注：

1. 设备薄弱环节和易损、易耗部件；

2. 设备重负荷、过负荷、轻负荷时各部件发热、振动以及结露情况；

3. 设备有隐患或频发性缺陷的部件；

4. 设备因热胀冷缩易损坏、渗漏部件等。

（十）工作过程中，若发现异常：

1. 如发现设备参数或状态不正常时，应立即向运维负责人报告；运维负责人告知值守人员相关情况；

2. 如发现危及人身和设备安全的异常情况时，应按照现场事故处理规程先进行处理，然后再汇报；

3. 如发现一般缺陷，可在巡回检查任务完成后，一并向运维负责人报告，依据《设备缺陷管理标准》进行处理；运维负责人告知值守人员相关情况；

4. 如发现危急、严重缺陷或者威胁设备安全运行的设备隐患时，应立即向运维负责人报告，接受运维负责人的指令进行现场处理；运维负责人告知值守人员相关情况。

（十一）工作过程中，应遵守《国家电网公司安全生产工作规定》和《国家电网公司防止电气误操作装置管理规定》的相关规定，不允许随意拆除检修安全措施或挪动遮栏，不许擅自变更安全措施或设备运行方式。

（十二）工作过程中，检查人员应保持通讯畅通。

（十三）检查工作结束后应：

1. 立即向机电运维班班长汇报巡视情况；

2. 及时将设备巡回检查记录上传到生产管理信息系统，机电运维班班长应及时审核；

3. 及时录入发现的设备缺陷；

4. 将安全用具、检查用具、钥匙等放置原位。

五、特殊情况下的设备巡回检查

（一）火灾、地震、台风、冰雪、洪水、泥石流、沙尘暴等灾害发生时：

1. 应尽量不安排或少安排户外设备巡回检查工作；

2. 如确实需要进行检查时，应制定并落实必要的安全措施，工作前应经过各单位运维检修部领导批准，灾情严重的还应经过各单位分管领导批准，并至少两人一组；

3. 工作过程中，运维负责人或机电运维班班长应加强与检查人员的沟通联系。

（二）下列情况下应针对性地进行设备特巡：

1. 设备异常或带缺陷运行时；

2. 机组运行方式特殊或主要辅助设备失去备用时；

3. 电网或厂用电系统处于特殊运行方式时；

4. 气候条件变化后（如洪水、地震、雷雨、大风、大雪、大雾、高温、低温）对其有影响的设备；

5. 新投产设备、大修或改进后的设备第一次投运时；

6. 发生事故的同类设备或可能受其影响的设备。

六、任务管理

（一）各单位机电运维班班长应严格按照设备巡回检查规程的要求，每月生成《月度设备巡回检查工作任务计划》。

（二）各单位运维检修部负责人应根据现场实际，调整《月度设备巡回检查工作任务计划》，并明确任务分工。

（三）《月度设备巡回检查工作任务计划》应严格执行，若需调整，需经运维检修部负责人同意。

七、检查与考核

（一）各单位运维检修部至少每月应对设备巡回检查的工作情况进行一次检查。

（二）各单位运维检修部应将巡检数据和结果纳入每月的设备健康状态分析工作。

（三）各单位运维检修部、安全监察质量部要对设备巡回检查工作情况进行检查，并提出考核意见。

八、资料归档

（一）各单位运维检修部下发的《设备巡回检查规程》由各单位运维检修部负责统一保管，保管期限为 5 年。

（二）已经执行完毕的设备巡回检查任务由各单位运维检修部负责整理，形成设备巡回检查记录后上传到生产管理信息系统进行统一保管，保管期限为 12 个月。

四、绩效体系

为加强电站运维检修部部门精益化管理，提高人员工作质量，确保现场安全生产及安全健康发展，新源公司各电站分别制定《运维检修部员工绩效管理考核办法》（以下简称《考核办法》），规定运维检修部员工绩效管理工作的具体要求。

（一）原则

（1）重复出现的或督促不改的、新源点评的问题双倍积分考核；

（2）重复扣分以高分值进行扣分，重复加分以高分值进行加分；

（3）自我推荐，得到新源或上级点名表扬的，奖励积分加倍；

（4）同类型项目不重复加减分，取最高分进行加减；

（5）考核、奖励以月为单位；奖励积分以月考核积分为限进行奖励，无法实现本月兑现的，可纳入下月进行奖励，如年内无法兑现，按名次、层次优先作为各类先进人员进行推荐。

（二）考核项目及标准

运维检修部员工考核项目及标准如表 3-10、表 3-11 所示。

表 3-10　　　　　　　运维检修部员工考核项目及标准（一）

序号	考核项目		考核标准
1	部门纪律执行	日常考勤	迟到、早退一次扣 1 分，迟到、早退 2 小时以上扣 2 分，旷工一次扣 3 分
		工作纪律	做与工作无关的事扣 1 分，消极怠工扣 2 分，职工夜校无故缺勤一次扣 1 分，不遵守课堂纪律（例如玩手机等），发生一次扣 1 分
		值班考勤	值班被发现一次不在岗扣 3 分

续表

序号	考核项目		考核标准
2	工作计划执行	公司综合计划	未按计划节点完成一次扣 1 分
		部门月度计划	未按计划节点完成一次扣 1 分
		班组工作计划	未按计划节点完成一次扣 1 分
		公司、部门、班组交办任务	未按要求完成一次扣 1 分
3	项目管理	项目费用完成率	项目费用完成率达到 100%，每少 0.05 扣 1 分
		项目完成及时性	项目完成及时性达到 100%，每一个节点未按要求完成扣 1 分
		项目建议书、技术方案	编写质量差，或编写不及时，扣 1~2 分
4	缺陷管理	缺陷处置及时率	缺陷发现后，未及时上报的，每次扣 1 分；督促后仍然未上报的扣 2 分。缺陷处置不及时每次扣 2 分
		导致严重及以上缺陷	因人为原因，巡检、维护不到位导致严重及以上缺陷的，每发生一次扣 2 分
		严重及以上缺陷/重复出现	因人为原因，巡检、维护不到位导致严重及以上缺陷的，重复发生一次扣 5 分
5	隐患管理	隐患评估和治理	隐患评估不及时，扣 2 分；未按要求编制隐患治理计划或治理计划开展不及时，扣 1~2 分
6	定期工作	设备主人例行工作	未按规定开展例行工作，发现一次扣 1 分
		定期工作现场实施	未按照计划周期完成定期工作的，未完成一条扣 1 分
		定期工作生产管理系统填写关闭及时率（各类工单、反措、作业指导手册、作业指导书）	生产管理系统定期工作，包括：各类工单、反措、技术监督、作业指导手册、作业指导书等的，未完成一条扣 1 分
		培训题目	培训题目未按要求完成，每次扣 1 分；完成质量不符合要求，扣 1 分；督促后仍然未完成的扣 2 分
		设备台账	设备台账质量不符合要求扣 1 分；整改后仍达不到要求，扣 2 分
		各类技术总结	各类技术总结未按时完成扣 1 分；督促后仍然未完成的扣 2 分
7	值守管理	监盘及应急	重要报警信息未发现或者未作出应急处置的，扣 2 分
		"两个细则"考核	每天白班查询"两个细则"考核系统，抽查发现未查询的每次扣 0.5 分，如人为原因造成公司受到考核，视严重程度扣 1~3 分
		数据填报(含调度系统)	中控室数据填报有误，每次扣 1 分
		交接班（含各类交代执行）	未按规定进行交接班的，交接双方扣 1 分；交接班未交接详细，各类重要交代未交代下个值的，交班值扣 2 分；交班值交接过程中明确交代的，接班值未执行的，接班值扣 2 分
8	ON-CALL 管理	开停机配合	未按要求进行开机配合的，扣 1 分，现场监盘重要异常未作应急处置的，扣 2 分
		交接班（含各类交代执行）	未按规定进行交接班的，交接双方扣 1 分；交接班未交接详细，各类缺陷、危险点、重要交代未交代下个值的，交班值扣 2 分；交班值交接过程中明确交代的，接班值未执行的，接班值扣 2 分
9	两票管理	（1）操作票	
		票面填写	按照操作票管理规定执行，月度部门查出有问题的，扣 1 分
		操作录音	倒闸操作未录音的，扣 1 分

续表

序号	考核项目		考核标准
9	两票管理	生产管理系统回填规范性	生产管理系统回填不规范，扣1分
		钥匙、地线管理	钥匙、地线管理有误，扣1分
		临时措施的登记交代	临时措施未登记或者未交代下个值的，扣2分
		（2）工作票	
		票面填写	按照工作票管理规定执行，月度部门查出有问题的，扣1分
		许可及交底录音	按照工作票管理规定执行，未录音的扣1分
		生产管理系统回填规范性	生产管理系统回填不规范，扣1分
		工器具使用管理	未正确使用安全工器具，扣1分
10	巡检管理	未按要求进行巡检（数量、频率、周期）	未按要求进行巡检（数量、频率、周期），每条扣1分
		巡检质量	巡检出现人为错误的，每条扣1分
		巡检周期内出现缺陷	因巡检不到位出现严重及以上缺陷的，扣2分
		未及时上传、审批	巡检记录未及时上传、审批，扣1分
11	反措	反措计划现场实施完成及时率	反措计划现场实施未及时完成，每条扣2分
		生产管理系统关闭率（及时、填写质量）	反措未在生产管理系统及时关闭的，每条扣1分；弄虚作假，填写质量不高的，每条扣1分
12	技术监督	技术监督计划完成率	技术监督未及时完成，每条扣1分
		技术监督总结上报审批（及时、填写质量）	技术监督总结未及时上报，每条扣1分。填写不符合要求的，每条扣1分
13	工器具管理	未按部门工器具执行手册要求对工器具进行管理	部门检查发现一次扣1分；检查出问题规定时间内仍未整改的扣2分
14	各类检查、违章	问题	自查发现问题不扣分；上级检查发现问题，一次扣2分
		问题整改	自查发现的问题未按节点进行整改的，每条扣2分；上级发现的问题未按节点进行整改，每条扣4分
		上级发现属于违章性质	被上级单位查出属于违章的，扣5分
		重复发现	重复发现的，加倍扣分
15	生产管理系统扣分	自动评价扣分	生产管理系统扣分数乘以10进行扣分，最少扣1分
		人为评价	人为评价扣分数乘以10进行扣分，最少扣1分
16	各类竞赛及考试	考试纪律	未遵守考试纪律的，扣2分
		考试名次	公司、部门组织的考试成绩未达到要求，分别扣1~3分
17	其他	其他给公司造成不良影响的	给公司造成不良影响的，按情节严重程度进行扣分，最少扣4分

表 3-11　　　　　　　运维检修部员工考核项目及标准（二）

序号	加分项目		加分标准
1	新闻报道	新源采纳	新闻报道新源采纳加1分；新源杂志采纳加3分
		国家电网采纳	新闻报道国家电网采纳加3分
2	科技信息（主要人员）	专利发明	获发明专利的，主创者加5分；获其他专利的，主创者加3分
		创新获奖	创新成果获奖，主创者加2~3分
		QC获奖	QC成果获奖，主持者加3分
3	生产管理系统加分	自动评价	生产管理系统自动评价加分的，加2分
		人为评价	生产管理系统人为评价被加分数，加2分
4	材料编写报送	典型经验被采纳	典型经验被采纳，每条加3分
		合理化建议被公司、新源公司采纳	合理化建议被公司，每条加1分；新源公司采纳，每条加2分
5	设备完好率	一般缺陷	每月发现并确认一般缺陷数量前三名者，加2分；缺陷数大于等于5条参评
		严重及以上缺陷	发现并及时采取措施，制止和避免了机组退备、启动不成功的，加3分，或发现主要输配电设备、公用设备、机组重要的辅助设备状态异常的，酌情加1~5分
		隐患	认真学习相关标准规范，主动发现隐患并经公司、部门领导认可，根据轻重程度不同加2~5分
		作为设备主人，设备完好全年未出严重及以上缺陷的	设备完好全年未出严重及以上缺陷的，结合设备主人考评进行专项奖励
6	项目管理	项目管理工作中表现优异	项目管理时间节点严格执行，并及时竣工、结项、支付，加1分
		项目建议书、技术方案、作业指导书等	编写认真、质量较高，加1~2分；被上级单位点评质量较高，加2~3分
7	各类竞赛及考试	各类竞赛	参与竞赛获得名次，按前三名，分别加4、3、2分
		被上级单位点名表扬	被上级单位点名表扬的，每次加1~3分
		各类考试	公司、部门组织的考试成绩优异，视情况加1~3分
8	工作计划执行	公司、部门、班组交办任务	交办任务完成较好的，视情况加1~3分
9	操作	每月操作项数超过300项，且部门排名前六名，且无差错	视情况加1~2分，班组长专工及以上加分减半
10	其他	配合各类检查	配合各类检查，并成绩突出的，加2分
		其他给公司带来荣誉	视情况加2~5分

五、培训体系

新源公司非常重视员工的培养工作，是较早建立员工职业生涯规划的单位，通过对员工进行职业生涯规划引导促进其自主学习与成长成才。随着运维一体化推进,运维人员不再是单纯从事运行值班或检修工作,而是要求具有运行和维护全业务管理能力,这对于运维人员业务培训模式提出了新要求。传统培训模式存在专业独立不综合、偏理论轻实操、培养周期长等问题,已不能有效支撑复合型运维人员快速成长。

具体来说,水机、水工、电气二次等专业基本独立、不交叉,学员学习一个专业后不清楚其他专业知识;没有建立基于职业发展的培养规划,员工处于不同阶段应该学什么、怎么学,没有明确的指导与建议;与学习资源关联性不强,现有培训体系与学习资源没有紧密结合,员工无法充分利用资源进行自主学习。

为此,新源公司在深入分析现有员工在年龄、学历、职业资格、专业技术资格等数据的基础上,结合岗位培训规范和教材编写,逐步建立了抽水蓄能电站全过程、全业务、全职种运检人员培训体系,有效地培养了一支专业水平高、能力素质强的运维一体化队伍,促进新源公司"大运检"体系扎实落地。

(一)人员现状分析

生产单位和生产准备单位人员信息分别统计,信息分析从年龄、学历、职业资格、专业技术资格情况四个维度进行,具体如下。

1. 年龄结构分析

统计显示,2018 年,生产单位共有运维人员 1121 人,其中年龄 29 岁以下和 45 岁以上人员占比较高,30~40 岁人员占比较小,呈现两头多中间少的现象;生产准备单位共有317 名运维人员,年龄 30 岁以下人员占比 75%,人员整体偏年轻。具体分布如图 3-5 所示。

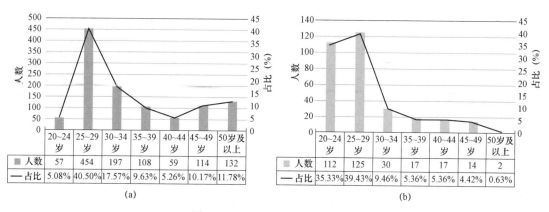

图 3-5 运维人员年龄分布情况

(a)生产单位运维人员年龄分布情况;(b)生产准备单位运维人员年龄分布情况

生产单位年轻员工和经验丰富的老员工人数较多,处于中流砥柱的青壮年员工占比较小,随着老员工逐渐离退休,可能出现新老脱节技术断档的现象。

生产准备单位的人员构成以年轻员工为主,缺少经验丰富的老员工带领队伍,技术断档形势更加严峻。

2. 学历结构分析

统计发现,生产单位和生产准备单位的运维人员学历以本科及以上为主,占比超过80%,具有良好的理论基础和学习能力(见图3-6)。

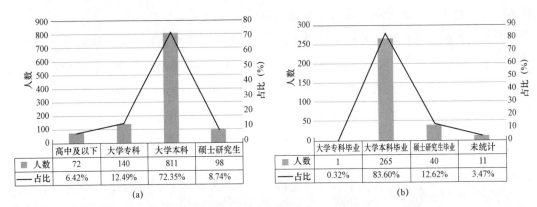

图3-6 运维人员学历分布情况

(a)生产单位运维人员学历分布情况;(b)生产准备单位运维人员学历分布情况

3. 职业资格等级情况分析

统计显示,生产单位存在62.18%的运维人员没有获取职业资格等级,获取职业资格等级的人员中高级工人数最多,技师及高级技师人数占比较少;生产准备单位存在92.11%的运维人员没有获取职业资格等级,仅有25人取得职业资格(见图3-7)。

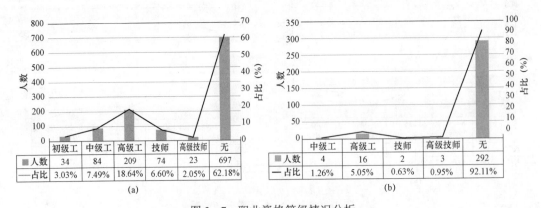

图3-7 职业资格等级情况分析

(a)生产单位运维人员职业资格等级情况;(b)生产准备单位运维人员职业资格等级情况

生产单位与生产准备单位大部分员工都没有取得职业资格，与良好的学历基础不成正比。组织层面要重点加强员工取证的引导和指导及过程督促，员工个人层面则需要主动学习、积极申报。

4. 专业技术资格情况分析

大学本科毕业且从事专业技术工作一年以上即可申报初级专业技术资格，取得初级专业技术资格且从事专业技术工作四年以上即可申报中级专业技术资格。

统计显示，生产单位运维人员专业技术资格初级人数最多，占比40.68%，存在25.25%的员工没有获取专业技术资格；生产准备单位未获取专业技术资格人数最多，占比42.27%，剩余人员专业技术资格以初级为主，占比33.12%（见图3-8）。

生产单位和生产准备单位均存在专业技术资格获取滞后的现象，取得中级及以上专业技术资格的人占比较小，部分员工尚未取证，与良好的学历基础不成正比，应从组织层面加强引导，从员工层面加强自主学习。

调研分析提示，运维人员队伍年龄结构较年轻，如何加速对年轻运维人员的培养使其成长为能独当一面的技术骨干，成为首先要思考的问题；运维人员具有良好的学习能力，其学历大多在本科及以上，多数人应具备优秀的理论知识基础和持续学习能力；年轻运维人员取证情况不佳，相当比例运维人员没有获取职业资格，中高级以上专业技术资格占比偏低。

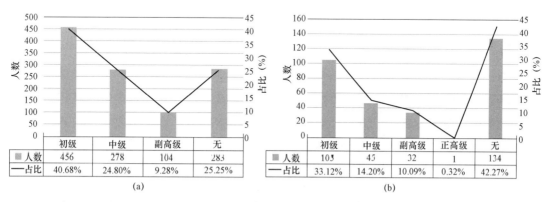

图3-8 30岁以上运维人员专业技术资格情况

（a）生产单位运维人员专业技术资格情况；（b）生产准备单位运维人员专业技术资格情况

总体上看，新源公司大部分运维人员年轻、基础较好，正处于培养的黄金时期，在各方面还有很大提升空间，建立系统性的培养体系快速提升能力非常有必要。

（二）运维岗位培训规范

根据新源公司运维一体化工作开展需要，为保障运维一体化顺利实施，加强运维人员培训，促进复合型人才培养，制定《运维岗位培训规范》（以下简称《培训规范》）。

1. 总体要求

为满足运维人员技术、技能培训要求，全面提高运维人员的整体素质，各单位根据新源公司要求结合自身特点制定培训方案。在培训实施过程中要充分利用公司现有资源，采用集中/分区培训、岗位竞赛/演练、师徒结对培训、交叉培训、自学等方式开展多渠道、全方位培训工作。

2. 培训要求及内容

运维人员需要具备以下整体能力要求：熟悉安全规程、调度规程、运行规程、检修规程等有关制度；熟知电站各系统正常运行方式、特殊运行方式及相应的操作和运行限额；掌握两票三制管理要求，掌握图纸、资料的分析查找方法，具备及时处理危及电站设备安全运行故障的能力，能够及时采取有效措施防止事态的进一步扩大；熟悉各常用试验仪器、仪表的使用及安全注意事项；熟悉电站检修标准及流程、生产管理系统应用、技术监督、检修项目管理等相关内容。

运维人员培训的主要内容包括：安全培训、基础知识、电气一次设备、电气二次设备、水力机械设备、辅机设备、水工、试验调试、管理等九部分。

初级运维专责：需要完成安全培训、基础专业技能培训、基础知识培训。拥有一定的运行技能，能够独立巡检，具备运行操作人要求，具有工作班成员资格。各单位结合培训计划和培训要求，可采取阶段理论考试、技能操作等方式进行考核，新源公司采取抽考、调考方式进行复查。初级运维专责培训内容、培训时间和考核方式等详见表 3-12。

表 3-12　　　　　　　　初级运维专责培训内容

序号	培训目录	初级运维专责培训内容	培训时间（天）	考核内容	考核方式
1	安全培训	电力安全工作规程	2	√	理论
		安全事故调查规程	1	√	
		消防安全实用技能	1	√	实操

续表

序号	培训目录	初级运维专责培训内容	培训时间（天）	考核内容	考核方式
2	基础知识	简单交直流电路的基本知识	3		
		机械制图（CAD 识图）	2		
		安全帽、安全带等安全用具的使用	1		
		计量工器具、万用表、兆欧表、钳形表、相位表、塞尺等常用仪器仪表的使用	5		
		百分表、塞尺、游标卡尺、螺旋测微仪等的使用	3		
		计算机基本知识（文本处理）	2		
		电气图的画法规则、简单电气图识读	3		
		电站的工作原理	2	√	理论
		电站的概况	1	√	
		电站的运行方式	1	√	
		水轮机、发电机等检修规程（行业标准）	1	√	
		运行规程（各厂）、调度规程	1		理论
3	电气一次设备	一次系统组成及运行方式	3	√	理论
		电流互感器的作用、结构、设备参数及维护	1	√	
		电压互感器的作用、结构、设备参数及维护	1	√	
		断路器的作用、结构、设备参数及维护	3	√	理论
		隔离开关的作用、结构、设备参数及维护	1	√	
		变压器的作用、结构、设备参数及维护	3	√	理论
		避雷器的作用、结构、设备参数及维护	1		
		运行监盘及巡视要点	4	√	
		电气一次主接线设备组成	4		理论
		静止变频装置概述（抽水蓄能）	4		理论
		厂用开关操作方法	1	√	
		厂用系统的定期工作、巡回检查项目、路线和时间	2	√	
		厂用电系统运行方式、重要负荷及故障处理方法	3	√	
		拟写操作票	4	√	演练
4	电气二次设备	监控系统组成、功能及维护	5	√	
		电站机组保护的配置、功能及识别端子图及维护	5	√	演练
		变压器保护的配置、功能及维护	4		
		机械保护的配置、功能及维护	3	√	

续表

序号	培训目录	初级运维专责培训内容	培训时间（天）	考核内容	考核方式
4	电气二次设备	厂用机保护组成、原理、作用及动作后果	2	√	演练
		励磁设备运行操作的正确方法步骤	1		
		应用安全规程、维护、检修规程进行正确维护、检修励磁设备	1	√	
		励磁系统的组成、各部分的作用及维护	3	√	
		通信系统概述	1		
		直流系统的配置、组成、运行方式、倒换方法及维护	3	√	演练
		简单的电压电流试验、低压开关试验、伏安特性试验	1		
		继电保护装置仪器仪表的使用	1		
		同期控制器参数检查	1		
		巡回检查项目、运行维护	2		
		拟写操作票	4	√	演练
5	水力机械设备	水轮（水泵）机的作用、结构及设备技术参数及维护	4	√	理论
		发电（电动）机的作用、结构及设备技术参数及维护	4	√	理论
		调速器系统的作用、结构及设备技术参数及维护	4	√	理论
		主进水阀的作用、结构、设备技术参数及维护	4	√	理论
		机组盘车的工艺及机组盘车的测量方法	2	√	
		接力器压紧行程调整方法	2	√	
		调速器零位调整方法	2	√	
		导叶开度测定	1	√	
		拟写操作票	5	√	演练
6	辅机设备部分	供水系统组成、正常运行和维护	3	√	理论
		排水系统组成、正常运行和维护	3	√	理论
		压缩空气系统组成、正常运行和维护	3	√	理论
		油系统的组成、正常运行和维护	1	√	理论
		上下库进出口闸门组成及维护	1		
		尾水闸门组成及维护	1	√	理论
		启闭机系统组成及维护	2		
		进出口拦污栅组成及维护	1		
		消防系统组成及维护	2	√	理论
		定期工作、巡回检查项目	1		
		拟写操作票	4	√	演练

序号	培训目录	初级运维专责培训内容	培训时间（天）	考核内容	考核方式
7	水工部分	水工建筑物概述	1	√	
		水工建筑物的组成	1	√	
		水工观测要点	1		

中级运维专责：在初级运维专责的基础上进一步培训，熟练掌握系统知识，参加相应调试、管理部分岗位培训。能够独立巡视高压设备，可以担任工作许可人和操作监护人，能够协助处理系统异常事件，掌握一定专业技能，具备本专业工作负责人。各单位结合培训计划和培训要求，可采取阶段理论考试、技能操作、事故处理演练、测评等方式进行考核，新源公司采取抽考、调考方式进行复查。对于各中级运维专责培训内容、培训时间和考核方式等详见表 3-13。

表 3-13　　　　　　　　中级运维专责培训内容、培训时间和考核方式

序号	培训目录	中级运维专责培训内容 （在初级运维专责培训内容的基础上）	培训时间（天）	考核内容	考核方式
1	基础知识	电阻、电感和电容元件串联的正弦交流电路	2		
		对称三相电路的计算	2		
		零件图的识读	3		
		电气图的识读	2		
		事故应急处理	1	√	
		全厂停电事故处理	2	√	
		水淹厂房事故处理	1	√	
		调度术语	1		
		调度命令及典型操作	2		
		水库调度及运行	2		
2	电气一次设备	一次设备操作及隔离要点	2	√	
		断路器试验内容、一般异常情况及事故处理	3	√	
		隔离开关试验内容、一般异常情况及事故处理	3	√	
		变压器的连接组别、试验内容、一般异常情况及事故处理	3	√	
		静止变频装置组成、工作原理、运行（抽蓄）	2	√	
		审核操作票	5	√	演练
		填写工作票	5	√	演练
3	电气二次设备	监控系统的缺陷处理	5	√	
		电站机组保护的缺陷处理	5	√	

序号	培训目录	中级运维专责培训内容 （在初级运维专责培训内容的基础上）	培训时间（天）	考核内容	考核方式
3	电气二次设备	变压器保护的缺陷处理	3	√	
		电站线路保护的缺陷处理	2	√	
		机械保护的缺陷处理	3	√	
		励磁系统的重要参数及基本操作方法	2	√	
		励磁系统保护的缺陷处理	3	√	
		直流系统的缺陷处理	1	√	
		通信系统组成、维护	1	√	
		审核操作票	5	√	演练
		填写工作票	5	√	演练
4	水力机械设备	水轮（水泵）机导水机构、主轴密封装置、主阀及附属设备的缺陷处理	6	√	
		发电（电动）机定子、转子、推力轴承导轴承及附属设备的缺陷处理	6	√	
		调速器接力器及机组过速限制装置、油压装置、漏油装置及空气压缩机的缺陷处理	6	√	
		主进水阀的缺陷处理	2	√	
		审核操作票	3	√	演练
5	辅机设备部分	供水系统缺陷处理	3	√	
		排水系统缺陷处理	2	√	
		压缩空气系统缺陷处理	1	√	
		油系统的缺陷处理	1	√	
		上下库进出口闸门缺陷处理	1	√	
		尾水闸门缺陷处理	1		
		启闭机系统缺陷处理	2	√	
		进出口拦污栅缺陷处理	1		
		消防系统缺陷处理	1		
		填写工作票	1	√	演练
		审核操作票	2	√	演练
6	试验调试部分	黑启动概述	2		
		黑启动条件	2		
		试验和调试概述	2		

续表

序号	培训目录	中级运维专责培训内容 (在初级运维专责培训内容的基础上)	培训时间（天）	考核内容	考核方式
7	管理部分	生产准备	1		
		安全管理概况	1		
		技术标准和技术管理制度	2		

高级运维专责：在中级运维专责的基础上进一步培训，参加调试试验、管理部分培训，熟练掌握系统知识，在某一专业拥有解决问题的能力，能够处理系统异常事件，具备本专业工作票签发人资格。各单位结合培训计划和培训要求，可采取理论考试、方案制定、实操演练、事故处理演练、测评等方式进行考核，以及参加新源公司抽考、调考工作。对于各高级运维专责培训内容、培训时间和考核方式等详见表3-14。

表3-14　　　　　　　高级运维专责培训内容、培训时间和考核方式

序号	培训目录	高级运维专责培训内容 (在中级运维专责培训内容的基础上)	培训时间（天）	考核内容	考核方式
1	电气一次设备	绘制电气主接线图	2		
		断路器试验数据的分析、复杂缺陷分析及处理	3		
		隔离开关试复杂缺陷分析及处理	2		
		变压器试验数据的分析、复杂缺陷分析及处理	5		
		组织事故处理	3	√	演练
		审批操作票	2	√	演练
		签发工作票	2	√	演练
2	电气二次设备	电站机组保护的原理及故障处理	3		
		变压器试验数据的分析、复杂缺陷分析及处理	2		
		电站线路保护数据的分析及故障处理	3		
		机械保护数据的分析及故障陷处理	2		
		励磁系统原理及故障处理	2		
		组织事故处理	2	√	演练
		审批操作票	2	√	演练
		签发工作票	1	√	演练
3	水利机械	水轮（水泵）机复杂缺陷分析及处理	2		
		发电（电动）机复杂缺陷分析及处理	2		

国网新源控股有限公司"运维一体化"生产管理变革探索与实践

续表

序号	培训目录	高级运维专责培训内容 （在中级运维专责培训内容的基础上）	培训时间（天）	考核内容	考核方式
3	水利机械	调速器复杂缺陷分析及处理	3		
		主进阀复杂缺陷分析及处理	2		
4	试验调试部分	组织实施黑启动方案	3	√	演练
5	管理部分	生产准备	2		
		安全运行检修管理	2		
		技术管理	2		
		安全管理概况	1		
		电力安全生产管理	2		
		专项安全监督管理	1		
		施工现场作业安全监督管理	1		
		生产设备设施隐患排查	1		
		应急管理工作	1		
		设备管理	1		
		技术监督	1		
		技术标准和技术管理制度	1		
		专业技术分析	3		
		检修项目管理	1		
		检修计划	2		
		检修过程管理	2		
		检修管理工作重点	1		

　　首席运维专责：在高级运维专责的基础上深入培训和考核，熟练掌握系统知识和专业知识，具有过硬的技能本领，能够解决本专业的技术难题，具有丰富的现场实践经验，具有资深的技术水平。对于专业技术、技能优秀人才各单位可以破格选拔。各单位结合培训计划和培训要求，可采取方案制定、实操演练、事故处理演练、测评等方式进行考核。

　　3. 培训考评流程

　　各单位可参照图3-9执行培训考评工作。

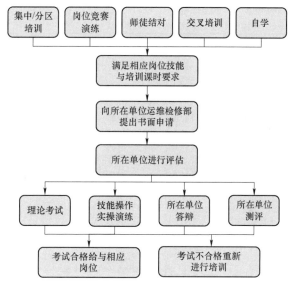

图 3-9　培训考评流程

4. 运维岗位上岗条件

运维人员按照要求完成相关培训内容并经考评合格后,具备上岗条件。为保证运维人员的质量,相关岗位还需满足在本专业岗位上的工作经历、技术支撑要求等条件,详见表 3-15,各单位可参照执行。

表 3-15　　　　　　　　　岗位职责及任职条件

序号	岗位名称	岗位职责	任职条件
1	主任	全面负责部门工作,是本部门安全生产第一责任人	1. 具有生产中层副职岗位 2 年以上工作经历。 2. 相关专业中级及以上技术职称。 3. 具有较好的文字与语言表达能力、计算机操作能力、组织与沟通协调能力、工作创新能力、领导能力与决策能力、较强的执行力和学习能力。 4. 掌握运维、检修管理工作流程,熟悉电力调度业务,具备生产、行政管理经验。 5. 掌握相关工作的管理知识,熟悉电力生产、建设、经营管理工作的基本知识。 6. 熟练掌握安全工作规程、事故调查规程相关要求,熟悉机电设备检修规程、检修工艺流程、设备检修导则。 7. 熟悉运维检修部所有工作职责、工作流程及工作要求
2	副主任	协助主任分管部门运维、检修、技术管理等工作	1. 具有运维班长或专工岗位 2 年及以上工作经历。 2. 相关专业中级及以上技术职称或技师及以上资质。 3. 掌握电力生产的专业理论,熟悉电力生产中运维和检修规程、规范及有关指标、定额等专业知识。 4. 具有较好的文字与语言表达能力、计算机操作能力、组织与沟通协调能力、工作创新能力、领导能力与决策能力、较强的执行力和学习能力。 5. 掌握运维和项目管理工作流程和管理知识,熟悉电力调度业务,具备生产、行政管理经验。掌握生产管理、质量管理,技术管理、决策技术、技术经济分析等现代化管理知识。 6. 熟练掌握安全工作规程、事故调查规程相关要求

序号	岗位名称	岗位职责	任职条件
3	安全专工	负责部门安全管理； 负责设备运行技术管理（交接班、钥匙管理监督、重要时期保电、设备定期轮换以及定期工作管理）； 归口负责生产培训、停复役、调度协调管理； 归口负责节能降耗、综合事务管理； 归口负责技术标准、现场规程、图纸资料等技术文件管理； 归口负责反措管理； 归口负责"两票"管理； 归口负责防误管理； 归口负责临时措施管理	1. 从事运维工作3年及以上，并具有高级运维及以上工作经历。 2. 具有相关专业中级及以上技术职称或技师及以上资质。 3. 具有较好的文字与语言表达能力、计算机操作能力、组织与沟通协调能力、工作创新能力、较强的执行力和学习能力。 4. 掌握电力生产的运维管理知识、基础理论和专业理论。 5. 掌握运维检修工作和安全管理相关规程、规定。 6. 掌握电站生产设备、系统和运行方式，能够指导异常情况和事故的处理
4	电气一次专工	负责电气一次设备专业技术管理； 归口负责技改项目管理； 归口负责消防技术管理； 归口负责临时用电管理； 归口负责备品备件管理	1. 从事运维工作3年及以上，并具有高级运维及以上工作经历。 2. 具有相关专业中级及以上技术职称或技师及以上资质。 3. 具有较好的文字与语言表达能力、计算机操作能力、组织与沟通协调能力、工作创新能力、较强的执行力和学习能力。 4. 熟练掌握本专业相关规程、规定，熟悉职责范围内工作流程及要求。 5. 掌握本专业的基础理论和技术发展情况。具备独立编写、审核本专业项目管理相关技术文件的能力。 6. 掌握本专业设备运行情况，能够指导异常情况和事故的处理
5	电气二次专工	负责电气二次设备专业技术管理； 归口负责设备定值管理； 归口负责技术监督	1. 从事运维工作3年及以上，并具有高级运维及以上工作经历。 2. 具有相关专业中级及以上技术职称或技师及以上资质。 3. 具有较好的文字与语言表达能力、计算机操作能力、组织与沟通协调能力、工作创新能力、较强的执行力和学习能力。 4. 熟练掌握本专业相关规程、规定，熟悉职责范围内工作流程及要求。 5. 掌握本专业的基础理论和技术发展情况。具备独立编写、审核本专业项目管理相关技术文件的能力。 6. 掌握本专业设备运行情况，能够指导异常情况和事故的处理
6	水机专工	负责水力机械设备专业技术管理； 归口负责电站检修项目管理； 归口负责综合管理对标； 归口负责实物资产管理	1. 从事运维工作3年及以上，并具有高级运维及以上工作经历。 2. 具有相关专业中级及以上技术职称或技师及以上资质。 3. 具有较好的文字与语言表达能力、计算机操作能力、组织与沟通协调能力、工作创新能力、较强的执行力和学习能力。 4. 熟练掌握本专业相关规程、规定，熟悉职责范围内工作流程及要求。 5. 掌握本专业的基础理论和技术发展情况。具备独立编写、审核本专业项目管理相关技术文件的能力。 6. 掌握本专业设备运行情况，能够指导异常情况和事故的处理
7	水工专工（兼水工班长）	负责水工建筑物专业技术管理； 归口负责电站防汛、防台管理	1. 从事水工工作3年及以上，并具有相关专业中级及以上技术职称或技师及以上资质。 2. 具有较好的文字与语言表达能力、计算机操作能力、组织与沟通协调能力、工作创新能力、较强的执行力和学习能力。 3. 熟练掌握本专业相关规程、规定，熟悉职责范围内工作流程及要求。 4. 掌握本专业的基础理论和技术发展情况。具备独立编写、审核本专业项目管理相关技术文件的能力。 5. 掌握本专业设备运行情况，能够指导异常情况和事故的处理

续表

序号	岗位名称	岗位职责	任职条件
8	机电运维班班长	全面负责班组管理工作，是本班组安全生产第一责任人	1. 从事运维工作 3 年及以上，并具有高级运维及以上工作经历。 2. 具有相关专业中级及以上技术职称或技师及以上资质。 3. 熟悉电厂运维业务流程，掌握运维检修工作任务量，施工重点、难点，能合理安排工作人员
9	首席运维	根据指派，承担现场值守、工作负责人、工作签发人、工作许可人、操作票审批人、工作班成员、倒闸操作、倒闸监护、巡回检查、定期工作、缺陷处理、ON-CALL 值班、临时指定工作等，是电站主设备主人（A 角）	熟练掌握系统知识和专业知识，具有过硬的技能本领，能够解决本专业的技术难题，具有丰富的现场实践经验，具有资深的技术水平，是由各单位评定的高尖端人才
10	高级运维	根据指派，承担现场值守、工作负责人、工作签发人、工作许可人、操作票审批人、工作班成员、倒闸操作、倒闸监护、巡回检查、定期工作、缺陷处理、ON-CALL 值班、临时指定工作等，是电站主设备主人（A 角）	从事中级运维满 2 年。熟练掌握系统知识，在某一专业拥有解决问题的能力，能够处理系统异常事件，具备操作票审批人和本专业工作票签发人资格
11	中级运维	根据指派，承担现场值守、工作负责人、工作签发人、工作许可人、倒闸操作、倒闸监护、巡回检查、定期工作、缺陷处理、ON-CALL 值班、临时指定工作等，是电站主设备主人（B 角），是电站辅助设备主人（A 角）	从事初级运维满 1 年。熟练掌握系统知识，能够独立巡视高压设备，具备担任工作许可人和操作监护人资格，能够协助处理系统异常事件；掌握一定专业技能，具备担任本专业工作负责人资格
12	初级运维	根据指派，承担现场工作班成员、倒闸操作、巡回检查、定期工作、缺陷处理、ON-CALL 值班、临时指定工作等，可担任电站辅助设备主人（B 角）	见习期满，拥有一定的运行技能，能够独立巡检，具备运行操作人和本专业工作班成员资格

（三）教材编写

运维一体化要求运维人员既要有足够的理论知识，更要有丰富的实践操作技能。为满足运维人员技术、技能培训要求，全面提高运维人员的整体素质，在新源公司现有理论培训教材的基础上，按照《运维岗位培训规范》的要求，充分利用内部资源，编制适用于运维一体化的岗位技能培训教材、岗位晋升考核大纲、培训要点、题库等。

教材编制由新源公司牵头，丰满培训中心、天荒坪公司、宝泉公司、白山电站、宜兴公司、响水涧公司、张河湾公司等共同承担编制，分为 5 个专业组。

2014 年 9 月初启动了编制工作，分别于 2014 年 11 月、2015 年 1 月、3 月、6 月经过

4 次集中编制及专家审查，完成了《运维一体化水电厂生产岗位技能培训教材》（分初级、中级、高级运维专责共 3 个分册，每个分册约 80 万字）和《运维一体化水电厂生产岗位培训要点及题库》。这是理论教材《抽水蓄能运行与管理》的补充和拓展，也是丰富教材内容、增强培训效果、满足各站个性发展需求的有效手段。教材编写基于运维一体化生产人员技能需求，充分体现运维一体化特色和新源水电特色，与《运维岗位培训规范》紧密配合，符合初、中、高、首席运维专责的培训要求，具有针对性、实用性和可选择性。在教材编写过程中，也考虑到与国家电网公司网络培训课件相结合，充分借鉴已有成果。

（四）抽水蓄能电站全过程、全业务、全职种运检人员培训体系

在运维一体化的探索与实践过程中，各单位在《培训规范》的基础上，结合个性化需求，形成了卓有成效的培训方法。新源公司充分尊重各单位的做法，反复研讨、不断萃取，逐步形成了全过程、全业务、全职种运检人员培训体系。

全过程指员工从入职到初级、中级、高级运维岗位进阶的完整培训过程。基建单位划分为入职教育、生产准备培训、运维一体化培训三个阶段；生产单位划分为入职教育、运维一体化培训两个阶段。

全业务指运行（含值守和操作）、维护、检修、试验等业务。

全职种指发电站运行值班、集控运行值班、发电电动机运检、发电站厂用电系统运检、输变电设备运检、发电厂继电保护运检、发电站监控自动化运检、发电站励磁、SFC 系统运检、水泵水轮机运检、发电站调速器系统运检、发电厂闸门金结设备运检、发电站辅助设备运检、水工运检、水库调度及水务等 14 个职种。

1. 基于 CBE 理念的设计理念

CBE 是 Competencey Based Education 的英文缩写，即以能力为基础的教育。理论产生于二次大战后，现在广泛应用于美国、加拿大等北美的职业教育中，也是当今一种较为先进的职业教育模式。CBE 中的能力是由知识、技能、以及根据标准有效地从事某项工作或职业的能力所组成的。这种能力常常也被称为"专项能力"（Task），可视为完成一项工作有关的可观察到的，并且可度量的活动或行为。CBE 是围绕从事岗位工作所要求的知识、技能、能力来组织课程与教学的系统方法。学生事先被告知所应掌握的各项能力以及评估方式，并且向学生提供教学指导，使之对一系列能力的掌握都能达到所要求的熟练程度。

基于 CBE 的培训体系建设分为两步，第一步，对一个岗位所需的能力进行两级分析：一级是任务编列（Tasks Listing），即将工作所包含的任务根据工作说明予以编列；二级是任务细分（Task Detailing），即将每个工作包含的许多任务所需的步骤予以细分到能力。第二步，用专项能力分析表对二级能力予以分解，列出此二级能力训练所需的步骤、工具、知识、态度与安全、标准，其特点是以能力作为逐级分解的依据。

CBE 主要特点是：首先按照岗位群的需要，层层分解，确定从事这一职业所应具备的能力，明确培养目标。然后，按照教学规律，将相同、相近的各项能力进行总结、归纳，构成教学模块，制定教学大纲，依此施教。强调以岗位群所需职业能力的培养为核心，保证了职业能力培养目标的顺利实现。

基于 CBE 理念进行全过程全业务运维检修人员培训体系开发研究，以人员能力掌握为核心，一是明确不同岗级运维人员的工作职责、任务；二是基于工作职责、任务，细分每项任务需掌握的知识；三是将不同任务中相同、相近的知识组合成教学模块，明确教学主要内容、学习方式与时长；四是根据学习方式不同，开发相应的学习资源，包括课件、教材、学员手册或案例、图库等；五是开展评价，精准定位运维人员能力等级，从而进行针对性培训、培养。

2. 全过程全业务培训体系设计思路

以"全过程、全业务"理念进行运维人员培训体系设计，重点研究如何基于全过程运维人员岗位职责，建立符合全业务胜任要求的人才培训体系（见图 3-10），具体包括：

（1）梳理全过程运维人员在全业务的岗位职责，以生产准备单位人员为准则（生产单位人员工作内容不包括安装、调试，其他相同），梳理不同等级运维人员工作要求，包括在安装、调试、值守、操作、维护、检修、试验业务的工作内容，并对应岗位职责推导相应阶段专业能力及知识点。

（2）建立岗位培训规范，将各级运维岗位所需相关知识点合并为培训模块，设计各培训模块学习内容及学习方式。

（3）开发学习支撑体系，匹配各级运维岗位学习内容建立学习资源库，包括培训教材、培训课件、教学案例、题库。

（4）设计个性培养方式，通过开展能级评价对运维人员精准定位，明确自身长短板，进而选择个人提升路径。

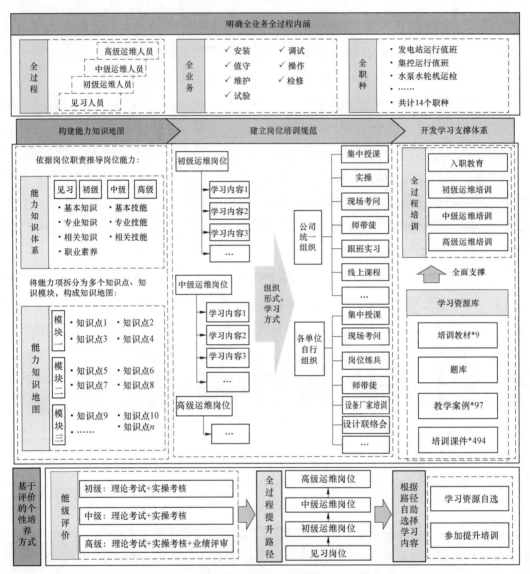

图 3-10　全过程全业务培训体系内涵图

3. 梳理全过程全业务岗位能力知识体系

明确培训体系建设范围包括运维人员见习岗、初级运维岗、中级运维岗、高级运维岗，按专业分类共包括 14 个职种（见表 3-16）。

表 3-16　　　　　　　　　　　各 专 业 职 种

专业	职种
运行专业	发电站运行值班
	集控运行值班

续表

专业	职种
电气一次专业	发电电动机运检
	发电站厂用电系统运检
	输变电设备运检
电气二次专业	发电站继电保护运检
	发电站监控自动化运检
	发电站励磁、SFC 系统运检
机械专业	水泵水轮机运检
	发电站调速器系统运检
	发电站闸门金结设备运检
	发电站辅助设备运检
水工专业	水工运检
	水库调度及水务

能力提取是培训体系建设的核心工作，新源公司初期选取发电站运行值班、水泵水轮机运检两个职种，全面梳理见习岗位及发电站运行值班、水泵水轮机运检职种初中高三级岗位职责，内容涵盖值守、操作、ON-CALL、维护、安装（检修）调试等全方面业务，从基本知识、专业知识、相关知识、基本技能、专业技能、相关技能、职业素养七个维度提取岗位任职能力（见表 3-17～表 3-19）。

表 3-17　　　　　　　　　见习岗位能力分析总表

能力维度	能力项							
	1	2	3	4	5	6	7	8
基本知识	电力安全工作规程	信息安全常识	相关图纸基本知识					
专业知识	电气一次设备组成及基本原理	励磁、同期、监控系统组成及作用	油气水系统组成及基本原理	水泵水轮机组成及基本原理	发电电动机组成及基本原理	调速器基本原理	自动化元器件基础知识	金属无损检测基础知识
基本技能	安全工器具使用	工器具使用	触电急救操作	仪器仪表使用				
专业技能	运行技能	电气一次技能	电气二次技能	机械技能	试验操作			
职业素养	企业文化与公司发展战略	职业道德	法律法规	沟通技巧	团队建设	传授技艺	电力应用文	

表 3-18 电站运行值班职种能力分析总表

能力维度	能力项						
	1	2	3	4	5	6	7
基本知识	电工基础	信息安全常识					
专业知识	识图	变电及动力安规	运维交接班管理管理	运行应知的水库调度知识	生产管理系统使用		
相关知识	水力发电工程知识	水轮机与水泵水轮机知识	发电机与发电电动机知识	电气设备知识	水电站保护、控制装置	水电站运行知识	辅助设备知识
基本技能	常用仪表使用	安全工器具使用管理	紧急救护	常用办公软件使用	网络大学平台使用		
专业技能	值守日常工作	设备操作	应急处置				
相关技能	设备巡回检查	工作票管理	运维钥匙及防误闭锁装置管理	设备异动及临时措施管理	设备定期工作及临时用电管理	设备缺陷隐患及反措管理	
职业素养	企业文化与公司发展战略	职业道德	法律法规	沟通技巧	团队建设	传授技艺	电力应用文

表 3-19 水泵水轮机检修能力分析总表

能力维度	能力项						
	1	2	3	4	5	6	7
基本知识	信息安全常识						
专业知识	水电站概述	机械基础	机械识图	力学知识	金属材料知识		
相关知识	钳工知识	起重知识	计量工器具使用	项目管理知识	安全生产知识	生产管理系统应用	电力系统技术规范
基本技能	常用仪表使用	安全工器具使用管理	紧急救护	常用办公软件使用	网络大学平台使用	班组管理	
专业技能	水泵水轮机专业基础知识	水泵水轮机定期工作	水泵水轮机故障分析及处理	水泵水轮机检修	水泵水轮机试验		
职业素养	企业文化与公司发展战略	职业道德	法律法规	沟通技巧	团队建设	传授技艺	电力应用文

依据初中高级岗位不同工作要求对能力项进行分级，细化每项能力项内涵、不同岗位等级的具体行为表现，以发电站运行值班职种设备操作能力为例，其能力项定义与分级行

为表现描述如表 3-20 所示。

表 3-20　　　　　发电厂运行值班职种设备操作能力项定义与分级行为表现

设备操作	
定义	主要包括调度规程设备操作相关知识、倒闸操作、操作票管理、发电站电气一次操作、电气二次设备操作和机械设备操作等内容
初级	掌握设备操作人管理要求，能够熟练对发电厂电气一次设备、二次设备、机械设备进行操作
中级	掌握设备操作监护人管理要求，能够熟练对发电厂电气一次设备、二次设备、机械设备操作票进行审核、总结及汇报
高级	掌握设备操作审批人管理要求、下发操作指令的规定、操作票考核管理，能够熟练对发电厂电气一次设备、二次设备、机械设备操作票进行审批

4. 构建全过程全业务全职种能力知识地图

对能力项进行模块和对应知识点分解，对其能力定义及行为表现定义进行深入剖析，根据其内涵、行为特征、行为案例，将各能力项分解成多个知识点，并针对每个知识点的内容进行梳理。根据能力项分解，发电站运行值班职种的 35 个能力项分解为 64 个培训模块、313 个知识点，水泵水轮机职种的 31 个能力项分解为 79 个培训模块、377 个知识点。以发电站运行值班职种的专业技能维度下值守日常工作、设备操作、应急处置三项能力为例，能力知识地图如表 3-21 所示。

表 3-21　　　　　　　能 力 知 识 地 图

能力维度	能力项	培训模块名称	适用等级			知识点/技能项
			初级	中级	高级	
专业技能	值守日常工作	常见跳机点解析		√		温度类故障跳机点
		常见跳机点解析		√		电气类故障跳机点
						振动摆度故障跳机点
						油压系统故障跳机点
						调速系统故障跳机点
						闸门类故障跳机点
						水淹厂房故障跳机点
		监控操作		√		开停机流程
						AGC 的投退操作
						一次调频的投退操作
						功率调节操作

续表

能力维度	能力项	培训模块名称	适用等级			知识点/技能项
			初级	中级	高级	
专业技能	值守日常工作	日常监盘及日报报送	√			主设备监盘要点
						辅助设备监盘要点
						电量采集和计算
						日报报送
		联系调度		√		调度标准术语
						运行方式安排原则
						水库调度管理
						机组检修与消缺
	设备操作	设备操作人管理要求	√			设备操作人管理基本要求
						电气设备倒闸操作
						操作票拟写
						操作票填写规范
		设备操作监护人管理要求		√		设备操作监护人管理基本要求
						操作票审核
						操作票终结汇报
		设备操作审批人管理要求			√	操作票审批
						下发操作指令规定
						操作票考核管理
		发电厂电气一次操作	√			断路器操作
						隔离开关操作
		发电站电气一次操作	√			变压器操作
						配电装置操作
						发电机操作
		电气二次设备操作	√			电气二次设备操作要求
						母线保护操作
						线路保护操作
						直流系统操作
		机械设备操作	√			水泵水轮机操作
						调速器系统操作
						主阀系统操作

能力维度	能力项	培训模块名称	适用等级			知识点/技能项
			初级	中级	高级	
专业技能	设备操作	辅助设备操作	√			油系统操作
						水系统操作
						气系统操作
	应急处置	涉网电气一次设备对发电站的应急处置要求				线路故障应急处置要求
						发电机故障处置要求
					√	变压器故障处置要求
						母线故障处置要求
						开关故障处置要求
						电压互感器故障处置要求
		涉网电气二次设备故障对发电站的应急处置要求				继电保护装置故障处置要求
					√	自动装置故障处置要求
						通信故障处置要求
		发电站电气一次设备故障处理				断路器异常及事故处理
						隔离开关异常及事故处理
						电压互感器异常及事故处理
						电流互感器异常及事故处理
					√	避雷器异常及事故处理
						高压电缆异常及事故处理
						变压器异常及事故处理
						配电装置异常及事故处理
						发电机异常及事故处理
		电气二次设备故障处理				继电保护装置异常及事故处理
						励磁、SFC 系统异常及事故处理
					√	计算机监控系统异常及事故处理
						直流系统异常及事故处理
		机械设备故障处理				水泵水轮机异常及事故处理
						调速器系统异常及事故处理
					√	主阀系统异常及事故处理
						闸门异常及事故处理
		辅助设备故障处理				油系统异常及事故处理
				√		水系统异常及事故处理
						气系统异常及事故处理

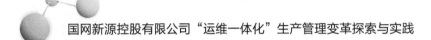
5. 建立全过程全业务全职种培训规范

依据能力知识地图，开发了不同主题培训，包括入职教育、初级运维认证培训、高级运维认证培训，并完成了相应培训内容、培训形式设计，构成抽水蓄能电站全过程全业务全职种运维检修人员培训规范。因工作内容不同，生产准备单位和生产单位的运维人员培训规范有一定差别（见图3-11）。

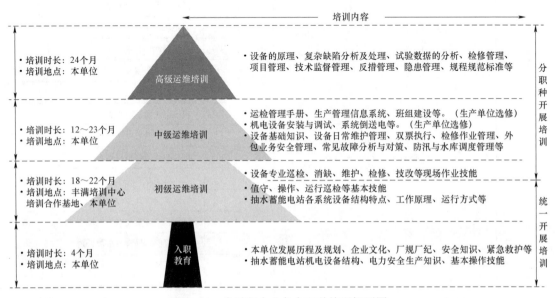

图 3-11　全过程全业务全职种培训概要图

入职教育为期 1 个月，由各单位自行组织。生产准备培训分为基本技能培训、生产理论培训、值守操作业务培训、维护检修业务培训、运检管理培训、机电安装培训，各阶段时长建议依次为 3 个月、2 个月、10 个月、6~10 个月、2 个月、6~9 个月。基本技能培训、生产理论培训、值守操作业务培训、维护检修业务培训由新源公司统一集中组织，运检管理培训、机电安装培训由各基建单位自行组织。

（1）入职教育。

1）入职教育。

入职教育培训目标为了解本单位发展历程及规划、企业文化、厂规厂纪，进行安全教育，认同新源公司统一价值理念，初步实现角色转变。

2）生产准备培训。

生产准备培训为电力生产基本操作技能以及机电设备认知培训，培训目标为掌握电力安全生产基本知识及电工、机械等基本操作技能。

（2）初级运维认证培训。

初级运维包括生产理论培训、值守操作业务培训、运维检修业务培训。

1）生产理论培训。

生产理论培训为抽水蓄能电站各系统理论培训，目标为了解抽水蓄能电站各系统设备结构特点、工作原理、运行方式等。

2）值守、操作业务培训。

值守、操作业务培训目标为掌握值守、操作、运行巡检等基本技能。

3）维护检修业务培训。

维护检修业务培训目标为掌握维护检修工作任务、工作要领、工作程序和工作方法、常见故障分析与对策、设备日常运行分析与对策等。

（3）中级运维认证培训。

中级运维认证培训包括运检管理培训、机电安装培训、中级运维认证培训。

1）运检管理培训。

运检管理培训的目标为熟悉运维一体化管理的主要内容和流程。

2）机电安装培训。

机电安装培训目标为熟悉设备安装、拆卸作业方法和调试流程。

3）中级运维认证培训。

中级运维认证培训目标为熟练掌握系统知识，能够独立巡视高压设备，具备担任工作许可人和操作监护人资格，能够协助处理系统异常事件；掌握一定专业技能，具备担任本专业工作负责人资格。考核通过后，取得中级运维岗位资质。

（4）高级运维认证培训。

高级运维认证培训目标为熟练掌握电站设备运行原理，能够处理设备异常事件，在某一专业具有分析解决复杂缺陷的能力，具备操作票审批人和工作票签发人资格。考核通过后，取得高级运维岗位资质（见表3-22）。

表3-22　　　　　　　各 阶 段 培 训 简 明 表

培训阶段	周期	培训目标	主要内容	培训方式	组织形式
入职教育	1个月	了解各单位发展历程及规划、企业文化、厂规厂纪，融入公司统一价值理念，进行安全教育，初步实现角色转变	本单位概况、发展历程及规划	课堂教学、现场观摩	各单位自行组织
			企业文化、职业道德、人文素养		

国网新源控股有限公司"运维一体化"生产管理变革探索与实践

续表

培训阶段	周期	培训目标	主要内容	培训方式	组织形式
入职教育	1个月	了解各单位发展历程及规划、企业文化、厂规厂纪,融入公司统一价值理念,进行安全教育,初步实现角色转变	厂规厂纪	课堂教学、现场观摩	各单位自行组织
			电力安全工作规程、交通安全、紧急救护、信息安全		
生产基本技能培训	3个月	掌握电力安全生产基本知识及电工、机械等基本操作技能	抽水蓄能电站运行基本技能	实操	新源公司统一组织集中培训
			钳工、焊接、起重等技能	实操	
			电测仪表与热工仪表校验	实操	
			PLC编程及故障查找	实操	
			高压试验与仪器使用	实操	
			透平油、绝缘油化验	实操	
			电工技能	实操	
			机械制图	实操	
			抽水蓄能电站机电设备认知	集中授课	
			仿真机操作	实操	
初级运维认证培训	生产理论培训 2个月	对学员进行抽水蓄能电站各系统理论培训,使学员掌握抽水蓄能电站各系统设备结构特点、工作原理、运行方式等	安全知识(安规、信息安全等)	集中授课、现场观摩	新源公司统一组织集中培训
			安全技能(紧急救护、现场逃生演练、消防演练等)		
			电站各系统理论知识		
			设备典型案例		
			两票三制		
	值守、操作业务培训 10个月	掌握值守、操作、运行巡检等基本技能	调度联系	师带徒、跟班实习	新源公司统一组织集中培训
			机组启停操作、监盘、负荷调整		
		掌握值守、操作、运行巡检等基本技能	运行日常工作	师带徒、跟班实习	新源公司统一组织集中培训
			防误闭锁系统使用		
			操作票拟写及执行		
			工作票许可及终结		
			生产管理系统运行模块应用		
			值守操作相关管理手册		
			典型事故处理	实操	
			应急演练	实操	
			查图能力训练	实操	

培训阶段		周期	培训目标	主要内容	培训方式	组织形式
初级运维认证培训	维护检修业务培训	6～10个月	熟悉相关岗位职责、工作任务、工作要领、工作程序和工作方法，具备中级运维岗位能力	设备缺陷消除	跟班培训	新源公司统一组织集中培训
				设备定期工作执行		
				检修、技改现场作业		
				技术监督执行		
				反事故措施、隐患、异动现场执行		
				设备台账编制	实操	
中级运维认证培训	运检管理培训	2个月	结合生产实际，安排学员从事运检实际管理工作，使学员掌握项目策划、作业指导书编制、现场实施等阶段工作标准和要求	运维一体化管理模式	跟班培训	各单位自行组织
				运检管理手册		
				生产管理信息系统		
				班组建设		
				基建移交生产管理		
	机电安装培训	6～9个月	基本掌握设备安装与拆卸、调试流程	设备结构、性能	设备厂家培训、设备出厂验收、设计联络会、跟班培训	各单位自行组织
				各系统机电安装工艺标准及流程		
				设备试验		
				设备分部调试		
				机组整组调试		
	中级运维认证培训	12个月	熟练掌握系统知识，能够独立巡视高压设备，具备担任工作许可人和操作监护人资格，能够协助处理系统异常事件；掌握一定专业技能，具备担任本专业工作负责人资格	事故处理原则及方法	岗位竞赛/演练、师徒结对培训、自学	各单位自行组织
				查图分析能力		
				设备日常巡视、消缺、维护、一般事故处理		
				操作票和工作票的填写、审核		
				黑启动原理及试验能力		
				检修作业管理		
				生产业务外包分级分类安全管理	岗位竞赛/演练、师徒结对培训、自学	各单位自行组织
				常见故障分析与对策		
				设备日常运行分析与对策		
				防汛与水库调度管理		
				常用技术标准和管理制度		

续表

培训阶段	周期	培训目标	主要内容	培训方式	组织形式
高级运维认证培训	高级运维认证培训	24个月	熟练掌握系统知识，在某一专业拥有解决问题的能力，能够处理系统异常事件，具备操作票审批人和本专业工作票签发人资格	岗位竞赛/演练、师徒结对、自学	各单位自行组织
			设备原理		
			设备复杂缺陷分析及处理		
			设备性能试验及数据分析		
			技术监督试验及数据分析		
			规程规范及标准		
			操作票审批		
			工作票及二次安全措施票签发		
			设备安全技术管理（隐患、反措、定值、异动、健康状态分析等）		
			黑启动演练		
			项目管理		

六、班组建设体系

随着新源公司运维一体化管理模式的持续推进，班组如何进一步适应运维一体化模式，集中精力完成生产目标，是摆在班组建设面前的重要任务。运维一体化工作推进过程中，新源公司班组由234个缩减至201个，班组名称、业务、人员构成等都发生了较大变化，班组建设思路也随之做出调整。

为服务大局，抓实抓好班组建设工作，新源公司发布了《国网新源控股有限公司班组建设工作规范（试行）》（以下简称《工作规范》）。

《工作规范》整体思路是以《国家电网公司班组建设管理标准》和《国家电网公司关于深化班组建设、减轻班组负担的指导意见》为指导，结合新源公司实际，突出工作重点，减轻班组负担。统一班组建设考评标准，发挥职能部门的合力作用；明确班组建设工作内容，突出重点任务，量化评价考核，构建目标考核体系；广泛开展群众性竞赛活动，促进职工队伍素质提升；加强班组长队伍建设，最终实现班组管理提升。具体来说，有以下三方面：

（1）加大部门横向协同，统一班组管理要求的下达口径。成立新源公司班组建设管理办公室（由工会、人资部、运维检修部、安质部人员组成），每年年初共同研究制定当年班组建设实施内容，确定重点任务及考评标准。明确责任分工，由工会负责班组技能建设及创新建设，丰富技能和创新建设载体；人资部负责班组长队伍建设，畅通班组长成长成才通道；运维检修部负责班组基础建设，指导班组规范化作业；安质部负责班组安全建设，创建无违章班组。

（2）明确工作内容。班组建设管理侧重于班组基础建设、安全建设、技能建设和创新建设，并适当提高对应项目考评权重。将不属于班组管理的工作从班组剥离。班组思想建设和文化建设由各单位政工部门实施，班组长队伍建设、民主建设由各单位人资部和工会实施，同时避免班组建设管理系统与生产有关系统中数据重复录入的现象。

（3）突出考评重点。将班组建设的成效与可视化成绩直接挂钩，实现过程管理向目标管理的转变。丰富技能和创新建设载体，积极为班组建设搭建平台，提供必要的服务。每年开展针对性的劳动竞赛、技能竞赛和创新成果评选，并将相应成绩作为班组建设的主要考评指标。突出管理重点。强化班组长管理，定期开展班组长管理与技能培训，扩大班组长管理权限，制定符合实际的班组绩效考核细则，形成有效的绩效考核体系，赋予班组长更多的管理手段。

《国网新源控股有限公司班组建设工作规范》，主要内容如表 3-23 和表 3-24 所示：

表 3-23　　　　　　　　　班组建设工作规范主要内容

类别	内容
班组基础建设	班组岗位配置及人员分工
	硬件设施配置
	班组例行会议
	班组安全劳动防护及工器具配置
	班组信息化管理
	班组文明管理
	班组资料管理
班组安全建设	班组安全目标
	班组安全学习

续表

类别	内容
班组安全建设	班组安全教育培训
	班组反违章管理
班组技能建设	"班组大讲堂"活动
	"师带徒"活动
	职业技能培训和竞赛活动
	班组培训资源建设
班组创新建设	创新管理
	合理化建议
	技术攻关与 QC 活动
	职工技术创新
班组民主建设	班组民主管理
	班务公开
班组思想建设	政治理论学习
	职业道德教育
	创先争优活动
班组文化建设	班组文化宣传
	班组团队建设
班组长队伍建设	班长岗位工作规范
	班长培训

表 3-24 班 组 岗 位 及 职 责

序号	岗位	工作职责参考
1	班长	全面负责班组日常管理工作,负责制定班组年度计划、月度和周工作计划,安排当日工作任务和分工;负责主持召开班务会、安全日活动、班前会和班后会;负责对班员的工作进行检查与考评;负责班组民主管理和政治理论学习
2	副班长	协助班长负责班组日常管理工作;对班员的工作进行检查与考评;班长不在期间代替班长职责
3	技术员	负责班组技术和技能管理,会同培训员组织班组大讲堂、师带徒和技能竞赛等活动;负责组织班组技术分析和技术资料管理;负责班组规程规范、标准、技术刊物的配备及更新
4	安全员	负责班组安全管理,负责组织安全日活动和安全学习、安规考试,会同培训员开展安全知识和技能的培训及竞赛;负责组织班组安全工器具、电动工器具及仪器仪表的校验工作
5	培训员	负责班组教育培训管理,组织班组大讲堂、安全技术培训和竞赛活动;负责班组科技创新、专利有关工作
6	宣传员	负责班组文化宣传和团队建设,组织班组通讯报道;负责组织开展工会活动、创争活动

续表

序号	岗位	工作职责参考
7	资料员	负责班组资料管理及过程资料的归档；负责班组信息化系统及设备管理
8	综合员	负责班组综合事务管理，考勤、费用报销、办公用品及硬件设施的管理；负责班组管理的卫生责任区和室外生产区的文明卫生监督管理
9	材料员	负责班组工器具和材料管理，做好工器具台账和领用登记，工器具材料的维护保养；负责班组生产物资需求计划的汇总和上报
10	党风廉政建设监督员	负责维护和监督党的章程、党纪党规及班组各项制度的执行情况，积极协助班组抓好党员干部的党风廉政建设和预防教育工作

备注：兼职人员根据各单位班组人力资源的配置情况确定，可以互相兼任，可以设置A、B角。

※ 资料 3-3

《国网新源控股有限公司班组建设工作规范》（节选）

五、班组技能建设

（一）"班组大讲堂"活动

各单位班组应组织开展"班组大讲堂"活动，每月一次，主要内容包括缺陷故障案例分析、生产技术技能培训、科技创新课题攻关、专用工器具及仪器仪表的使用等。

（二）"师带徒"活动

1. 各单位应组织班组开展"师带徒"活动，由班组中工作时间长、经验丰富、工作能力强的专业人员与工作经验欠缺的新员工签订师带徒合同。

2. 师带徒合同应明确考核的方式与内容，师傅应在日常工作中对徒弟的安全知识、业务知识、操作技能进行指导、监督和帮助。

（三）职业技能培训和竞赛活动

1. 各单位应有计划的组织员工参加公司的职业技能培训、鉴定和各类竞赛活动。

2. 各单位应建立完善员工技能提升激励机制，对在技能培训和竞赛中有突出表现的班组和班员进行奖励。

3. 员工培训和竞赛的成绩应纳入绩效考核，培训结果作为员工年度绩效考核的依据之一。

（四）班组培训资源建设

1. 各单位应按照国家电网公司岗位技能培训规范的要求为班组配备所涉及岗位的技

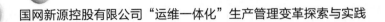

能培训教材。

2. 各单位应针对班组工作特点为班组配备常用的图书、技术刊物和规程等资料。

3. 各单位可针对班组工作特点为班组配备技能实训室和实训设备。配备实训设备的班组应定期开展实训，提高班组人员的技能水平。

4. 班组内外部培训课件等电子资料应整理共享。

六、班组创新建设

（一）创新管理

1. 各单位应组织开展班组"创争"（创建学习型组织、争做知识型员工）活动，着力提高班员的学习能力、创新能力和竞争能力，增强班组的凝聚力、创造力、执行力，提高班组工作效率，提升班组自主管理水平。

2. 各单位应结合实际情况适时创建劳模（职工）创新工作室，推选具有创新精神的员工担任工作室负责人，引领班员开展创新工作。

3. 各单位应建立完善创新奖励机制，对在创新工作中有突出表现的班组和班员进行奖励。

（二）合理化建议

各单位班组应组织班员围绕企业改革发展、安全生产、经营管理、优质服务、降本增效等方面开展建言献策，提报合理化建议。

（三）技术攻关与 QC 活动

1. 各单位班组应成立骨干人员为组长的技术攻关小组和 QC 小组，把消除设备设施缺陷隐患、解决安全生产薄弱环节以及提高工作效率、生产经营效益作为活动重点。

2. 各单位班组应将技术攻关与 QC 活动有机结合，做好 QC 成果的总结、上报以及发布等工作。

（四）职工技术创新

1. 各单位班组应积极组织开展"五小"（小发明、小革新、小改造、小设计、小建议）活动。

2. 各单位班组应把"五小"活动成果、职工技术创新成果和专利申报相结合，开展申报活动。

3. 各单位应把班组取得的职工技术创新成果、获得的授权专利进行集中展示，以进一步激发班组创新热情。

七、验收检查体系

运维一体化验收检查体系包括实施前检查和实施后验收评估。

（一）实施前检查

新源公司运维一体化工作办公室对生产单位实施前进行检查，检查总分100分，分为两部分：一是按照《运维一体化实施条件评价表》进行打分，满分80分；二是参与运维轮换人员《运维一体化运检管理操作手册》应知应会内容现场抽考，满分20分。实得分80分及以上为"合格"，80分以下为"不合格"。检查结果为"合格"的单位，准予开始实施运维一体化模式（见表3-25）。

表3-25　　　　　　　　　运维一体化实施条件评价表

序号	评价项目	评价内容	评分标准	标准分	实得分
1	机构、岗位设置	按照《运维一体化抽蓄生产单位机构设置、岗位设置和人员编制指导意见》要求，完成运维检修部重组方案编制，其部门职能、定员人数符合要求；完成运检岗位设置，岗位职责、任职条件符合要求。 各岗位运检人员具备任职条件	1. 无运维检修部重组方案的，该项不得分	20	
			2. 运检部职能按照新源人〔2014〕128号文要求全面覆盖生产技术管理、设备运维等业务，不满足的，扣2分		
			3. 运检部人数符合现场值守倒班、运维轮换的要求，不符合的扣2分		
			4. 运检部岗位设置符合新源人〔2014〕128号文要求，不符合的，扣2分		
			5. 运检部人员岗位的职责符合新源人〔2014〕128号文要求，不符合的，扣2分		
			6. 运检部人员岗位任职条件符合新源运检〔2014〕112号文《运维岗位培训规范》附表4要求，不符合的，扣2分		
			7. 运检部班组设置符合新源运检〔2014〕112号文《运维一体化业务规范》班组设置、运维检修部业务结构图的要求，不符合的，扣2分		
			8. 运检部安全生产职责和员工安全生产责任书重新修订，职责不清晰、不满足运维岗位变化要求，扣3分		
			9. 运检部班组人员办公地点应集中，办公地点应接近中控室，不满足的扣2分		
2	业务梳理、优化		1. 无运维业务清单的，该项不得分	25	
			2. 运维业务清单中值守、操作、运维、ON-CALL、水工业务符合新源运检〔2014〕112号文《运维一体化业务规范》业务范围的要求，不满足的，扣2分		

续表

序号	评价项目	评价内容	评分标准	标准分	实得分
2	业务梳理、优化	参照《运维一体化业务规范》，梳理原运行、维护和技术管理业务，编制运维业务清单；规定值守、操作、运维、ON－CALL 之间的业务关系和业务分工，设备主人分工，运维人员倒班方式，运维人员业务轮换要求	3. 编制设备主人清单，设备主人明确，设备分工按照设备系统划分，设备主人资质符合新源运检〔2014〕112 号文《运维岗位培训规范》附表 4 的任职条件，未编制或不符合的，扣 2 分	25	
			4. 编制运维业务轮转方案，值守、操作、运维之间的至少每季度轮换一次，每次轮换人员比例不低于 30%，不符合的扣 2 分		
			5. 编制《安全工器具操作手册》（包含接地线），安全工器具的借用、保管、定期校验职责清晰，不满足要求的扣 2 分		
			6. 编制《运维钥匙操作手册》，一二三类钥匙划分符合《运维钥匙管理标准》的要求，钥匙借用、保管、维护职责清晰，不满足要求的扣 2 分		
			7. 编制日常巡检、定期工作管理规定，日常巡检、定期工作分工明确、频次合理，不满足要求的扣 2 分		
			8. 按照《国网新源控股有限公司关于印发机组机械保护自动化元件（装置）动作逻辑指导意见的通知》（新源运检〔2014〕263 号）和《新源控股有限公司系统电站主设备保护配置投运与整定原则》（新源生〔2011〕387 号）的要求机组振摆保护、机组过速保护、水淹厂房、消防等等重要保护应正常投入运行，不符合的扣 3 分		
		按照《两票管理补充说明》要求，规定可不使用工作票业务范围及要求，电话许可工作票业务范围及要求，运维岗位所具备的"两票"业务权限	1. 编制本单位《不使用工作票业务清单》、不使用工作票的业务流程，未编制的扣 3 分	15	
			2. 编制本单位《可电话许可工作票业务清单》、电话许可工作票业务工作流程，未编制的扣 3 分		
			3. 编制本单位《使用工作任务单的工作内容》，未编制的扣 2 分		
			4. 重新梳理操作票三种人、工作票三种人、单独巡视高压设备人员、值守人员、值守长、单人操作、检修操作人员名单，未梳理的扣 3 分		
			5. 明确本单位从事运维业务的人员可进行操作的设备、项目及流程，不明确的扣 3 分		
			6. 明确本单位可单人操作的设备、项目及流程，未明确的扣 3 分		
3	人员培训	按照《运维岗位培训规范》要求，制定《运维岗位培训方案》，规定各岗位培训主要内容、要求及岗位考评流程；制定运维人员培训计划，开展运维人员培训工作	1. 编制并发布运维岗位培训方案，未编制并发布的扣 3 分	10	
			2. 未按上报的实施方案开展运维人员培训工作，扣 2 分		
			3. 运检岗位资质考评流程清晰，符合新源运检〔2014〕112 号文《运维岗位培训规范》，不符合的，扣 2 分		
			4. 完成初、中、高级、首席运维专责阶段性资质认证，未完成阶段性认证的扣 2 分		

序号	评价项目	评价内容	评分标准	标准分	实得分
4	薪酬与绩效管理机制	已建立运维人员绩效薪酬管理机制，包括建立运维人员岗位晋升机制，加强运维人员绩效考评工作，实现薪酬分配向高端人才、关键岗位、绩效优秀的一线员工倾斜，实现对运维人员的全方位激励，引导员工在生产一线扎实工作	1. 未建立运维人员薪酬绩效管理机制，该项不得分 2. 未按运维人员薪酬绩效管理机制执行，扣 5～10 分	10	

表 3-26　　　　运维一体化实施前检查材料表

序号	类别	材料名称	附件名称	要求
0	安全管控	安全风险预警控制措施落实情况		1. 对照新源安质部的安全风险预警通知单（编号：第 2014-001 号）要求，逐条制定管控措施，并明确责任人，确保管控措施均已得到落实。 2. 辨识本单位运维一体化实施过程可能存在的其他安全风险，并采取有针对性的控制措施
1	机构岗位设置	运维检修部人员信息表	人员信息汇总简表	运检部人员的原有信息、重组后信息的汇总表
		运维检修部重组方案	运维检修部组织机构图	完成生产部门重组方案编制，明确运维检修部门职能、定员人数、岗位设置、岗位职责及任职条件等内容
			运维检修部业务结构图	
		岗位职责	岗位职责一览表	
		岗位细则	运维检修部主任岗位工作细则	
			运维检修部副主任岗位工作细则	
			各专工岗位工作细则	
			机电班班长岗位工作细则	
			水工班班长岗位工作细则	
			首席运维专责工作细则	
			高级运维专责工作细则	
			中级运维专责工作细则	
			初级运维专责工作细则	
			水工专责工作细则	
		安全生产责任书	公司与运检部安全生产责任书	根据岗位细则修编本单位安全职责规范、各岗位的安全生产责任书
			公司与计划物资部安全生产责任书	
			运检部主任与副主任安全生产责任书	
			运检部与专工安全生产责任书	
			运检部与机电一班安全生产责任书	

续表

序号	类别	材料名称	附件名称	要求
1	机构岗位设置	安全生产责任书	运检部与机电二班安全生产责任书	根据岗位细则修编本单位安全职责规范、各岗位的安全生产责任书
			班长与机电一班员工安全生产责任书	
			班长与机电二班员工安全生产责任书	
		人员资质认证	初、中、高、首席运维专责的资格认证	完成阶段性的人员资格认证
2	运维业务	运维值班	交接班管理	运维交接班管理执行手册
			事故处理管理	包含运维值班事故处理管理规定、事故处理汇报流程
			值班表	包含值守值班表、操作、ON-CALL值班表
		岗位轮换细则	岗位轮换细则	需制定运维各业务间轮换表
		两票管理	《两票管理实施细则》	明确可不使用工作票业务范围及要求、电话许可工作票业务范围及要求,运维岗位对应的两票业务权限
			"三种人"及相关值守等名单	操作票三种人、工作票三种人、单独巡视高压设备人员、值守人员、值守长、单人操作、检修操作人员名单
		钥匙管理	运维钥匙操作手册	一二三类钥匙划分符合运维操作手册中《运维钥匙管理标准》的要求,钥匙借用、保管、维护职责清晰
			运维钥匙台账	需制定本单位的一二三类钥匙清单
		定期工作管理	定期工作实施细则	
		安全工器具管理	安全工器具操作手册	安全工器具的借用、保管、定期校验职责清晰
			安全工器具清单	
		巡检管理	巡回检查管理细则	日常巡检工作分工明确,频次合理
		设备主人	设备、设施主人分工	按照设备主任分工指导意见进行设备划分
		运维业务清单	运维一体化业务分工及风险预控表	梳理原运行、维护和技术管理业务,梳理运维业务清单;规定值守、操作、运维、ON-CALL之间的业务关系和业务分工
3	人员培训	运维岗位培训方案	/	明确各岗位培训主要内容、要求及岗位考评流程;编制运维人员培训计划,需编制至验收前
		运检人员培训计划	/	
4	绩效考核	运检部绩效考核管理细则	/	1. 按照薪酬分配向高端人才、关键岗位、一线员工倾斜的原则。2. 建立绩效薪酬管理机制,包括运维人员岗位晋升机制

序号	类别	材料名称	附件名称	要 求
5	×××公司运维一体化实施方案	将上述文件汇总成一份本单位的实施细则	/	明确本单位运维一体化实施组织机构、实施进度、部门及岗位调整、运维业务梳理、运维人员培训、薪酬激励等内容

（二）实施后验收评估

1. 必备条件

在验收前 1 年内未发生人员或管理责任导致的安全质量事件。

2. 验收指标

运维一体化验收指标分关键指标和其他指标两类，验收指标采用量化评价。

关键指标，即基本指标，主要包括运维人才复合率、业务轮换参与度、设备主人到位率。

其他指标，用以指导各单位运维一体化工作开展。主要包括安全基础管理、激励机制、运检基础管理、人员教育培训、班组建设等。

3. 关键指标说明

（1）运维人才复合率。

机电运维班中具备多项资质、技能的运维人员应达到的比例，主要检查：

1）中级及以上运维专责的比例；

2）同时取得调度业务联系资格证、工作许可人、工作负责人的比例。

（2）业务轮换参与度。

运维人员应参与值守、操作、ON-CALL、运维等业务轮换，主要检查：

1）一年内从事运维负责人角色的人员数量及抽考合格率；

2）运维人员从事值守、操作、运维、ON-CALL 业务的时长。

（3）设备主人到位率。

设备主人应按照大系统进行划分，同时实际工作中设备主人要切实履职尽责，主要检查：

1）设备主人划分的均衡度和分散度；

2）设备主人在分管设备的缺陷管理、隐患管理、定期工作、项目管理、检修管理、设备巡检等工作的参与度等。

新源公司运维一体化工作办公室对满足必备条件的运维一体化试运行单位进行评估验收，满分 100 分，分为两部分：一是关键指标，满分 40 分，每个指标取得基本分后，可向公司提出验收申请；二是其他指标，满分 60 分。公司运维一体化办公室根据申请对试运行单位进行评估验收，实得分 80 分及以上为"合格"，准予正式实施运维一体化模式（见表 3-27）。

表 3-27　　　　　　　　　运维一体化验收评价表

序号	检查项目	检查内容	评分标准	满分
一、关键指标（40分）				
1	运维复合型人才率	运维检修部各级运维专责数量、人员素质满足要求（查资质认定文件，资质取得满 3 个月方可计入统计范围）	1. 机电运维班中级及以上运维专责人员达到班组人数（见习岗除外）的 60%以上，且同时具备值守、操作、工作负责人三种资质的人员达到中级及以上运维专责人员的 60%以上，满足要求的得 6 分	10
			2. 两个数值每同时提高 10%加 2 分	
2	人员业务轮换参与度	具备轮换资质的运维人员应轮流参与值守、操作、ON-CALL、运维等业务轮换（查人员资质、排班表、值班记录及两票执行记录，以装机 4 台电站为例）	1. 具备运维负责人资质的人数≥4 人，满足要求的得 4 分	15
			2. 初级、中级运维专责从事值守+操作的时间应≥3 个月，满足要求的得 4 分	
			3. 运维人员一年内累计从事值守、操作业务的时间应≤9 个月，满足要求的得 4 分	
			4. 具备值守、操作、工作负责人资质的中级运维专责从事三项业务的业务均衡度趋于平均值，符合的加 1～3 分	
3	设备主人到位率	加强设备主人管理，明确设备系统划分原则、设备主人职责及管理要求，进行设备主人过程监督要求（查设备主人管理要求、设备分工文件及设备主人履职情况）	1. 设备分工按照设备系统划分，设备主人 AB 角设置合理，所有运维人员至少承担 1 个设备系统 A（或 B）角，且一个人至多只承担 2 个主设备系统 A 角，满足要求的得 4 分	15
			2. 电站主设备的设备主人在担当 A 角设备的缺陷管理（危及严重缺陷分析报告）、隐患管理、定期工作（含反措、技术监督、年度计划编制及执行）、项目管理（项目策划、作业指导书编制）、检修管理（质量验收单、三级验收单）、健康状态分析、专业讲堂等工作的参与度达到 60%（或本单位排名第一位），满足要求的得 5 分，每提高 10%加 2 分	
二、其他指标（60分）				
1	安全基础管理	落实各项风险管控措施，日常安全监督、安全例行活动、安全教育培训、应急体系建设等工作，有效开展（查两票管理、安全管理和应急管理台账）	1. 针对风险预警单（编号：第 2014/2015-001 号）所制定的各项安全风险管控措施均按要求执行。不满足要求，每项扣 1～3 分	15
			2. 安全生产责任书签订率 100%，职责清晰，各级人员应清楚了解所从事岗位安全职责。不满足要求，每项扣 1～3 分	
			3. 有效开展操作票和工作票分析、评价和考核，运维检修部、安质部应按照制度要求对两票进行检查、抽查、统计分析和考核。不符合要求每处扣 1～3 分	

续表

序号	检查项目	检查内容	评分标准	满分
1	安全基础管理	落实各项风险管控措施,日常安全监督、安全例行活动、安全教育培训、应急体系建设等工作,有效开展(查两票管理、安全管理和应急管理台账)	4. 制定安全教育培训计划,建立培训档案;组织开展年度安全规程考试;定期对在岗生产人员开展针对性现场考问、技术问答和事故预想等现场培训。不满足要求每处扣1~3分	15
			5. 月度安全分析会、安全网会议按要求组织召开,行政正职每月主持月度安全分析会;班组定期开展安全日活动,活动内容联系实际,部门领导每月至少参加1次;到岗到位符合管理要求;班前班后会,对作业安全风险进行分析。不满足要求每处扣1~3分	
			6. 按照运维一体化组织架构,修订完善应急预案和处置方案,并组织开展应急演练。不满足要求每处扣1~3分	
2	运检基础管理	按照公司运维一体化业务规范,对运维业务进行梳理整合,编制运维业务清单,明确值守、操作、运维、ON-CALL之间的业务关系和业务分工(查运维业务规范、日常工作记录)《安全工器具操作手册》《运维钥匙操作手册》编制及执行规范(查管理台账、保管现场及借用记录)	1. 运检业务按运维一体化模式进行优化整合,值守、ON-CALL、操作、运维业务清晰,人员职责明确。不满足要求每处扣1分	12
			2. 安全工器具、运维钥匙等设专人管理,台账齐全、定期检查和校验记录齐全,日常保管及借用符合运维一体化业务规范要求,不满足要求每处扣1分	
			3. 其他不满足公司运检管理要求,每处扣0.5~1分	
3	激励机制	根据公司人资管理有关要求,建立运维人员激励机制和动态评估机制(查薪酬激励方案、评估考核及绩效兑现记录)	1. 薪酬津贴方案实现向运维一线岗位倾斜,实行运维人员动态岗位津贴(包括值守、ON-CALL岗位津贴)。未制定符合要求的方案或未执行视情况扣1~3分	12
			2. 建立运维人员岗位晋升机制,按照岗位晋升评聘流程开展评聘工作。未建立岗位晋升机制或未执行视情况扣1~3分	
			3. 建立运维人员绩效考评机制,从运维人员具备的业务资质、从事的工作业务、实际的工作质量等方面进行全面评估。未建立绩效考评机制或未执行视情况扣1~3分	
			4. 其他不符合相关要求,扣1~3分	
4	人员教育培训	编制运维岗位培训方案,规定各岗位培训主要内容、要求及岗位考评流程,并按照培训计划开展运维人员培训和考试工作(查培训方案及培训记录)运检相关人员应熟悉运维一体化相关标准,熟悉电力生产安全工作规程及其他必要的制度(现场考试)	1. 制定运维人员培训计划,并按计划开展技能、业务培训工作,培训记录齐全。未制定运维人员培训计划扣3分,未按计划开展培训或培训记录不全每次扣1分	10
			2. 运维检修部主任、专工、班长等管理人员现场考试平均分不低于80分,不满足要求扣4分	
			3. 机申运维班所有首席、高级运维专责及50%的中级运维专责现场抽考,首席、高级运维专责得分不低于80分,中级运维专责得分不低于60分,不满足要求每人次扣1分	
			4. 其他不满足公司培训有关要求,每处扣0.5~1分	
5	班组基础建设	机电运维班办公场地符合要求,并按照要求开展班组建设各项工作(查班组办公场所及班组建设资料)	1. 机电运维班人员办公地点应相对集中,每人配置固定的工位及办公设备,办公地点应尽可能与中控室在一幢建筑内,不满足要求扣2分	11
			2. 按照班组建设要求开展安全建设、技能建设、创新建设、民主建设、思想建设及文化建设等各项工作,不满足要求每处扣0.5~1分	

第四章

百家争鸣的实践探索

第一节 运维一体化模式下的机制创新

一、运维一体化模式下选人用人机制探索与实践（琅琊山）

（一）琅琊山公司运维一体化模式简介

华东琅琊山抽水蓄能有限责任公司 4 台机组于 2007 年 9 月全部投产，机组单机容量 15 万 kW，总容量 60 万 kW。琅琊山公司在电站建设期间（2002 年 12 月 2 日～2007 年 9 月 27 日）实行"小业主、大监理"的管理模式，人员一直控制的比较少。电站投入商业运行后，在调研了传统水电管理模式的基础上，与时俱进，大胆创新，立足于设备现代化水平高和人员理论知识全面的特点，探索和实践了适合抽水蓄能电站规范管理和快速发展的运维一体化管理模式。

2013 年琅琊山公司成为新源公司运维一体化第一批四个试点单位之一，2014 年顺利通过实施前检查进入运维一体化试运行阶段，2015 年 9 月，琅琊山公司通过了运维一体化评估验收，正式进入运维一体化运行模式。

琅琊山公司设置一个机电运维班，班组成员合计 25 人，含班长 1 人、首席运维专责 2 人、高级运维专责 5 人（其中 2 人长期借调）、中级运维专责 6 人、初级运维专责及见习人员 11 人（含 2014 年后进站 5 人）。

业务轮换方式为：每个月从运维人员中抽出 8 人（其中 6 人中级以上）承担值守、操作业务，其他人员承担运维业务，另从运维业务人员中抽出 3 人承担夜间及节假日 ON-CALL 业务。

值守操作轮换方式为：6 个中级以上运维专责承担值守和操作监护，采用六班两倒的方式，在倒班的休息时间承担一天操作监护，值守人员兼做运维负责人。2个初级运维专责承担操作，采用工作一天休息一天的方式。

人是企业发展的第一要素，运维一体化对人才的综合素质要求更高，如何消除运行人员和行政人员的职业倦怠，拓宽人才发展通道，实现人才梯队建设，把合适的人用到合适的岗位上去，构建稳定的人力资源构架，是运维一体化顺利实施最关键的环节。

为了适应抽水蓄能快速发展的需求，新源公司提出了"三步走"发展战略。根据战略进程，抽水蓄能发展过程中的人员缺口很大，只有构建高效的管理体制机制，缩短人才成长周期，才能使抽水蓄能的实际发展与"三步走"发展战略相适应，与国家电网公司的发展目标进度保持同步。在这种背景下，琅琊山公司创新的运维一体化管理模式以及在此模式下"公平、公正、公开、择优"的选人用人机制，与快速发展的抽水蓄能需求水到渠成地实现了有效契合。该模式全面摒弃人选人，致力于制度选人，为员工搭建阳光的竞争晋升平台，在琅琊山公司上下营造了"想干事的人有机会，能干事的人有平台，干好事的人有位置"的良好氛围，得到了广大员工的一致认可和积极参与。

（二）构建常态化人才选拔机制，为员工成才提供舞台

琅琊山公司以国家电网公司"一强三优"发展战略和新源公司"三步走"发展战略为指引，立足抽水蓄能发展特点和实际，积极转变选人用人体制机制，摒弃"论资排辈"式的选人用人做法，推行靠制度选人用人的体制。这种体制面向公司所有员工，通过"公平、公正、公开、择优"的竞争平台，选拔任用符合岗位需求的人才，让业绩来证明人，让价值观来凝聚人，让事业来激励人，充分调动员工的积极性、主动性和创造性，促进员工努力提升工作实绩和能力水平，实现个人成就与企业发展同步推进。

（1）构建竞争激励机制。制定了《员工岗位晋升细则》，明确运行、维护和管理三条员工职业晋升通道，细化每个级别晋升条件和应具备的能力。拓展员工职业发展通道，琅琊山公司设立首席工程师和专业技术带头人的岗位，分别享受部门副职和正职待遇，引导员工技术成才。建立以责任、业绩和能力为导向的岗位绩效工资制度。生产一线人员同时考上两个平级岗位资格者，琅琊山公司聘用后岗级向上调整一级；非生产一线员工，一员多岗者，根据其工作强度和技术含量情况酌情向上调整薪级。

（2）全员参加岗位竞聘。所有员工的岗位晋升都必须通过岗位竞聘。对于多人竞聘一个岗位的，必须各单项成绩及格，依据竞聘最终成绩，择优录用；对于一人竞聘一个岗位的，则要求测评、笔试和面试各项得分不低于 80 分。

（3）注重细节，确保岗位竞聘公开、公平、公正。首先，每次岗位竞聘公司均成立领导小组和工作小组，琅琊山公司党委会议研究工作方案，经职工代表联席会议审议后在公司 OA 上予以公布，依据竞聘成绩研究聘任人选，并进行公示。其次，每次岗位竞聘均进行测评、笔试和面试（生产岗位还增加现场操作考试）等环节，测评和面试由公司领导、部门负责人和员工进行评分，按照 3:4:3 的比例统计成绩。第三，每次岗位竞聘笔试和面试试题均有 2 套试卷，经领导小组审定后封装，由应试人员现场抽取。第四，阅卷、校核和统计均由工作组组长和纪检人员全过程监督。第五，对岗位竞聘全过程进行录像。

（三）人才选拔机制具体措施

1. 明确岗位晋升的原则和范围

（1）坚持公平、公正、公开、择优的原则。

（2）坚持双向选择、优胜劣汰的原则。

（3）坚持有利于企业发展、保持职工队伍稳定的原则。

（4）坚持有利于企业人力资源优化配置的原则。

2. 划定岗位晋升的范围和周期

（1）在定员范围内，因各种原因出现人员空缺的岗位。

（2）经公司研究批准新增的工作岗位。

（3）机构调整或现有人员超出定员，必须进行人员调整的岗位。

（4）公司岗位晋升周期（见表 4-1）。

表 4-1　　　　　　　　　公 司 岗 位 晋 升 周 期

原岗位	晋升岗位	晋升周期（年）
见习	初级运维专责	1
初级运维专责	中级运维专责	1
中级运维专责	高级运维专责	2
高级运维专责	首席运维专责	2

（5）转岗。个人申请转岗，需具备高级运维专责及以上岗位。

3. 确定岗位竞聘的基本形式

（1）日常考核与竞聘考试相结合的方式。日常考核包括培训考试、月度考核结果（含争先进位），竞聘考试包括业务考试、民主评议、竞聘答辩。

（2）具体到每次竞争上岗的操作，在综合考虑竞争岗位的工作性质、竞争范围等因素的基础上，由相关部门提出具体的岗位竞聘方案，经公司批准后公布。

4. 设定人员岗位竞聘的基本条件

（1）自觉遵守国家法律、法规和企业的各项规章制度，无违法违纪现象。

（2）工作积极，听从指挥，认真履行岗位职责，按时完成各项工作任务。

（3）未受到行政或党纪处分的。

（4）未在安全事故中负主要责任的。

（5）在规定的时间内，参加本岗位培训，取得岗位证书。

（6）原岗位期间年度绩效考核结果 B 级及以上。参加主管/首席运维专责及以上岗位竞聘，原岗位期间年度绩效考核结果至少有一年为 A 级。

5. 制定完善的岗位晋升程序

（1）办公室发布岗位竞聘公告，公布岗位名称、职数、岗级、除基本上岗条件外其他应具备的条件、报名时间和地点、业务考试题库、竞聘方案等。职工本人进行个人申报，填写岗位竞聘报名表。

（2）岗位晋升资格审核确认。

1）各部门提供参加岗位晋升人员日常考试成绩台账，办公室汇总、计算日常考试成绩。

2）办公室汇总并计算参加岗位晋升人员月度考核结果。

3）办公室综合日常考试成绩、月度考核结果，汇总得出日常考核结果。符合对应岗位晋升条件者，参加后续岗位晋升考试。

（3）业务考试操作程序。

1）考试试题由办公室或相关部门指定专人封闭式命题，印制的试卷由专人保管。办公室组织申报人员考试。

2）考试结束后，由监考人员将试卷密封后交回办公室，办公室组织人员阅卷评分。阅卷完毕，由办公室人员统计分数。阅完的试卷统一封装保存、备查。

（4）面试、测评操作程序。

1）组织测评。评议内容主要包括：工作业绩、工作能力、工作态度、技术业务水平、思想政治表现、群众口碑等方面。

2）参与组织测评的人员由办公室组织，一般为公司领导、中层干部及相关管理人员，人员一般不少于 7 人。

3）参与民主评议的人员由办公室组织，一般为所在部门人员及相关部门人员参加，人员不少于 7 人。

4）民主评议成绩由办公室人员统计。评分表由办公室封存、备查。

（5）面试操作程序。

1）面试评委由办公室报经领导小组同意后确定。

2）参加面试人员在面试前抽签确定先后顺序，分竞职演讲和现场答问两个环节。竞职演讲内容主要包括本人的基本情况和主要简历、对所竞争岗位的认识和岗位职责、上岗后的工作思路等；现场答问分必答题和选答题，选答题由面试人员随机抽取题目进行回答；评委根据演讲和答问情况进行评分。

3）参与竞争上岗的人员在面试时，其他参与人员在指定地点做答辩准备。

（6）日常考核结果计算。

日常考核结果根据上一轮岗位晋升后日常考试成绩（40%）、月度考核结果（60%）两部分组成。日常考试成绩 = Σ 每次考试成绩/Σ 每次考试总成绩 × 100；月度考核结果 = Σ（每月考核得分 + 争先进位加分）/月度数。

（7）办公室根据综合成绩结果拟定上岗人员，报领导小组审批后发布上岗公示文件，完成 ERP 人事操作，及时更新薪资信息。员工岗位晋升时，按新源公司岗位绩效管理相关制度调整薪级。

6. 岗位晋升的其他要求

（1）在竞争上岗过程中产生的空岗，择机进行下一轮竞争程序。

（2）各部门做好员工日常考试成绩台账管理。

（3）日常考核结果低于 80 分者，取消参加岗位竞聘资格。

（4）业务考试、民主评议、面试各单项成绩必须及格，有一项不及格者不予上岗。

（5）需增加（减少）其他考试、考核或加分项目时，应在考试通知中予以说明。

（6）允许员工跨专业、跨部门参加岗位竞争。

（7）对公司形象和声誉造成不良影响，将不予参加高岗位的竞争。

（四）实施效果

琅琊山公司实行"公平、公正、公开、择优"的竞争上岗原则，员工晋升必须经过民主测评、笔试、面试等环节，并按比例计算综合成绩后择优选用。同时，配套完善了薪酬激励机制，有效发挥工作绩效和能力素质对收入分配的决定作用，充分调动了运维人员积极性。采取以日常考核、考试与竞聘考试相结合的方式，在阳光环境下完成岗位晋升，充分发挥薪酬分配体系的正向激励和导向作用。在内部分配机制上，积极向生产一线人员倾斜，引导员工向复合型人才、专家型人才方向发展。运维一体化人员相比同级管理岗位人员，在岗级和薪级上均向上调整一档，在奖金系数设定上也高于同级管理人员。为了拓展员工职业发展通道，公司设立首席工程师和专业技术带头岗位，经济上分别享受部门副职和正职待遇，不占中层干部指标。这些措施让知识和技能在琅琊山公司充分闪光，有效打通了专业技术类人才的成长、上升通道，体现了"让想干事的人有机会，能干事的人有平台，干成事的人有位置"的晋升理念，也催生了员工成长为复合型人员的内在动力。竞聘活动极大地激发了员工的工作和学习热情，对形成一个讲学习、比进步、奋进向上的良好氛围起到了积极的促进作用。经过不懈的探索、实践和完善，琅琊山公司用制度选拔人才的模式已基本固化下来，并得到了广大员工的全面认可和积极参与。"公平、公正、公开、择优"的选人用人机制建设，为运维一体化管理模式的推广应用提供了有力支撑，为琅琊山公司健康稳定发展提供了可靠的人力资源保障，为实现"美丽电站，幸福琅蓄"做出了积极的贡献。

二、"运维三班"解烦忧（天荒坪）

（一）天荒坪公司运维一体化模式简介

华东天荒坪抽水蓄能有限责任公司（以下简称天荒坪公司）6 台机组历经 8 年建设于 2000 年 12 月底全部竣工投产，机组单机容量 30 万 kW，总容量 180 万 kW。

天荒坪公司作为第一批推广单位于 2014 年 11 月起开展运维一体化推广工作，同步撤销原生技部、运行分场、维护分场，成立运维检修部和计划物资部。截至 2016 年，天荒坪公司运维检修部在册员工 70 人，分为部门管理人员、机电运维一班、机电运维二班和水工综合班。机电班运维人员共 52 人，正、副班长共 5 名、高级运维专责 14 名、中级运维专责 16 名、初级运维专责 17 名，具备调度联系资质的 43 名，具备工作票许可资质的 42 名，具备操作票监护资质的 34 名，具备操作资质的 44 名。水工班 9 人。

（二）运维一体化实施过程中面临的问题

运维一体化工作的推进，使员工工作能力得到拓展，工作效率得到提升，但在试点初期由于不同单位人员结构差异、对一体化理解差异、人员轮转策略差异，各单位遇到一些难题。

（1）现场作业过程安全监督易缺位。运维人员存在多重角色，比如既是运维负责人也是设备主人，既能许可工作票，又有着所管辖设备尽快消缺负责人的意识和需求，在轮转过程中角色切换过快会导致运维人员岗位职责不清晰，从而引发安全事故。

（2）设备管理基础工作易被忽视。由于人员快速轮转导致工作连续性不强，使得设备基础台账的整理，设备巡视及数据分析工作，设备异动中的图纸更改和验收归档等基础工作难以做细做实。

（3）对运行人员能力定位的认知下降。在运维一体化过程中出现运行业务是"护士"等弱化运行的舆论论调，一定程度上影响了运行业务的严肃性和紧迫性。实际上培养一名合格的运行人员需要耗费大量的精力，而运行人员在安全生产序列中的作用也是不可替代的。

（4）设备管控力度的下降。运维人员频繁轮换导致设备主人的缺失在推行前期较为严重。设备管理 A 角轮换进运行业务后，往往由于设备管理 B 角能力问题导致设备管理出现偏差，尤其是设备技改项目实施过程会受到较大影响，轻则导致设备管理断档，重则导致隐患治理和反措执行缺位进而引发设备事故。

（5）班组文化氛围淡化。由于班组人员轮换于运行岗位和维护岗位之间，工作时间和地点都存在差异，交流机会减少。在其最需要班组文化熏陶阶段却和所属运维班组距离较远，班组凝聚力有所下降。

（6）生产人员职业上升通道受到一定程度的堵塞。基层生产业务三个部门合一后，管理层职位和生产骨干岗位大幅缩减，堵塞了生产业务人员的职业上升通道，同时由于运维轮班倒换率过于频繁，在现阶段造成运维人员业务培训效果较差，出现"半瓶酱油半瓶醋"状态的所谓运维综合性人才。

上述问题存在的主要因素，是抽水蓄能电站设备自动化水平逐渐提升导致运行人员能力需求和工作定位产生了实质性变化，而这些变化没有被充分认识并加以满足。至于部分单位出现的技术监督效能下降、上升通道堵塞、班组负担增加、设备管理出现盲区等其他现象其实与运维一体化本身无关。

（三）问题对策及解决方案

1. 问题对策

（1）进一步认识电站生产各专业人员的基本素质要求、专业特征和培养环境的差异性。一是尊重运行专业对系统全面掌控力和第一现场事故处置力培养的时间客观要求，运行人员绝对不是一个"护士"那么简单；二是看到机电专业打通的前提是在新进员工本科院校专业互通的基础上，需要实战经验积累；三是尊重设备维护专业技能类人员成材诉求，尊重员工思维方式差异性和点面工作的差异性；四是看到进入稳定运行阶段电站人才培养的周期放缓特点。因此在运维人才的培养上，天荒坪公司应避免进入机械模块化培养模式，第一要提供差异化的人才提升通道，在培养时求同存异，因材施教，在实际操作中，运维人员轮换周期不可过短，根据人才的自身特征可适当采取较长周期的人员培养模式；第二采用多途径的运维人员培养模式，有经验的运行人员不仅仅局限在设备维护技能培训，也可以提前到基建单位以参加机电安装形式深化设备管理培训。

（2）进一步明确生产一线职责分工，优化调整机电运维班组建制。通过机电运维班组的优化调整和建设，让新进员工在有管理、有传承的环境中尽快打通全厂系统间的壁垒，加强系统培训、设备巡视和分析基础工作。把"打基础，阔眼界，通系统，守规矩，肯吃苦"作为电力生产人员培养的基本方针；明确运行业务和检修维护业务的同时，合理安排人员，降低设备重要管理人员的运维轮换率，确保设备管理的延续性。

（3）进一步梳理生产业务管理职能分工。运维检修部工作定位和重心偏向于生产一线执行部门，其设备技术管理和项目管理中的职能建议适当的分出去，一是将代表公司级的技术监督和质量验收职能划归安全监督质量部，形成技术质量管理三级体系。二是在运维检修部内设置项目专工、合同及资金支付管理岗位，将项目管理的中前期阶段设置为专人负责、设备主人配合方式，将合同支付环节设置专人负责，避免由于专业性不足导致的财务合规性风险产生，减少项目负责人在项目管控过程中的参与节点，降低项目负责人工作强度。三是应清楚认识到项目管理是设备管理的高级阶段，对项目负责人全面性、专业性、协调能力和工作连贯性是有一定要求的，因此班组不可将项目负责人全面铺开，应设置一定人数偏向于项目全过程管理，其他设备主人可做项目管理实施阶段负责人。

（4）创造宽松环境，提升基层单位生产业务自我管理信心。缩减上级运检管理的职能，多一些关怀指导，重视设备管理中现场管理经验的发挥，梳理设备管理要素的必要组成，剔除冗余环节，同时建议尽快实施技术中心管理区域化，让专业技术管理的力量和服务质量得到切实地提高。

（5）重视技术创新是管理提升的基础。所有管理创新务必遵从"安全第一、效能释放"的原则，将提升生产效率，降低基层单位生产一线负担，获得综合效益作为管理创新的落脚点，充分开发和运用技术创新成果是管理创新的重要手段。

（6）尊重客观事实，保持好优良传统，创新发展。在当前构建"全球能源互联网"的

愿景下，作为一个电网基层生产单位，天荒坪公司要充分尊重事物发展的客观规律，保持好优良传统，保持清醒的头脑，不断梳理、总结、思考，坚持发掘潜能，积极创新提升基层生产单位的管理水平，当前抽蓄电站运行内外部的环境变化，迫切需要探索推行运维一体化，这是对传统的电力生产作业方式的重大变革，事关安全生产的基础，需要天荒坪公司既要有稳步推进、实事求是的耐心，也要有千锤百炼、舍我其谁的信心，更要有逢山开路、遇水架桥的决心。通过实践和问题的梳理，及时调整思维方式，少走弯路，尽快培养出真正运维一体化复合型人才，为抽水蓄能大发展做出贡献。

2. 解决方案（完善机电运维班组建设）

根据国家电网公司发展战略的要求，按照新源公司文件精神的指示，作为基层生产单位，从正确面对问题、客观解决问题、确保安全生产的角度出发，结合现场生产实际，有针对性地对机电运维班组进行优化调整是非常必要的。具体就是在现有机电运维一班、机电运维二班的基础上，成立机电运维三班，通过班组的建设和完善，逐步解决"运维一体化"推行过程中出现的问题，不断汇聚天荒坪公司发展合力，确保公司持续安全健康的发展。

机电运维三班不是将原运行业务简单机械地照搬过来，而是在原有的"运维一体化"模式下进行创新发展，既传承了原来好的传统，又解决了"运维一体化"实践过程中碰到的一些问题，是"运维一体化"模式变革中运维资源地再次优化调整，是原运行业务和运维业务进一步的有机融合。机电运维三班是全站运行设备的主人，负责全站运行设备的状态监护、分析、操作及运行方式的调整，同时也是全站安全工器具、运行钥匙、防误闭锁系统、临时电源等设备的主人，负责对其进行日常运行管理和维护，通过和机电运维一班、二班之间人员大框架、固定周期的有序轮换，能更有效地培养出符合现场需要的真正运维一体化复合型人才。

（1）组织机构。

结合天荒坪公司"设备运行年限长、机组运行台数多、生产计划任务重、设备检修技改项目多"等生产实际，机电运维三班一般由15～16人组成。

班长1名，全面负责机电运维三班班组日常管理。

副班长1名，协助负责机电运维三班班组日常管理，安全员、技术员由班里高级运维人员兼任。

运维负责人4名，分四个运维组，分别轮换执行操作、巡检、ON-CALL及班组业务，每组配备运维人员1名，每周一至周三有一个运维组协助班长、副班长进行班组管理，设备维护工作。

中控室值守负责人 6 名，分 6 个值守组，分别执行中控室值守业务。

为培养锻炼中级及以上运维人员综合技能水平，同时充实白班操作组力量，设运维负责人实训角 1 名，辅助白班运维负责人工作的同时进行现场实训学习，由机电运维一、二班运维人员定期轮换。优化后的运维一体抽水蓄能生产模式组织机构图如图 4-1 和图 4-2 所示。

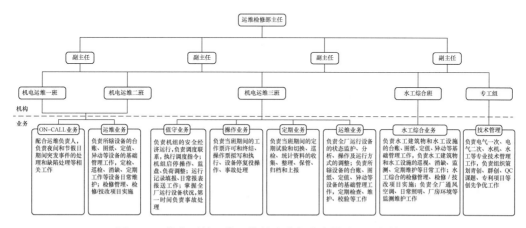

图 4-1   优化后的运维一体抽水蓄能生产模式组织机构图

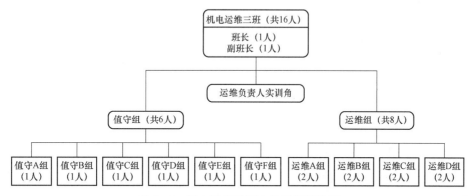

图 4-2   机电运维三班人员组织机构图

（2）轮换周期。

机电运维三班人员每半年进行一次人员调整和轮换，由运维检修部根据公司检修、技改项目的计划安排，合理优化机电运维一班、二班、三班人员，进行轮换，报天荒坪公司批准，实现人员大框架、固定周期的有序轮换。

运维负责人培训角色每月进行一次轮换，参与轮换的人员由运维检修部根据天荒坪公

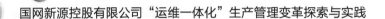

司检修、技改项目的计划安排。

机电运维一班、二班每班设 2 名具备资质的运维人员，作为中控室值守人员的备员，4 名人员轮流解决机电运维三班值守人员请假代班的问题。

（3）工作关系。

直接上级：运维检修部，运维检修部主任、副主任（分管）。

直接下级：运行操作组、值守组、巡检组、ON-CALL 组，运维负责人、班组里初/中/高运维人员。

平行工作关系：机电运维一班、机电运维二班、水工综合班。

（4）管辖设备。

全厂运行设备。

运行钥匙（一类、二类、三类），全厂门禁系统。

安全工器具。

临时电源管理。

五防闭锁系统（电气五防、机械五防，包括五防闭锁钥匙）。

安全设施、安全标识，全站运行设备的标识牌。

全息幻影展示系统设备管理、维护。

抽水蓄能培训仿真系统。

应急指挥中心设备管理、维护。

生产管理系统手持终端设备管理、维护。

巡检系统设备管理、维护。

（5）工作职责。

1）安全生产责任制管理。

负责操作组、巡检组、ON-CALL 组、值守组，运维负责人、从事运行业务的初/中/高运维人员，在现场生产劳动过程中的安全和健康。

负责所辖设备的安全运行。

组织制定和实施控制异常和未遂的安全目标、安全技术分析预测，并进行安全预控。

组织值班人员认真贯彻执行安全规程制度，及时制止违章违规行为，组织学习事故通报，吸取教训，采取措施，防止同类事故重复发生。

落实上级和本公司、本部门下达的反事故措施。

对发生的异常、未遂及事故，进行登记、上报，保护事故主现场，分析原因，总结教训，落实改进措施。

组织操作组、巡检组、ON-CALL 组、值守组人员参与公司、部门组织的技术培训和安全工作规程的培训，学习有关安全技术知识和安全规章制度，并参加公司组织的安规考试。

负责对操作组、巡检组、ON-CALL 组、值守组成员当月的工作提出考核意见。

组织落实运行设备的日常巡视、特巡工作，组织落实重大节假日、活动、会议期间的保电工作。

组织落实公司检修设备的停复役隔离操作任务，做好遮拦和警示标志的设置。

2）现场安全监督管理。

根据检修工作要求，布置设备停电的安全措施，严格执行"两票"制度。

监督、检查班组人员"两票"的执行过程。

对"两票"执行过程中出现的不安全现象进行考核并提出整改意见。

对生产现场存在的安全隐患提出改进意见，确保现场安全隐患得到治理和有效控制。

3）发电运行管理。

组织确定发电设备运行方式，负责发电/抽水运行生产的协调、监督安全经济运行措施的落实、组织处理运行生产工作中存在的问题。

落实制定发电设备运行方式。

参与审核一次设备、机械设备、自动化元件、电气控制系统及保护系统的检修与试验。

负责发电运行监视和测量的管理工作。

组织事故及异常情况处理，参加事故调查及异常分析。

监督、检查操作组、值守组、巡检组及 ON-CALL 值班人员的日常管理工作。

贯彻执行运检执行手册的相关规定。

监督并检查发电运行各项管理工作的执行情况，每月对检查结果进行考核并提出整改意见。

组织落实设备定期试验、切换工作的执行，遵守钥匙使用的规定。

督促与检查生产日报的统计和月度运行分析工作的执行情况。

按照部门的计划，组织落实反事故措施，参加反事故演习演练，做好事故预想。

监督与检查地下厂房的环境检测（包括地下厂房温度、湿度、SF_6气体泄漏）执行情况。

负责对中控室值守、操作组、巡检组、运行 ON-CALL 组管理的执行情况进行监督

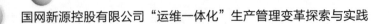

和检查。

4）两票管理。

及时参与公司或部门组织的工作票、操作票制度规范化、标准化培训。

监督、检查值班人员所办理工作票执行、终结、归档的情况。

监督、检查值班人员操作票填写、执行、归档的情况。

监督、检查值班人员接到工作票后，是否严格按照安规规定，根据工作任务、停电范围，认真审核工作票上所填安全措施是否正确、完善，是否符合现场条件，对执行不到位的环节和责任人提出考核和整改意见。

监督、检查运维组完成操作任务接收、操作票执行情况，定期检查现场操作票执行过程。

较复杂的操作（500kV单元检修、公用系统维护、厂用电维护、机组大小修），应组织落实专人编写操作方案，细化人员分工，特别重要操作，应通知公司及部门领导到现场进行监督。

对工作票和操作票执行过程中出现的问题提出整改和考核意见。

每月3日前向部门安全专工汇总并提交上个月两票执行情况、自查情况的报告。

5）交接班管理。

监督、检查运行交接班情况，组织运维负责人及值守负责人做好交接班工作，确保交接班内容详尽、交接到位。

督促当班运维人员每日上班后及时查看缺陷情况和工作票情况，及时查阅生产管理系统和生产早会纪要，了解生产情况及当天的主要工作任务，确认缺陷，做好工作安排。

组织召开班前会，对当天的工作及人员作出安排，做好当日的危险的分析和预控。

组织召开班后会，总结当日工作的执行情况，检查生产管理系统内各模块的记录情况，监督检查当班运维负责人与下班运维负责人工作交接的情况。

组织晚班运维负责人参加公司生产早会，汇报昨日的生产情况，监督检查水情数据、生产情况、领导工作交代在生产早会系统录入情况，提交上级单位需要的各种报表。

6）缺陷管理。

运维负责人是缺陷管理的第一责任人。

掌握所管范围内设备的全部缺陷，组织落实设备缺陷的填报、定级、分析、消缺、验收及汇报工作。

检查值班人员在填写缺陷内容时，填写的是否详细、规范，用语是否恰当，缺陷定级是否准确。

做好设备缺陷的记录，组织落实反事故措施，并加强缺陷的跟踪分析和监视，配合机电运维一、二班的消缺工作。

7）生产设备运行分析管理。

负责生产设备运行分析管理工作，组织本班组对所辖运行设备出现的异常进行分析，并提出处理意见、协助部门制定处理措施。

参加月度生产设备技术分析会和专题分析会；每月对设备运行情况进行总结、分析，对全站设备运行状况作阶段性分析并形成报告，落实月度技术分析会的决议和要求。

监督、检查本班组运维人员设备的巡视情况、数据的记录情况，对设备出现的异常应及时填报。

组织人员分析设备的运行状态及运行方式的安全性、正确性、合理性，对分析出的问题及时采取措施，保证设备安全运行。

落实设备异常处理的措施和要求。

8）临时电源管理。

组织落实临时电源接入手续，严格执行审批程序。

负责检查临时电源的使用、登记、接入、拆除情况，落实当班人员协助相关班组完成临时电源的接入和拆除工作。

9）设备防误管理。

监督、检查、落实公司电气防误闭锁管理规定。

监督、检查、落实公司机械防误闭锁管理规定。

负责公司防误系统日常检查、维护工作。

10）应急管理。

运维负责人是应急管理现场的第一责任人。

落实执行公司专项应急预案和现场处置方案。

落实应急预案的培训工作，组织参加应急预案演练。

协助部门执行应急管理规定，配合公司完成应急预案的编制工作。

11）电力可靠性辅助管理。

监督、检查当班人员可靠性统计基础数据的录入情况，并进行可靠性分析。

12）电能质量技术监督管理。

贯彻执行公司电能质量技术监督的规程、制度和有关技术措施。

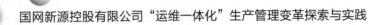

督促、检查当班人员做好每日典型负荷潮流的记录工作，认真做好负荷调整和电压控制，确保电能质量。

组织落实当班人员严格执行华东网调下发的负荷、电压调整要求，做好电网服务工作。

13）中控室与地下厂房管理。

监督检查中控室、地下厂房文明生产工作情况，对中控室、地下厂房进行不定期抽查，并提出整改和考核意见。

监督检查值守组、运维组安全活动学习的情况、安全活动记录内容是否规范、有无遗漏。

14）安全工器具管理。

负责部门安全工器具日常管理、维护和定期校验工作，依据《安全工器具管理标准》的要求，做好安全工器具的领用、使用和登记工作，做好安全工器具台账管理，组织安全工器具使用方法的培训，督察学习过程，抽查学习记录。

15）水库及水文调度管理。

在公司防汛领导小组的领导下，参与完成汛前检查、准备、汛中抢险、汛后总结工作。

组织本班组人员开展防汛知识培训、防汛演练，落实汛期上下水库运行方式及防控措施。

16）反事故措施与安全技术劳动保护措施管理。

根据公司年度反措、安措计划，落实班组两措计划的执行，确保班组两措计划按期完成，根据反措、安措完成情况，编制总结报告，上报部门。

17）危险源辨识、风险评价和风险控制管理。

组织、落实危险源控制措施和管理方案的实施；组织当班人员对作业的危险源进行辨识和风险评价，督查危险源辨识与风险评价填写的情况。

18）培训管理。

对运维人员进行不定期的现场考问，按照新源公司要求，及时完成生产管理系统培训模块内的相关出题、答题、点评等培训工作，根据运维人员初、中、高的不同分别开展定期集中培训、考试工作。

配合完成公司内部新员工的培训工作，配合完成公司对外培训工作。

布置、督促当班人员结合现场实际拟写技术分析、技术论文，并讨论和学习。

配合完成公司及部门的其他培训计划和任务。

19）其他管理。

监督、检查新源生产管理系统各运维模块的使用情况，及时跟进各项综合对标考核得分情况，对被扣分的指标及时研究对策并采取改进应对的措施。

协助并配合部门安全专工完成重大活动、会议、节假日期间保电方案和夏、冬季厂用电及上下水库运行方案的拟写工作，落实完成相关的保电措施。

定期组织召开安全会，总结分析班组管理方面存在的问题，并提出整改建议，组织安全文件学习，举一反三。

完成公司级部门交办的其他任务。

（四）实施效果

通过设立"运维三班"并针对性地进行了系统性调整，运维一体化工作在各方面都得到了进一步提升。

（1）明确了从事运行业务人员的岗位职责、角色定位，解决了运行业务和检修业务职责独立分工不明确、安全监督易缺位的问题，进行创新发展的同时，保留了好的优良传统，确保安全生产的长治久安。

（2）确保了运行业务的严肃性和紧迫性，增强了运行业务，提高了运行紧急处置能力，降低了电站设备异常处置可能带来的风险，解决了运行业务弱化的问题。

（3）加快了运维综合性人才的培养，确保了人才培养的质量，解决了运维一体化后部分人员由于运维轮班倒换率过于频繁所造成的业务培训效果差的现象，有利于年轻员工运维业务的传承。

（4）建立了从事运行业务人员的班组综合评价体系，增强了这部分人员的内心归属感，解决了班组文化传承断档的问题。

（5）拓宽了运维人才培养及上升的通道，通过班组建制，为人员的成长提供了平台。

（6）班组职责分工明确后，在　定程度上减轻了班组的负担，确保设备管理的延续性。

（7）在运维人才的培养上，有效避免了机械模块化的培养模式，通过人力资源的综合优化调整，在培养时求同存异，因材施教，提供差异化的人才提升通道，使每位员工能各尽所长，在补短板的同时又能各尽其能。完善弥补了部分设备（安全工器具、安全设施、安全标识、钥匙系统、应急系统、仿真培训系统等）的管理盲区，明确了管理职责，提高了设备管理水平。

三、抽水蓄能机组高频次大负荷运行方式下 ORAH 探索与实践（响水涧）

（一）电站基本情况介绍

安徽响水涧抽水蓄能有限公司（以下简称响水涧公司）4 台机组于 2012 年 11 月全部竣工投产，机组单机容量 25 万 kW，总容量 100 万 kW。响水涧抽水蓄能电站机组是国内第一套拥有自主知识产权，由国内自行研究设计、制造、安装和调试的抽水蓄能机组，填补了中国抽水蓄能电站技术新领域空白。电站位于安徽省芜湖市三山区境内，到芜湖市区的直线距离约为 30km，邻近华东电网负荷中心，为日调节纯抽水蓄能电站，是电网调峰电源之一，为系统承担调峰、填谷和提供事故备用，同时担任系统调频、调相等任务，以缓解系统严重的调峰矛盾，改善系统火电、核电机组运行状况，提高系统供电质量，为电网安全运行提供保证。

响水涧公司运维检修部有人员 51 人，9 名管理人员，2 名水工专责，14 名见习岗位，现运维班组在岗人员 26 人。根据运维一体化轮换模式，每月从 26 人中抽出 5 人到中控室参加值守业务，剩余的 21 人分成三个组开展运维负责人、操作组、ON-CALL 组三项业务，每组人员只有 7 人。

（二）运维一体化面临形势

近年来由于国家能源结构调整，抽水蓄能电站面临运行频次增高、运行时间增长、运行工况多样化等诸多挑战。响水涧抽水蓄能电站地处华东，随着华东区域经济快速发展和对供电质量要求的逐步提升，电站运行呈现出"大负荷""高频次"的特征。所谓"高频次"即机组工况转换频繁，机组启动次数大幅增加；"大负荷"即抽水蓄能机组发电量大幅增加，达到设计极限值。华东宜兴、天荒坪、桐柏、琅琊山、响水涧等抽水蓄能电站 2016 年下达发电量较 2015 年下达发电量均有大幅增加，增幅均在 50% 以上，其中增幅最大的为响水涧抽水蓄能电站，达到 152%。抽水蓄能机组运行工况也从以发电和抽水两种工况为主，逐步转变为多种常用运行工况投入使用，如旋转备用、发电调相、抽水调相甚或黑启动等，其中紧急工况转换，如抽水低频切泵、由抽水紧急转发电等会根据电网需求而经常进行。

由此对抽水蓄能机组及相关设备设施带来一系列影响，包括：

（1）机组运行时间的大幅度增加，加快了零部件的老化速度，加剧了相关部件的疲劳进程，如继电器、电磁阀、顶盖排气波纹管等，其出现故障的频率将显著增加，健康运行的寿命缩短，必须提前采取措施以避免设备问题的发生。

（2）机组运行时间的增加，势必造成机组停机备用的时间缩短，留给运维人员故障消缺的时间也将减少，这对运维人员的技术水平提出了更高的要求。

（3）运行工况增多，工况转换频繁，机组启动次数大幅增加，对人员和设备带来更大的压力。

响水涧电站采用国产化设备，由于在设计、制造、调试等环节上经验不足，投运之初即存在某些先天性的问题或缺陷。在机组运行时间和运行频次大幅增加的情况下，如何保证机组运行的可靠性，保证机组随调随启，是摆在抽水蓄能电站管理者面前的一道难题。

（三）运维一体化模式下的 ORAH 探索

为破解高频次、大负荷运行方式带来的运维难题，响水涧公司进行了 ORAH 模式的探索与实践。所谓 ORAH，O（on duty）即值守，R（routing inspection）即巡检，A（analysis）即设备健康状况分析，H（handle）即缺陷处理与定期维护，如图 4-3 所示。

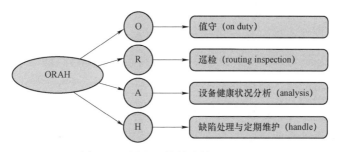

图 4-3　设备运维综合管理 ORAH

具体来说，响水涧公司 ORAH 探索包括以下主要内容。

1. 创新设备巡检模式，保障设备健康运行

现场巡视检查是抽水蓄能机组运行的例行工作，通过对设备状态和参数的巡检记录，第一时间发现设备问题，并根据参数变化趋势发现设备隐患。巡检是保证设备稳定运行的最基本的手段，在严格执行新源公司巡检管理手册的基础上，如何更好地发挥巡检的作用，保证机组在高频次大负荷运行下的可靠性是一项重要的管理创新内容。响水涧公司巡检管理创新主要有三方面内容：

（1）制定《重点部位巡检卡》，确保重点部位巡视到位。

在运维一体化模式下，运维各岗位人员实行轮换制，巡检人员也会经常变动，同时由

于巡检人员对非本专业管辖设备不能做到全面深入了解，传统巡检仅包含通用巡检项目，不具有针对性，这就造成了巡检人员在巡检时抓不住重点，常常忽略重点巡视部位，无法及时发现设备隐患。对此响水涧公司对所辖设备进行梳理，将设备中影响机组安全稳定运行的重要巡检项目及标准要求整理制成《重点部位巡检卡》黏贴在设备本体上，巡检卡中除包含巡检项目外，还明确标明设备参数的正常范围值，任何巡检人员只要对照《重点部位巡检卡》进行巡检即可确保重点巡检部位均能巡检到位，且根据设备参数正常范围值能够立即判断出设备是否出现问题，以便及时采取措施，避免重大设备缺陷的发生。

（2）对大功率发热设备实行定点红外测温。

在高频次大负荷运行下，大负荷运行设备，如技术供水泵电机及其抽屉开关、励磁交流电缆等，在长时间运行下发热量更大，设备长时间在较高温度下运行，更容易出现故障。因此，要对此类大功率设备进行重点巡检，监测其发热量和运行温度，确保其运行在允许的温度范围内。响水涧公司将全站大功率设备进行梳理，形成大功率设备红外测温表，同时在设备本体上设置统一的、易于辨识的测温点，在测温点上按照厂家说明书标注其运行预警温度，巡检人员在对设备进行红外测温时只需将测温设备对准测温点即可正确测出设备运行温度，并根据其上标注的预警温度判断设备运行情况，方便运维人员提前采取措施，防止大功率设备长期在高温下运行出现故障。测温表和测温点的使用使巡检人员能够及时掌握大功率设备运行情况，避免了巡检遗漏和测温方法不当的问题，同时也能使巡检人员及时发现温度异常情况，确保设备安全。

（3）推行设备专业巡检，提升巡检质量。

设备主人作为设备专业巡检的责任主体，能够更加深入的掌握设备健康状况，发现更深层次的设备缺陷。响水涧公司在常规巡检的基础上根据各系统设备的具体情况制定了更加专业的《设备专业巡检表》，巡检表中包含巡检时间、巡检项目及标准、检查结果、是否存在缺陷隐患，并规定设备主人在工作日每天要进行一小时的设备主人巡检，以提前发现设备问题，并采取措施进行处理。《设备专业巡检表》使设备巡检更加专业和深入，也使设备主人巡检工作更加标准化，一方面避免了设备主人因个人能力不同而造成的巡检质量差异（如设备主人 A 角出差时，设备主人 B 角按照《设备专业巡检表》巡检时能够确保和设备主人 A 角同样的巡检质量），另一方面也避免了因设备主人责任心不强造成的漏巡问题。

2. 创新缺陷管控模式，提高设备健康状况

设备缺陷管理是运维管理的基础工作之一，做好缺陷管理，提前发现缺陷，及时处理缺陷是保证机组安全稳定运行的关键。为做好缺陷管理，响水涧公司创新缺陷管控模式，

重点对缺陷的预测、分析和管控进行了创新研究，具体为：

（1）创新进行设备趋势分析，提前发现设备缺陷。为提高设备运维管理水平，提前发现设备缺陷，响水涧公司制定了设备趋势分析制度，根据每个系统的实际情况制定了《设备趋势分析表》，要求设备主人每月对设备各项参数变化情况进行趋势分析，及时发现设备健康状况变化情况，深入分析产生变化的原因，提前采取措施消除设备缺陷和隐患。

（2）为做好缺陷的全面管理，响水涧公司利用专业沙龙专业性强、效率高、组织灵活的优势，对新源公司编制的《典型故障汇编》进行学习讨论。响水涧公司运维检修部成立了6个专业小组，各专业小组对典型故障及兄弟单位近期发生的严重及以上缺陷进行举一反三，对本电站类似相关设备进行针对性的检查维护，并借鉴经验制定保证措施，确保《典型故障汇编》中的缺陷不在响水涧公司发生。

（3）开展严重及以上缺陷"回头看"，定期对已消除的严重及以上缺陷进行运行数据对比分析，开展消缺质量评价，形成质量评价报告。通过缺陷"回头看"管控流程，避免严重及以上缺陷的重复发生。

3. 加强机组关键流程管理，提高机组稳定性

机组的关键流程，主要为机组工况转换流程和机组跳闸流程，流程的执行情况直接关系到机组工况转换的成功率，因此必须高度重视。对此响水涧公司进行了以下两项创新工作：

（1）响水涧公司组织监控系统专业人员对直接影响机组启动和跳闸的关键流程进行梳理，对流程中有误动或拒动可能的控制逻辑进行异动处理，消除工况转换不成功和机组误跳机的可能。对流程中涉及的元器件，制定了详细的重点管控措施，结合机组定检和检修进行定期校验，发现品质不佳的立即进行更换，尤其对于继电器，在使用达到一定寿命后即使没有出现问题也必须强制进行更换，确保流程中所有元器件都处于最佳状态。

（2）对流程中涉及的关键回路的端子，响水涧公司创新性的使用不同的警示色进行标识，如对于工作中误碰后能直接引起跳机或开关跳闸的端子贴上红色标识，对于不能直接引起跳机或开关跳闸但风险较大的端子贴上黄色标识，一般端子贴上绿色标识。根据端子的重要程度，运维人员可以结合不同的检查维护机会对端子进行检查、紧固，确保关键回路不断线，同时也减少了工作中误碰的风险，提高回路的安全性，保证流程正确执行。

4. 完善定检内容，提高定检质量

在高频次大负荷运行方式下，定检工作显得尤为重要。如何抓住每月一次的定检机会，全面消除设备缺陷和隐患，提高设备健康水平，是运检管理工作中的重点研究内容。响水

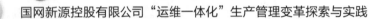

洞公司通过实践研究，总结出以下两点管理创新内容：

（1）完善定检项目，确保覆盖机组所有重要零部件。针对大负荷、多方式运行工况，响水洞公司对机组长期带电、带压部件、易损部件和转动部件等重要部件在定检中进行重点检查维护，对顶盖把合螺栓、顶盖排气波纹管等，在定检时进行全面检查；对经常动作的电磁阀进行清洗，并做好台账；对调速器油泵、球阀油泵和技术供水泵等进行振动测试；对励磁开关触头、操作机构的螺栓、励磁大线等大电流设备进行检查；打开发电机轴盖板，进入发电机上端轴内部检查方形螺母连接情况以防止因松动造成电阻增大而烧熔。通过完善定检项目，特别是对重要零部件的针对性检查维护，保证了定检质量，确保机组时刻处于健康状态。

（2）进一步提高定检的标准化和规范化，以风洞内和水车室内等重点检查区域为例，由于检查项目繁多，且位置比较隐蔽，为了确保检查不漏项，响水洞公司将风洞内和水车室内的定检项目以设备分布图的方式固定下来，在图上明确标明设备位置、数量、工作项目和工作标准，使任何一位参加定检的人员都能够按照图中所示位置及检查标准逐项进行检查，既能保证检查维护不漏项又能保证检查维护质量，使定检工作真正做到了标准化和规范化。

5. 创建项目池，根据实际问题储备项目

利用检修技改项目解决设备问题，既可以节省公司的人力资源同时也能够提高工作的专业性，保证工作质量。检修技改项目的储备工作关系到项目执行的效果，现在大多数的做法是参考上一年或其他电站的项目来确定，这样确定的项目质量不高，不具有针对性，不能满足机组当前和未来一段时间内的运行要求，使得项目实施的效果大打折扣。为进一步提升项目储备质量，提高现场设备设施管理水平，响水洞公司创新性地提出了"项目池"的概念，具体做法为：设备主人针对设备运行中出现的缺陷隐患或需检修技改以提升设备健康水平的问题进行收集整理，提出整改项目计划，并由班组汇总每周报送至运维检修部项目计划专工，由项目计划专工进行整理汇总，形成项目池。项目池实行动态管理，项目计划专工定期组织部门管理人员召开审查会，对项目池中的项目的可行性和必要性进行讨论，确定项目执行的紧急程度，按照紧急程度上报储备项目批次，列入新源公司项目储备库，在审查会上同时确定责任人和实施时间，按照标准和时间要求进行项目的后续实施工作。

（四）ORAH 模式实施效果

通过 ORAH 模式的实施，响水洞公司在电站运维方面取得了显著成效。

1. 巡检质量得到提升，及时发现多项设备问题

（1）响水涧公司运维检修部通过实行《重点部位巡视卡》（见图 4-4），使每位巡检人员在常规巡检的基础上都能重点对设备重要部位进行巡视和记录，提升了巡检的质量，做到了对设备重要部件的重点管控，确保了设备的健康状况良好。

（2）响水涧运维检修部通过对大功率设备制定定点测温点并标示出预警温度，使大功率运行设备能够巡检到位，及时掌握了运行情况，保证了设备安全运行（见图 4-5），具体案例为：

1）2016 年 4 月 25 日，巡检人员在对 1 号机组励磁交流电缆进行定点测温时发现电缆运行温度超过了标定的预警温度，巡检人员立即告知班组和部门。分析发现，在大负荷运行下，电缆发热量较大，同时由于散热状况不佳导致电缆超预警温度。部门立即组织人员对影响电缆散热的槽盒盖板进行拆除，改善散热状况，处理后电缆温度降低到规定的运行温度，避免了因温度过高而可能发生的电缆故障。

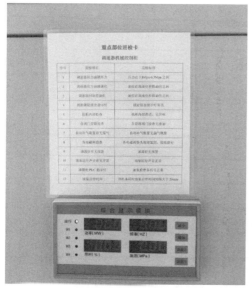

图 4-4　重点部位巡视卡片

图 4-5　定点测温

2）通过红外测温，运检人员发现四台机组的技术供水泵抽屉式开关发热量较大，温度较高，于是将技术供水泵抽屉式开关作为重点检查项目，利用机组停机、定检等机会加大检查的频次，确保安全可靠运行。

（3）响水涧公司通过《设备专业巡检表》（详见表 4-2）已发现并处理多起设备缺陷：

1）运维人员通过专业巡检发现 3 号机调速器油泵打压时间间隔变短，从而发现 1 号

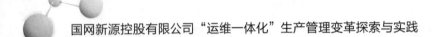

接力器有窜油现象，并及时采取了预控措施，避免了设备缺陷的发生。

2）运维人员在专业巡检中发现 1 号机组励磁电缆温度较高并及时采取措施进行了处理，避免了设备事件的发生。

通过《设备专业巡检表》与移动终端设备相结合，在设备所在位置装设设备条形码，巡检人员利用移动终端设备扫描设备条形码即可知晓所巡检内容以及巡检结果是否符合要求，使设备专业巡检进一步标准化，为未来智能化巡检打下基础。

表 4-2　　　　　　　　　设 备 专 业 巡 检 表

巡检项目	项目标准	检查结果	是否存在缺陷/隐患	巡视时间
主变压器中性点设备检查	中性点无异物及异声。各部位接地完好无缺失或松动。接地端无氧化、腐蚀及放电痕迹			
主变压器低压侧套管外观检查	红外测温无异常发热点，并记录最高温度			
主变压器接地检查	接地良好，接地引下线无明显锈蚀			
主变压器红外测温	红外测温无异常发热点，并记录最高温度			
冷却水流量	空载流量不低于 28%，负载为 100%			
冷却器控制柜电源一、二	电源指示正常			
冷却器控制柜内 PLC 检查	PLC 无报警，工作正常			
冷却器控制柜检查	交直流供电开关正常投入，熔丝完好。盘柜内清洁，照明良好，无异声、异味，无过热现象			
主变压器冷却水压力	记录压力值			
主变压器油面 1 温度	记录温度，不得大于 85℃			
主变压器油面 2 温度	记录温度，不得大于 85℃			
主变压器绕组温度	记录温度，温度不得大于 115℃			
主变压器油位检查	记录主变压器油位			

2. 设备缺陷得到有效管控

（1）响水涧公司通过设备健康状况趋势分析制度，及时掌握设备健康状况变化情况，提前预测了设备缺陷的发生。2016 年 3 月 19 日，球阀设备主人在进行球阀健康状况趋势分析时发现 2 号机球阀工作密封退出时间由正常的 6s 变为 8s，时间有扩大的趋势，通过对 2 号机球阀的全面检查，最后确认球阀工作密封退出传感器不灵敏，并更换了传感器，球阀工作密封退出时间恢复正常，成功避免了因球阀工作密封退出时间过长而造成的启动不成功事件。

（2）通过定期开展专业沙龙活动，学习新源公司《典型故障汇编》并举一反三，对本单位设备缺陷进行提前预控，大大减少了设备缺陷发生的概率。根据《典型故障汇编》，响水涧公司已完成水轮机泄水锥、顶盖把合螺栓、导叶剪断销、电制动刀触头等的全面检查维护，确保设备处于健康状态，保证了机组的安全稳定运行。

（3）响水涧公司静止变频器曾在机组拖动过程中因输出变"油泵无故障"信号的防抖时间过短，程序未能躲过该抖动信号，导致拖动失败。为处理此缺陷，响水涧公司对输出变油泵启动逻辑进行了优化，缺陷消除后对此问题定期开展"回头看"，避免了此缺陷再次发生。

3. 关键流程得到有效管控

（1）响水涧公司积极利用定检和检修的机会对可能造成误动或拒动的控制逻辑进行异动，通过异动消除了机组误动或拒动的隐患，提高了机组启动成功率和运行的可靠性，如表4-3所示。

表4-3   响水涧公司2016年设备异动统计表

序号	单号	异动单编号	描述	状态	专业	执行开始时间	执行结束时间
1	104093	YD-二次-2016-032	2号机球阀压力油罐油位事故停机逻辑优化	关闭	二次	2016-9-25 15:17	2016-9-25 18:20
2	104092	YD-二次-2016-033	2号机调速器油罐事故低油位跳机逻辑优化	关闭	二次	2016-9-25 14:30	2016-9-25 17:26
3	104087	YD-二次-2016-031	2号机组水导瓦温高跳机逻辑优化	关闭	二次	2016-9-18 15:30	2016-9-18 16:00
4	104073	YD-二次-2016-021	4号机组下库闸门全开信号回路优化	关闭	二次	2016-7-31 9:00	2016-7-31 12:30
5	104072	YD-二次-2016-020	3号机组下库闸门全开信号回路优化	关闭	二次	2016-7-10 8:00	2016-7-10 17:00
6	104071	YD-二次-2016-018	1号机组下库闸门全开信号回路优化	关闭	二次	2016-7-17 9:30	2016-7-17 14:00
7	104067	YD-二次-2016-022	4号机组励磁交流开关控制逻辑优化	关闭	二次	2016-7-31 9:20	2016-7-31 12:00
8	104066	YD-二次-2016-023	3号机组励磁交流开关控制逻辑优化	关闭	二次	2016-7-12 8:00	2016-7-12 9:00
9	104065	YD-二次-2016-024	2号机组励磁交流开关控制逻辑优化	关闭	二次	2016-7-23 10:00	2016-7-23 11:00
10	104063	YD-二次-2016-019	2号机组下库闸门全开信号回路优化	关闭	二次	2016-7-23 10:00	2016-7-23 13:00

续表

序号	单号	异动单编号	描述	状态	专业	执行开始时间	执行结束时间
11	104062	YD-二次-2016-025	1号机组励磁交流开关控制逻辑优化	关闭	二次	2016-7-17 9:30	2016-7-17 15:30
12	104058	YD-二次-2016-015	2号机组励磁系统参数优化	关闭	二次	2016-6-22 15:20	2016-6-22 17:40
13	104056	YD-二次-2016-016	1号机组励磁系统参数优化	关闭	二次	2016-6-22 15:20	2016-6-22 17:40
14	104061	YD-二次-2016-017	4号机组励磁系统参数优化	关闭	二次	2016-6-22 15:20	2016-6-22 17:40
15	104060	YD-二次-2016-014	3号机组励磁系统参数优化	关闭	二次	2016-6-22 15:20	2016-6-22 17:40
16	104041	YD-二次-2016-013	4号机组监控程序中有功调节超时保护优化	关闭	二次	2016-3-24 13:00	2016-3-24 17:00
17	104040	YD-二次-2016-012	3号机组监控程序中有功调节超时保护优化	关闭	二次	2016-3-24 13:00	2016-3-24 17:00
18	104039	YD-二次-2016-011	2号机组监控程序中有功调节超时保护优化	关闭	二次	2016-3-24 13:00	2016-3-24 17:00
19	104038	YD-二次-2016-010	1号机组监控程序中有功调节超时保护优化	关闭	二次	2016-3-24 13:00	2016-3-24 17:00
20	104043	YD-二次-2016-008	上库水位综合值取值逻辑优化	关闭	二次	2016-3-24 13:00	2016-3-24 17:00
21	104042	YD-二次-2016-009	下库水位综合值取值逻辑优化	关闭	二次	2016-3-24 13:00	2016-3-24 17:00
22	104033	YD-二次-2016-003	SFC-ABB 输出变油泵启动逻辑优化	关闭	二次	2016-2-5 16:47	2016-2-5 16:58
23	104032	YD-二次-2016-004	SFC-ABB 输入变油泵启动逻辑优化	关闭	二次	2016-2-5 16:47	2016-2-5 16:58
24	104025	YD-二次-2016-002	SFC 输出变油泵启动逻辑优化	关闭	二次	2016-1-20 10:55	2016-1-20 13:30
25	104024	YD-二次-2016-001	SFC 输入变油泵启动逻辑优化	关闭	二次	2016-1-20 10:55	2016-1-20 13:30

（2）为保证关键回路的可靠性，响水涧公司组织电气人员对关键回路的端子进行了颜色标识（见图4-6）。通过标识运维人员能够直观了解回路端子的重要程度，并积极利用定检检修机会进行端子紧固检查，确保回路畅通，减少了开关误跳、保护误动的风险，保障了机组的安全稳定运行。

4. 定检维护质量得到提升

（1）响水涧公司积极利用机组每月的定检机会对重要零部件进行检查维护，主要做法有：

1）在定检中对顶盖排气波纹管、导叶止推压块、励磁引线铜排、转子引线方形固定螺母等重要零部件进行重点检查维护，确保其保持良好运行状态（见图4-6）。

2）在定检中对调速器、球阀和技术供水泵等转动部件进行测振（见图4-7），及时掌握转动设备的运行情况。通过测振，响水涧公司发现振动偏大的缺陷，利用定检机会对设备进行更换，避免因振动过大造成设备事故。

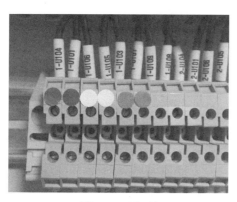
图4-6 端子标识

图4-7 油泵测振

（2）为保证定检质量，响水涧公司不断补充完善定检项目，进一步标准化定检项目，具体做法有：

1）对风洞内的螺栓制定了标准检查表，将风洞内每一层的螺栓分布情况以分布图的形式标注出来，标明具体位置、数量等，定检人员在定检过程中按照螺栓分布图逐个对风洞内的螺栓进行检查，每检查完一项打一个"√"，保证了不漏检任何一个螺栓。通过螺栓分布图，在定检中运维人员发现某磁极键固定压紧螺栓有松动现象，并及时进行了紧固和锁定，避免了因磁极键松动造成的设备问题。

2）对水车室内各管路制定了管路检查表，利用图纸将每个管路的法兰、焊缝明确标示出来，标准化定检查项目，确保不漏检。通过标准化定检，在定检中发现顶盖排气管-Y方向一道环形焊缝有渗水现象，通过及时处理避免了焊缝扩大造成的重大设备事故。

5. 检修技改项目逐渐丰富并具有针对性

通过项目池的应用，响水涧公司项目储备逐渐丰富并更加具有针对性，项目批次也更加合理。

这些项目均针对设备实际运行情况，通过项目池得到发掘和储备，通过检修技改将能大幅提高这些设备设施的运行可靠性和健康水平，如图4-8所示。

图4-8　项目储备

抽水蓄能机组高频次、大负荷运行给机组运行带来巨大压力，也给电站运维管理提出了更高要求。响水涧公司通过本课题的管理创新，逐步提高了设备健康状况，提升了运维人员对设备的管控能力，提高了运维管理水平，为抽水蓄能机组安全运行做出了贡献。

四、创办值守、操作周报，助力水电运维交接（宝泉）

（一）宝泉公司运维一体化情况简介

河南国网宝泉抽水蓄能有限公司（以下简称宝泉公司）4台机组于2011年9月全部竣工投产，机组单机容量30万kW，总容量120万kW。宝泉电站位于辉县薄壁镇南太行山区，处于华中电网、华北电网和西北电网的交叉点与支撑点上，承担调峰、填谷、调频、调相和紧急事故备用。

宝泉公司运维检修部在编职工共43人，下设一个机电运维班，机电设备日常定检和维护以及水工观测等由外委队伍配合进行。机电运维班设班长2名，班组成员共30人，参与运维轮换业务的人员共 22 人。机电运维班人员按照运维班组→操作组（ON-CALL）→值守组→运维班组的顺序进行轮班，每次轮换人员3~4人，运维大轮换周期为80天，各业务参与度基本均衡。从事运维班组业务人员按照行政班上下班，从事操作/ON-CALL、值守业务人员按照排定的排班表进行倒班。

值守人员共6人，分成两大组，执行六班三倒的方式。每组人员上5休3，8天一个循环，其中第一天上午为安全学习班，下午中班开始交接班。值守人员经过10个轮班后（80天）其中一组人员（3人）轮出至运维班组。

操作组/ON-CALL组共8人，分两大组，倒班方式与值守组保持一致。正常情况下每组中操作业务 2 人，ON－CALL 业务 2 人，负责值班期间的操作、两票及事故处理业务，其中每组指定一名运维负责人，统一协调本组人员安排。操作组/ON－CALL 组经过 10 个轮班（80 天）后，其中一组操作人员（3 人）轮出至值守，运维负责人轮出至运维班组。

运维班组人员根据操作、值守的轮班周期，同步轮出 4 人至操作组，其中一人为运维负责人。

由于宝泉公司运维人员年龄趋于年轻化，人员技术技能水平还不够强，为了解决该问题，一方面在操作组安排一名经验较丰富的老同志作为负责人，对操作、值守等相关工作进行监督把关，同时要求运维主任及运维专工在完成其岗位职责规定的业务外，还需要承担部分设备消缺、专业人才培养等任务，确保现场安全稳定开展。

为了确保缺陷及异常情况的及时处理，同时考虑机电运维班的人员情况，除了 ON－CALL 人员，宝泉公司运维检修部实行运维检修部主任、副主任搭配运检专工轮流值班的模式，确保夜间及节假日的异常情况快速处理。

（二）存在问题及解决方案

1. 实施前存在问题分析

（1）由于操作、值守人员因轮休、出差等原因不能参与现场生产工作，对期间生产实际情况未能及时掌握，轮休结束后参加现场生产工作，需要对轮休期间的生产情况进行全面掌握，否则将影响实际生产运行工作。但通过人员自学方式掌握轮休期间的生产运行情况，往往容易出现遗漏，导致工作交接等出现问题。

（2）相关生产管理人员、部门及公司其他管理人员如果想及时了解现场生产情况，需要登录生产管理信息系统查询，或询问现场生产人员，效率不高。

（3）电站运维交接班，是电站生产管理的重要环节，交接内容如果不全面、不具体或出现遗漏，将会直接影响生产运行工作。

运维交接班是水电站连续生产过程的一个重要环节，是按时间规定进行同一岗位之间工作的交接，是保证运行安全、经济、文明，生产得以连续进行的一种管理机制。宝泉公司于 2015 年实行水电运维一体化模式，在实施过程中结合电站运维人员工作实际情况，在《运维交接班管理手册》基础上，探索出一套规范的值守、操作/ON－CALL 交接班管理办法，对实行运维一体化有重要意义。

2. 研究制定解决方案

（1）电站组织运维人员以及相关管理人员，重点针对交接方式、交接重点内容、交接形式进行讨论分析，得出以下结论：

1）进行运维交接时，交接内容要全面，涵盖一个周期内各方面信息，避免遗漏；

2）交接内容需要以书面或电子记录形式作为作业交接依据，避免出现工作推诿现象；

3）按运维周期开展设备运行表况报表制作，有助于运维人员及相关管理人员及时掌握电站设备运行情况；

4）交接报表要包含当前存在问题、安全生产薄弱点及注意事项，缺陷及隐患情况，以及下个周期主要工作等。

（2）经过讨论分析，达成一致意见，即开展值守/操作周报工作。为不额外增加运维人员工作量，对周报内容进行精心编制，确立了周报的大纲：

1）生产情况，主要包括水情与电量、机组启停情况；

2）运行方式、设备检修及隐患；

3）缺陷及事故处理情况；

4）设备异动、定值变更等情况；

5）两票执行情况；

6）当前危险点、薄弱环节及注意事项；

7）上级交办与工作安排；

8）交接确认及签到。

（三）值守、操作周报机制介绍

1. 明确运维负责人

由于水电站运维一体化模式，运维人员需要定期轮换，操作组、值守组的日常工作安排由两名运维负责人轮流管理，每周二进行业务交接。在同一个值班周期内明确一个运维负责人，对规范化值守、设备特巡及双票执行等日常工作统筹安排。

2. 统一进行业务交接

为保障操作组与值守组人员在休完假后掌握所有生产情况，交班运维负责人组织两个操作组和所有值守人员统一进行业务交接，运维检修部负责人及安全专工对交接流程进行监督与检查，交接班过程中运维负责人对当班期间的生产情况逐一汇报，点评工作中的不足与亮点，详述当前存在的危险点与薄弱环节等内容。交接完成后，针对业务中的盲点运维负责人组织两个操作组和所有值守人员进行集中培训，提高整体业务水平。

3. 编制交接班管理手册

由于操作、值守人员交接班过程中部分人员因休息、出差等原因不能参与，为保证生产工作的连续性，电站精心研究运维交接班管理手册，细化与明确了交接班内容和流程，编制了一套值守/操作组周报模板，周报对运维负责人当班期间的生产情况、上级指示及操作、值守组的工作安排进行了全面总结。交接班会后提交运维检修部审核，形成纸质版本在操作、值守组内传阅学习，有效解决了部分人员因故不能参会导致业务交接不到位的情况，强化了安全风险管控流程。

（四）结果评析

运维交接班是电站连续生产过程的一个重要环节，值守/操作组周报制度的执行，有效解决了部分人员因故不能参会导致业务交接不到位的情况，强化了安全风险管控流程，对水电站运维交接班起到的良好促进作用，也为水电站相关管理人员了解现场生产情况提供了重要途径，值得相关水电生产单位学习与借鉴。

※ 资料 4-1

2017 年第 09 周值守/操作组周报

一、生产情况

（一）水情与电量

指标项目	数据（周）	指标项目	数据（周）
发电电量（万 kW·h）	3167.10	抽水电量（万 kW·h）	3885.84
上网电量（万 kW·h）	3148.60	下网电量（万 kW·h）	3909.40
厂用电量（万 kW·h）	15.87	综合厂用电量（万 kW·h）	42.06
周综合效率（%）	81.50	周综合厂用电率（%）	0.5963
上库降雨量（mm）	31	下库降雨量（mm）	34
上库最高水位（m）	398.63	下库最高水位（m）	101.22
上库最低水位（m）	379.16	下库最低水位（m）	71.22

（二）机组启停

	1号机组	2号机组	3号机组	4号机组	总计
发电开机次数	9	12	2	13	36
发电调相开机次数	0	0	0	0	0
抽水开机次数	7	7	2	7	23
抽水调相开机次数	0	0	0	0	0
背靠背启动次数	0	0	0	0	0
总开机次数	16	19	4	20	59

二、运行方式、设备检修及隐患

（一）运行方式

1. 500kV：5051、5001、5003 断路器运行；1号、2号、4号主变压器运行，3号主变压器检修。

2. 厂用电：310 开关带Ⅰ段、320 开关带Ⅱ－Ⅲ段联络运行，各400V母线分段运行。

3. SFC 电源：811 开关合闸，813 开关在"试验"位置。

4. 机组：1号、2号、4号机组备用，3号机组C级检修。

5. 渗漏排水系统：1号、2号、3号、4号、5号、6号渗漏泵备用，其控制方式均在"自动"位置。1号、2号、3号、4号检修泵备用。

6. 气系统：1号、2号、3号、4号低压气机备用，1号、2号高压气机备用，1号、2号、3号、4号、5号压水气机备用。

7. 继电保护：除3号机变组检修退出相应保护连接片外，其他所有继电保护及安全自动装置均按要求正常投入。

8. 直流系统：主厂房、副厂房、上库直流系统均正常运行方式。（事故照明两段直流未投）

9. 工业电视及水情测报系统：无。

10. 泄洪洞工作弧门：未进行泄洪。

（二）设备检修情况

1. 完成2号机组定检工作。

2. 3号机变组C级检修工作正在进行。

（三）设备隐患情况

目前存在隐患情况如下：

1. 上库1号、2号启闭机房及下库尾闸室内桥架未配备电缆火灾报警监测系统；（隐患治理进行中）（专项检查）

2. 1至4号机组保护无TV回路断线闭锁功能；（隐患治理进行中）（安全性评价）

3. 电站存在动力电缆和控制电缆未分层敷设现象；（隐患治理进行中）（专项检查）

4. 电站高压电缆井无防火隔断；（隐患治理进行中）（专项检查）

5. 电站主厂房至副厂房电缆桥架感温电缆敷设不规范；（隐患治理进行中）（专项检查）

6. 电站副厂房至综合楼电缆沟防火墙不规范。（隐患治理进行中）（专项检查）

三、缺陷及事故处理

（一）本周缺陷情况

序号	设备缺陷情况	缺陷原因	处理情况	状态
1	SFC输入变压器61B有异响	变压器在空载与负载运行时电动力矩变化、振动使螺栓松动	对输入变压器进行了清扫检查，螺栓紧固，并对柜门接地进行了完善。工作完成后，高压侧对地绝缘电阻200GΩ，试投运无异常	缺陷关闭
2	上位机发"1号机调速器延时10s回路一动作 是/否"信号			缺陷关闭
3	2号机出口母线1号测温箱B相温度显示数据抖动	现场检查发现2号机组出口母线1号测温箱B相温度显示仪故障	更换了新的温度显示仪后，温度显示恢复正常	缺陷关闭
4	1号机蠕动装置本体有轻微漏气	本体有轻微漏气	现已关闭1号机蠕动装置供气阀1Q310	消缺进行中

（二）异常处理

1. 2月21日中班，监盘发现上位机下库水位从20点开始卡死在95.75m，上库水位和水头正常，待机组停机后现场拉合下库LCU9控制柜内直流控制电源总开关F0001及交流电源控制总开关F0030，上位机下库水位恢复正常。

2. 2月24日前夜班，2号机在抽水工况运行时，导叶开度显示在57.21%没有变化，待机组停机后将2号机电调柜上调速器"现地/远方开关"控制方式切换一次后，第二天凌晨抽水时2号机导叶开度显示正常。

3. 2月25日前夜班，现场巡视发现2号机调速器油泵控制柜压油槽液位显示卡死，

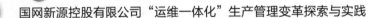

待机组停机后现场拉合 2 号调速器油泵控制柜内 AC/DC 电源开关 F4、DC/DC 电源开关 F5 后，液面已恢复正常。

4. 2 月 26 日前夜班，01:20:07 上位机报"1 号机水导轴承液位高—是"，进一步导致出现"1 号机转抽水工况条件准备好—否""1 号机转抽水调相工况条件准备好—否"信号，1 号机抽水条件不满足。

曹凌智现场启动 1 号机 1 号水导油泵后，"1 号机水导轴承液位高—否"，上位机出现"1 号机转抽水工况条件准备好—是""1 号机转抽水调相工况条件准备好—是"信号，抽水开机条件满足。

四、设备异动、定值变更等情况

（一）设备异动

无。

（二）定值变更

无。

五、双票执行情况

（一）操作票：本周共执行 20 张操作票。

发现问题：无。

（二）工作票：本周办理工作票 25 张（包含工作任务单）。

发现问题：无。

（三）防误闭锁钥匙使用情况

1. 2 号机定检开始时使用 2 号机中性点和 2 号机机端 PT 柜门钥匙，开启 2 号机中性点柜门和 2 号机机端 PT 柜门。

2. 2 号机定检结束时使用 2 号机中性点和 2 号机机端 PT 柜门钥匙，关闭 2 号机中性点柜门和 2 号机机端 PT 柜门。

3. 3 号机 C 修开始时使用 3 号机中性点和 3 号机机端 PT 柜门钥匙，开启 3 号机中性点柜门和 3 号机机端 PT 柜门。

（四）未拆除的接地线或未拉开的接地开关

时间	地线/接地开关编号	安装地点/接地开关名字
2017－2－21 9:33	803167	3 号机 803 机组侧接地隔离开关
2017－2－21 9:32	80317	3 号机 803 主变压器侧接地隔离开关
2017－2－21 10:34	5003617	3 号主变压器高压侧接地隔离开关

续表

时间	地线/接地开关编号	安装地点/接地开关名字
2017-2-21 10:47	20kV-8号	2号电抗器DK2出线侧
2017-2-21 10:54	20kV-10号	3号机励磁变压器33B高压侧
2017-2-21 11:06	400V-22号	3号机励磁变压器33B低压侧
2017-2-21 11:17	20kV-11号	3号主变压器低压侧软连接处
2017-2-21 11:20	8437	2号高厂变压器23B高压侧接地开关
2017-2-21 11:24	10kV-18号	2号高压厂用变压器23B低压侧
2017-2-21 11:30	3307	10kV Ⅲ段母线进线电源开关330接地开关

六、当前危险点、薄弱环节及注意事项

(一)设备薄弱环节

序号	问题	设备主人	状态	备注
1	2号机调速器油泵控制柜压油槽显示液位卡死	—	—	巡视期间要与压油槽浮子进行对比,观察是否卡死
2	3号机C修导致监控系统CPU异常报警	—	—	上位机监盘加强关注,如果出现故障报警,立即汇报处理
3	随着气温升高,4号机运行时个别瓦温呈现温度较高现象	—	—	加强关注

(二)危险点及注意事项

1. 目前3号机发电机层交直流分屏带电,自用电还未布置安全措施进行检修。3号机球阀密封水回路和机械锁锭已投入,并将连杆拆除保持在投入状态;机械锁锭螺栓没投。3号机锥管人孔门和蜗壳人孔门在开启位置,巡视人员加强关注尾水管水位,及时启检修泵进行排水。

3号机C修期间,工作票许可时,必须工作负责人现场办理,工作负责人与工作许可人核对无误后方可进行许可,同时安全措施变更必须由操作组进行操作,任何人发现现场有违反安规的施工行为时应立即制止并责令整改。

2. 近期机组运行方式加大,中控室值班人员应加强信号检查,对上位机出现的报警应到现场检查核实。前台值守时应把机组稳定运行放在第一位,要有良好的开机习惯,选择流程画面进行开停机,发令前要反复检查、核对,开机时做好监护。值班人员必须每隔20分钟对上位机画面和事件信息进行巡屏1次。

3. 五防装置万能钥匙，用于取出地下厂房工器具室内的地线，使用完毕后及时归还中控室。

4. 巡视人员应加强对 SFC 输入变 61B 的检查，出现异常情况立即汇报，本周厂家将到场进行检查。

5. 最近，值守操作组部分员工的安全意识淡薄，上班纪律涣散，未认真落实公司制定的相关制度。对设自己的岗位职责未认真履行，值班不认真，责任意识不强。

值守人员进出班，第一个前夜班在当天上午之前到公司，并在赵主任或者祝主任那里报到，晚上提前 15min 交接班。交接班时应禁止讨论与工作无关的事情，提高交接班效率。白班值班员提前去中控室查看报警信息、钥匙归还、台账以及卫生打扫等情况，为交接班做好准备工作。值班期间原则上不得离开工地，有特殊原因必须履行请假手续，如果没有履行请假手续私自离开工地，一经发现将从重考核。

6. 要高度重视交通安全，中控室值班人员上下班车速严格控制，做好交通风险预判与车辆检查。发现车辆存在故障时，应及时报修，避免使用带病车辆。

7. 加大培训考核力度，运维负责人、部办将结合现场实际不定期对值守操作人员进行提问，提问情况将纳入月度考评。

8. 中控室值班人员应规范化值班，严格遵守中控室管理规定。

9. 主厂房、副厂房雨淋阀已实现中控室远方开启，并在中控室火灾报警控制柜内设置了相应启动按钮。相关人员在进行中控室卫生清扫或查看消防报警时，严禁误碰误动相应动作按钮，值班负责人加强中控室设备管理。

10. 每日的特巡要认真仔细，手持机上的巡视数据要及时上传。若巡视过程中，手持机出现死机等问题无法继续扫描巡视时，及时和运维负责人反馈，禁止上传没有数据的空记录到生产管理系统中。

11. 继续做好信息安全工作，严禁内网外联，擅自打开可疑邮箱文件。

七、上级交办与工作安排

（一）上级交办事项（含交接班会议纪要）（交接班会完成后由当天晚班完成）

（二）上周重点交办工作总结

序号	上周重点工作项目	上周重点工作完成情况
1	定期工作	已完成气系统排污并闭环流程
2	设备特巡	按照规定路线与内容完成特巡，并上传和确认巡检数据

续表

序号	上周重点工作项目	上周重点工作完成情况
3	移动终端使用	按要求完成。使用情况可在转到指标管理/指标查询/HPMS 移动端查询统计表中查询
4	3 号机变组 C 修布置措施操作	已完成
5	3 号机变组 C 修配合操作	完成 3 号机调速器导叶打磨处理配合操作
6	规范化值班	已完成，保证机组安全稳定运行
7	2 月份上旬培训点评及下旬培训出题	已完成，督促按时保质闭环
8	常见事故应急处理流程编制	已完成
9	15、16 年员工每日技术问答检查	已完成
10	3～5 月份排班表	已完成
11	值守操作常用工器具操作指南或作业卡	已完成
12	应急演练	完成《调度通信中断现场应急处置演练策划方案》编制

（三）本周重点交办工作计划

序号	工作项目	工作要求	责任人
1	规范化值班	提前 15min 到中控室，全面熟悉运行方式与工作情况，交接到位	值班负责人
2	定期工作	完成气系统排污并闭环流程，保证调速器、球阀压油槽液位与压力正常	杨恒
3	设备特巡	按照规定路线与内容完成特巡，并上传和确认巡检数据	值守人员
4	移动终端使用	每次都要使用，要尽量多地使用。使用情况可在转到指标管理/指标查询/HPMS 移动端查询统计表中查询。将主厂房玻璃房运维负责人电脑上安装移动终端使用程序	宋太平
5	3 号机变组 C 修配合操作及恢复措施操作准备	按时、高质量完成	曹春永
6	3 号机变组 C 修检修完成后试验检修卡的编写及提交	提前完成，根据部门要求提前三天提交调度审批	杨恒
7	每周一次事故演练	随机出题，不定责任人	曹春永
8	15、16 年员工每日技术问答	要求值班就有记录，每周一上午交接班之后同意交中控室，由接班运维负责人检查完成情况	杨恒
9	双票检查	每周日进行本周双票检查	宋太平

八、运维负责人交接确认

接班运维负责人：

（签字）

接班时间：　　　　　　　　　年　　月　　日

交班运维负责人：

（签字）

交班时间：　　　　　　　　　年　　月　　日

第二节　运维一体化模式下的安全生产模式创新

一、设备主人职责落实的探索与实践（琅琊山）

（一）背景介绍

据统计，2016～2017年，新源公司生产单位发生严重及以上缺陷439起，其中80%以上存在设备工艺质量或管理不到的问题，83起八级及以上事件中，全部为设备事件。在对各种典型不安全事件分析的基础上，琅琊山公司推行设备"六个一"管理，明确设备主人职责并进行星级管理，实施设备主人例行工作清单，推进现场作业标准化管理，更好地落实设备主人的管理和运维责任。

（二）主要做法

1. "六个一"

琅琊山公司梳理"六个一"台账清单目录，要求所有设备主人按照台账清单目录完善设备基础台账，确保所有设备基础台账完整齐备，形成可传承、可移交的基础资料。

（1）"一份设备台账清册"，指设备系统基本信息、静态台账、事故备品备件、新技术新产品信息、专用工器具或试验仪器等。

（2）"一份人员资源清单"，指设备系统上级专业管理人员、公司系统设备专家、设备厂家以及设计等单位专家信息。

（3）"一份规程标准清单"，指设备系统全过程（设计、调试、运维、检修、预试等）有关的国家标准、行业标准、国家电网制度规范、新源管理技术要求及现场的技术标准以及规程规范（含电子版）。

（4）"一份典型案例汇编"，指本单位、新源公司系统以及设备厂家等关于本设备系统的缺陷、故障案例及处置过程资料。

（5）"一份工作职责清单"，指规程规范及制度标准要求的设备主人责任清单、管理评价、定期报送、岗位要求等。

（6）"一套项目管理资料"，指本设备系统项目全过程（项目可研、采购、审查、合同、验收、竣工、结算等）管理和技术资料。

2. 设备主人分工及星级管理

（1）设备系统划分。

琅琊山公司将设备划分为 34 个设备系统，确保覆盖所有生产设备系统，设备系统按照功能完整性划分，如调速器系统包括电调、机调及执行部分。明确发电电动机、主变压器等 14 个设备系统为主设备系统，其他为一般设备系统。

（2）设备主人及监督管理。

每个设备系统均明确设备 A 角、B 角和监督角，其中 A 角和 B 角由各级运维专责和水工专责等担任，监督角由部门管理人员担任。并明确各自管理要求，确保设备主人各项工作无缺位。

1）每个运检人员至少是 1 个设备系统的设备主人（A 角或 B 角），发电电动机、主变压器等主设备系统的设备主人还有资质的限制，确保人人有责、履职尽责。

2）设备主人 A、B 角在监督角的见证下，明确各自职责分工。设备主人 A、B 角按照分工各自履行工作职责，互为备用，设备监督人员负责监督指导和日常考核。

3）设备监督角定期召集设备主人 A、B 角开展设备联合检查，了解设备管理工作存在的困难、设备主人工作需求以及设备主人履职情况，并提出设备主人改进意见和设备维护、技改意见。

（3）设备主人星级管理。

对设备主人实行星级管理，最低为 1 星，最高为 5 星，设备主人星级的高低作为运检劳动竞赛、运检先进推选、运维岗位晋升等的参考，实现对设备主人的量化管理，提升设备主人的积极性。

1）设备监督角每月对设备主人履职情况进行评价，分基础工作、日常运维、其他管

理等部分。其中基础工作评价设备运行状况、健康状态分析、备品备件、维护计划等内容；日常运维评价设备维护、缺陷处理等内容；其他管理评价设备技术监督、反事故措施、项目管理等技术管理内容。

2）根据设备监督角每月评价情况，设备主人评价为优、良、中会分别累积一定的分值，评价为差则扣除一定的分值，最终分值则体现为设备主人的星级。

（4）设备主人监督考核。

电站管理人员及设备监督角负责对设备主人履职情况进行监督，将其履职情况纳入绩效管理。

1）设备监督人员及相关管理人员不定期对各设备主人履职情况进行检查，结合月度考核和争先进位进行考核。

2）设备主人履职评价为优的人员在公司争先进位予以加分，履职评价为差的人员在公司月度考核予以扣分。

3. 运检人员例行工作清单

琅琊山电站推行运检人员例行工作清单制度，运维检修部全面梳理管理制度和要求，形成部门例行工作清单，要求运检人员编制个人例行工作清单，包括通用例行工作清单、业务分工职责清单和个人业务提升清单三部分，用以指导日常工作，防止设备运维、管理各项工作出现遗漏。

（1）通用例行工作清单。

通用例行工作是指运检人员通用工作要求，与业务分工无关。如每日查看各系统、查看工作计划、填写工作日志、值守监盘、两票执行、年度个人工作总结等。

（2）业务分工职责清单。

业务分工职责是指运检人员根据分工需要做的，分设备主人分工、个人项目管理、技术监督职责、其他本职工作等类型。

（3）个人业务提升清单。

个人业务提升是指运检人员根据自身实际和职业生涯规划等编制个人学习提升计划，要求计划实施性强，并可量化。

4. 现场作业标准化

为适应"运维一体化"管控模式，建立以运检规程为统领，设备树为框架，现场作业指导书为抓手，日风险预控单为保障，移动作业终端等为支撑的作业风险管控和运检质量保证体系。现场作业标准化主要包含琅琊山公司电站运检规程单元、现场作业文件单元等内容。

（1）电站运检规程单元。

根据新源公司设备运检导则、技术监督导则以及设备厂家技术要求，编制收集电站设备系统运检规程、电站调度运行规程、设备说明书、运检图册等运检规程单元，用于规范本电站设备日常运维、检修、试验、技术监督各项工作。

（2）现场作业文件单元。

根据电站运检规程单元编制设备年度运维、检修、试验计划，将典型操作票、典型作业指导书、典型试验表单、典型风险库等作业文件单元固化到运检管理平台和移动作业终端，指导开展现场作业，并结合危险点分析预控卡、日风险预控单落实风险管控措施。

（三）实施效果

近年来，琅琊山公司在运维人员轮换频繁、运维业务复杂多变的情况下，抓住设备主人等关键人员管理，明确关键人员职责清单和管理机制，在保证设备设施管理、日常项目管理各项工作到位不缺位，有序完成的情况下，培养了运维人员良好的个人习惯，使运维人员履职能力和水平得到快速锻炼和提升，不断夯实安全生产基础，2017 年以来未发生严重及以上设备缺陷，保持了安全生产良好局面，为电站各项工作的圆满完成奠定了良好的基础。

二、努力攻克四个难题，进一步完善运维一体化模式（天荒坪）

（一）背景介绍

天荒坪公司作为抽水蓄能单位中的老厂，在推行运维一体化模式过程中，暴露出思想认识转变较慢、安全把关弱化、轮换业务生疏、巡检工作弱化等一系列问题。针对这些问题，天荒坪公司上下齐心，认真分析问题，提出了一系列行之有效的解决方案。

（二）主要做法

（1）努力攻克人员思想融合问题。作为抽水蓄能单位中的老站，天荒坪公司生产一线员工从事检修、运行业务年限较长，形成了固定的思维方式。人员调整后，面临原维护岗位人员参与值守、操作业务专业跨度大，原运行人员适应融入新班组需要一个过程，电气、机械专业人员互学难度大等问题。天荒坪公司采取了针对性的措施，开辟了"运维一体化

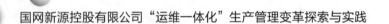

试运行问题建议"园地，畅通建言献策的渠道，为运维人员及时解决实际困难，消除思想包袱；运维检修部每周开展一次碰头会，各级管理人员将员工思想变化情况进行反馈、汇总，及时引导，统一思想。

（2）努力攻克安全把关弱化问题。运维负责人、操作组成员隶属机电运维班组管理，由于存在上、下级的管理关系，容易造成运维负责人、操作组人员在两票办理以及工作协调过程中，存在畏难心理，从而降低安全把关的力度。天荒坪公司要求各班组长在班前会对当日工作做一个整体安排和协调，部门实时监督班组工作安排的合理性。要求工作票签发人以身作则，严守安规红线，严禁代拟工作票，切实把好工作票第一道关，对票面上存在的问题，工作票签发人不得要求许可人代为修改，必须由工作负责人亲自修改、工作票签发人重新履行签发手续。

（3）努力攻克轮换业务生疏问题。运维人员从事一段时间专业运维工作，再次轮入值守或操作，面对整个系统设备，容易产生生疏感。为应对这种情况，天荒坪公司一是规定班组每周安全会对近期全厂设备设施状态变化及运行情况进行专题学习，让班组人员动态掌握全厂设备状态；二是明确学习班时长及内容，严格做到不参加学习班不得接班，并设立学习班记录文件夹，部门定期进行点评；三是安排合理的轮换周期，保证业务从事时长均衡。

（4）努力攻克巡检工作弱化问题。运维一体化实施后，天荒坪公司对原运行、维护分别开展的巡检工作进行整合，由于原运行、维护巡检侧重点不同，班组巡检人员存在惯性思维，巡检工作容易出现弱化。为此，天荒坪公司制定巡检工作细则，从常规巡检、专业点检、精密点检、特巡和巡检分析报告五个维度加强设备巡检质量。常规巡检由班组负责每天巡检一次；专业点检由设备 A 角或 B 角每周巡检一次；精密点检主要是利用仪器、仪表等高科技手段对设备关键部件、易发故障部件进行动态检测；特巡工作根据当前设备存在薄弱环节，临时安排内容和频次，是常规巡检的有力补充；班组每周编制巡检分析报告，对一周的巡检情况进行汇总和分析。

（三）实施效果

天荒坪公司运维一体化试运行工作开展以来，以问题为导向，针对试运行过程中暴露的问题及时制定有效的应对措施，立行立改，各项业务执行情况良好，运维人员轮换有序，各关键环节风险预控措施得力。

三、有效沟通，实战锻炼（西龙池）

（一）背景介绍

山西西龙池抽水蓄能电站有限责任公司（以下简称西龙池公司）4 台机组于 2011 年 9 月全部竣工投产，机组单机容量 30 万 kW，总容量 120 万 kW。电站位于忻州市五台县境内，是山西省第一座抽水蓄能电站，主要承担调峰填谷、调频调相及事故备用等任务，同时也具备黑启动功能，被列为国家电网公司特高压电网运行备用机组。

运维检修部员工 42 人，机电运维班 31 人，水工班 2 人。此外，现场长期协作单位中水一局 16 人纳入班组统一管理。

值守采用五班两倒值班模式，每班配置一名值守人员，值守人员每月轮换 2~3 人。操作采用每周轮换模式，每班配置两人，1 名操作人，1 名监护人。ON-CALL 采用每周轮换模式，每班配置 3~4 人（各专业至少 1 人）。运维正常工作时间上班，承担正常工作日设备检修、维护消缺或事故抢修；承担周末及节假日期间计划检修工作。

轮换基本顺序为：值守→运维（ON-CALL）→操作→值守。

运维业务轮换每月轮换一次，即从值守业务抽出 2~3 人进入运维业务，运维业务内抽出 2~3 人进入操作组，操作组 2~3 人进入值守业务。

在实施运维一体化过程中，也存在一些影响安全生产的不利因素：机电运维班组人员均为 80 后、90 后，缺乏工作经验；原运行人员缺乏项目管理经验。西龙池公司积极作为，通过有效沟通、实战锻炼等多种举措有效保障了安全生产的顺利进行。

（二）主要做法

1. 有效沟通、以工作要求促思想意识转变

运维一体化首先需要人员从思想上转变。西龙池公司以如何做好一个好的设备主人为着手点，分别以如何理解设备主人通用职责、设备主人如何落实职责为主题，以听取设备主人阐述，主谈人补充说明、提出要求的方式，组织公司领导、部门主任分别同各设备主人进行集中座谈和分别座谈，提升班组人员思想认识水平，激发工作主动性，为成为本设备的行家里手而努力。以制定《如何做好一个好的设备主人落实指导清单》（50 项指导意见）为抓手，进一步提升基础认识，明确工作方向，夯实工作基础。

针对机电运维班组人员均为 80 后、90 后缺乏工作经验的现状，西龙池公司制定了设

备主人阶段工作计划,通过部门主任和运维班长每人负责4～5名班组人员对口指导监督,各设备主人结合定检、春检、日常工作,梳理完成了设备台账、图纸目录清单、资料目录清单、历史试验数据台账、设备缺陷台账、设备隐患台账、技术标准规范台账、备品备件及专用工器具清单共八项技术台账,逐步规范了生产技术管理,提升了人员技术能力,统一了人员思想。

2. 以检修为契机,通过实战锻炼队伍

为开展运维一体化做好准备,运维一体化试运行前西龙池公司已组织了14名运行人员参与了维护班组45轮次轮岗,7人轮岗进行机组检修策划、C/D级检修全过程管理,人员得到一定实战锻炼。

2015年实行运维一体化后,检修前一个月即策划好检修工作人员分工,采用以老带新的模式,每个检修作业面确定一个负责人,全面组织检修项目策划、准备、过程协调,全面掌控项目安全、质量、进度,同时主任和各专工在过程中全面指导监督。各作业面负责人在修后编制了详细的检修总结,对每个工序检修流程进行了总结,为下一步其他人员检修管理提供了指导。

检修实行检修负责人、试验负责人有序轮换的方式,整体效果非常好。

3. 严抓项目方案审查,提升项目管理水平

考虑到运维一体化后原运行人员缺乏项目管理经验,西龙池公司从最基础抓起,每个项目开工时必须严格执行方案会审。会审由项目负责人发起,组织公司领导、安质部和运维检修部主任、专工、相关专业人员对"三措一案"进行详细会审,重点是作业流程、作业风险点分析和预控措施。通过会审,做到风险提前把控,各级人员也掌握了项目管理的关键点。

4. 开展实战式培训,运维人员基础能力明显提升

根据每周系统内发生的严重及危急缺陷,结合设备分工,对照本厂设备特点开展对比检查,形成缺陷对比报告。

5. 设立FTP共享平台,提升工作效率

2015年设立了FTP共享服务器,共设立九类资料目录,包括图纸固定资料、日常工作、培训课件、年度专项活动等内容,提升了日常查找图纸的效率,同时方便了每位运维人员学习,形成了技术共享、共同提升的学习工作氛围。

6. 实行师带徒模式,稳步提升人员能力

为促进运行维护人员互相学习、共同提升,引入师带徒模式,每月师傅制定教学内容,

月末由师傅和徒弟对学习情况进行评价，部门不定期测评师徒教学情况并给出相应评价。

加强对新入职大学生的培养，从集中培训回来后立即安排安全专工组织开展安全知识和基础技能培训工作，签订师徒协议，进行了为期 4 个月的基础管理知识学习与现场设备认知学习。随后结合大学所学专业与个人兴趣，运维检修部安排高级运维专责对新入职大学生进行"一对一"带班培训工作，徒弟跟随师傅进行值守、操作、运维、ON–CALL以及日常管理工作等，为运维一体化全面推进提供后备力量。

（三）实施效果

通过实施上述举措，人员主动工作意识明显加强，人员责任感加强，学习氛围浓厚，技术水平大幅提升，为安全生产提供了有力保障。

四、全面抓实技术监督工作（宜兴）

（一）背景介绍

华东宜兴抽水蓄能有限公司（以下简称宜兴公司）4 台机组于 2008 年 11 月全部竣工投产，机组单机容量 25 万 kW，总容量 100 万 kW。电站位于宜兴西南郊，是江苏省第一座百万装机规模的日调节纯抽水蓄能电站。

运维检修部共有员工 45 人，部门下设三个班组：机电运维一班（侧重电气）18 人，机电运维二班（侧重机械）13 人，水工班 3 人。

值守实行 5 班 3 倒的工作方式，每组 1 人，在中控室值班。操作分为 5 组，每组 3 人，一个月内五组进行轮换，每组负责一周。除去值守外的所有运维人员为 ON–CALL，分为 5 组。每组共 6 人，每组负责一周。

轮换基本顺序为：值守→运维（ON–CALL）→操作→值守。每个月运维组中轮出 2 或 3 人进操作组，操作组中轮换出 2 或 3 人进值守组，值守组中轮出 2 或 3 人进运维组。

针对运维一体化实施过程中可能出现的技术监督弱化从而影响安全生产这一问题，宜兴公司在计划、现场、台账、培训等四个方面全面加强了技术监督。

（二）主要做法

（1）落实计划管理。宜兴公司每个专业均设置了技术监督项目年度滚动计划表，列明试验项目及周期、上次试验时间、下次计划试验时间。试验项目及周期以宜兴公司技术监督导则和生产阶段专业监督标准项目为基础，结合本单位实际和技术中心监督信息季报、年中查评、技术监督总结形成；下次计划试验时间与设备的停役计划相结合，集中开展技术监督项目，避免重复停复役，提高设备利用率。另外在执行过程中根据上级要求及相关单位的缺陷情况，及时更新滚动计划，开展针对性技术监督项目，确保设备安全稳定运行。

（2）强化现场实施。宜兴公司对于自主进行的项目，专业监督人员督促相关人员按计划完成测试、检查项目，并要求更新台账，同时完成生产管理系统回填确认。外委项目由技术监督专职在设备停役前与预试单位联系，明确试验项目及工期要求，并与检修单位协调保证试验工作不影响检修计划。在实施过程中，要求监督人员试验前熟悉试验过程及方法，准备好历史试验数据，试验期间现场见证执行过程，并对初步试验数据进行对比分析，确保试验满足规范要求。

（3）健全监督台账。宜兴公司高度重视台账建立、整理和完善工作，目前已建立了含电气设备预试总台账、红外图库和重要部件监督图库在内的技术监督台账，将所有电气设备交接试验和历次预试的日期、数据、记录和分析，红外图谱、磁极挡块和磁极线圈检查图库均纳入台账管理中。技术监督专业人员还收集设备运行期间各相关参数，绘制趋势图，分析变化趋势，判断设备健康状态，为设备检修和技术改造提供依据，同时使得设备管理由过去救火式的消缺转变为现在的超前监督管理。

（4）加强人员培训。实施运维一体化后，宜兴公司在将原运行人员培养成为设备主人的同时，安排原运行人员担任相应专业技术监督专职，保留原维护专职和生产技术专工作为技术监督负责人，由负责人在日常工作中对同专业技术监督专职进行指导、培训，迅速提高其技术监督水平。另外安排专业技术监督人员参加公司举行的各类技术监督培训讲座，进一步提高人员技术监督管理水平。

（5）加强沟通交流。一方面加强与兄弟单位的沟通交流，安排人员到兄弟单位开展调研，积极汲取兄弟单位技术监督工作先进经验。另一方面加强与技术中心相应专业技术监督人员日常沟通交流，在技术监督管理、执行过程中遇到问题及时请教，在获得指导的同时也为技术监督服务单位提供准确的基础数据。

（三）实施效果

通过上述举措，宜兴公司在计划、现场、台账、培训等四个方面全面加强了技术监督，增强了技术监督项目的针对性、及时性，提高了设备利用率，人员技术监督管理水平显著提高，设备管理由过去救火式的消缺逐步转变为超前监督管理。

五、建立值守业务风险库，切实开展风险预控分析（宝泉）

（一）背景介绍

值守是各电站重要生产岗位，负责调度联系、调度指令执行、机组启停操作、监盘、负荷调整、运行记录填报、发电计划报送等日常工作，掌握全站设备运行状况，负责第一时间的事故处理等，值守工作面较广，对值守人员工作要求是非常高的。

随着运维一体化的实施，人员轮换的客观存在使得值守的管理方式有必要进行适当调整。

宝泉公司在值守工作中紧密围绕风险辨识和预控，以值守业务风险库为知识保障，以风险预控分析模块为技术保障，以《运检业务风险辨识管理手册》为制度保障，在值守业务中切实开展风险辨识与预控工作，规范了风险辨识范围，明晰了风险点，有针对性地开展值守业务。

（二）主要做法

1. 编制完善值守业务风险库

公司在充分调研、反复酝酿的基础上，组织业务骨干编制完善值守业务风险库（见表4-4），包括风险源、风险点、风险等级以及应对措施，实现风险辨识工作标准化。风险库覆盖面全，针对性强，应对措施详细具体，具备非常好的实用性，对值守工作起到良好的指导作用。针对风险库内容，公司定期组织完善、更新，确保符合各生产单位实际工作。

2. 引入风险预控分析模块

将风险库内容录入生产管理系统运行风险预控分析模块,值守人员在系统中直接选择相应风险点，对应的风险等级、应对措施便会自动引用，无须手动录入，大大提高工作效率。值守人员根据电站当前生产运行情况，可对引用的风险库进行适当调整，也可手动新建风险点及应对措施以作补充。交接班时在交接记录中引用风险预控分析内容，以便于交接班工作开展。

3. 编制《运检业务风险辨识管理手册》

为规范风险辨识工作，宝泉公司2015年6月编制了《运检业务风险辨识管理手册》，将风险预控分析工作标准化、制度化，明确了各相关人员的职责、风险辨识工作的管理要求、业务流程等细节问题。

（三）实施效果

通过建立风险库，切实开展风险预控分析，有效提高了值守人员风险意识，提升了值守监盘质量。值守业务风险库的编制与应用，使值守人员统一风险辨识原则，避免分析不到位、不全面的问题。风险库录入值班系统，可直接选择对应风险，避免了之前手动输入的工作量。风险库的规范使用，大大提高了值守人员风险预控分析工作质量和效率，提升了精细化管理水平。

表4-4　　　　　　　　　　值 守 业 务 风 险 库

序号	风险源	存在风险	风险等级	应对措施
				值守业务风险库（较大、重大风险）
1	特殊运行方式—电站主接线非全接线运行	厂用电失电。导致水淹厂房及顶盖上水淹没水导风险，导致压油系统低油压风险，导致直流系统电压低，甚至断电，全厂失去监控	较大	1. 现场放置厂用电失电运行现场处置方案。 2. 做好厂用电倒换准备，厂用电部分或全部失电后，若备用电源未自动投入，尽快将厂用电倒换为由备用电源供电。 3. 厂用电全部失电时，做好设备监视，并尽快恢复厂用电系统，保证集水井排水系统、蓄电池及消防系统等重要辅助设备的供电安全。 4. 严格执行柴油发电机的日常巡检及定期试验制度，保证柴油发电机随时可用、能用。 5. 巡检时检查厂用电备自投是否正常投入。 6. 备用电源为外部供电时，应与供电单位联系，确保备用电源可靠供电。 7. 保证厂内移动、固定通信系统设备的供电安全。 8. 做好蓄电池的日常维护工作，保证蓄电池的容量、输出电压及使用时间等各指标满足要求。 9. 做好各压力源系统（如调速器系统、球阀系统等）的监视，防范因厂用电系统电源长时间失电导致各压力源系统压力不足隐患发生
2	特殊运行方式—厂用电系统非全接线运行方式	厂用电失电。导致水淹厂房及顶盖上水淹没水导风险，导致压油系统低油压风险，导致直流系统电压低，甚至断电，全厂失去监控	较大	1. 现场放置厂用电失电运行现场处置方案。 2. 做好厂用电倒换准备；厂用电部分或全部失电后，若备用电源未自动投入，尽快将厂用电倒换为由备用电源供电。 3. 厂用电全部失电时，做好设备监视，并尽快恢复厂用电系统，保证集水井排水系统、蓄电池及消防系统等重要辅助设备的供电安全。 4. 严格执行柴油发电机的日常巡检及定期试验制度，保证柴油发电机随时可用、能用。 5. 巡检时检查厂用电备自投是否正常投入。 6. 备用电源为外部供电时，应加强与备用电源供电单位联系，确保备用电源可靠供电。 7. 保证厂内移动、固定通信系统设备的供电安全。 8. 做好蓄电池的日常维护工作，保证蓄电池的容量、输出电压及使用时间等各指标满足要求。 9. 做好各压力源系统（如调速器系统、球阀系统等）的监视，防范因厂用电系统电源长时间失电导致各压力源系统压力不足造成后续隐患发生

续表

序号	风险源	存在风险	风险等级	应对措施
2	特殊运行方式—厂用电系统非全接线运行方式	厂用电失电。运行机组由于重要辅机失电导致相关设备温升高跳机	较大	1. 尽快恢复重要辅机电源。 2. 加强监盘及现场巡视，加强对机组各部瓦温、水温、油温以及机组振动的监视如出现故障立即进行现场排查和事故处理，如影响机组安全运行，应及时向调度申请转移负荷。 3. 做好机组跳机事故预想
		厂用电失电。运行机组事故低油压导致运行机组跳机	较大	1. 厂用电全部失电时，做好设备监视，并尽快恢复厂用电系统，如厂用电暂时不能恢复，立即启动柴油发电机带厂用电，保证相关设备的供电安全。 2. 减少机组负荷调整，尽快停机。 3. 做好机组跳机事故预想。 4. 加强现场巡视力度，对调速器压力系统、球阀压力系统压力变化情况做好实时监视
3	特殊运行方式—电站机组小系统运行	厂用电失电。导致水淹厂房及顶盖上水淹没水导风险，导致压油系统低油压风险，导致直流系统电压低，甚至断电，全厂失去监控	较大	1. 现场放置厂用电失电运行现场处置方案。 2. 做好厂用电倒换准备，厂用电部分或全部失电后，若备用电源未自动投入，尽快将厂用电倒换为由备用电源供电。 3. 厂用电全部失电时，做好设备监视，并尽快恢复厂用电系统，保证集水井排水系统、蓄电池及消防系统等重要辅助设备的供电安全。 4. 严格执行柴油发电机的日常巡检及定期试验制度，保证柴油发电机随时可用、能用。 5. 巡检时检查厂用电备自投是否正常投入。 6. 备用电源为外部供电时，应与供电单位联系，确保备用电源可靠供电。 7. 保证厂内移动、固定通信系统设备的供电安全。 8. 做好蓄电池的日常维护工作，保证蓄电池的容量、输出电压及使用时间等各指标满足要求。 9. 做好各压力源系统（如调速器系统、球阀系统等）的监视，防范因厂用电系统电源长时间失电导致各压力源系统压力不足隐患发生
4	特殊运行方式—水库水位非正常运行	抽水蓄能机组水库水位过高过低跳机风险。机组低水头振动过大跳机	较大	1. 加强监视水库水位变化，每日利用工业电视核对上下库水位，防止水位计出现故障或测量不准确。应考虑水位波动或水位监测装置异常造成机组跳机，做好事故预想。低水头机组发电振动过大，联系调度调整输出功率或停机。 2. 合理分配机组单机负荷，尽量保证机组振动在安全区内运行。 3. 做好日负荷计划的核算，避免因日负荷计划安排不合理导致上下库水位变幅较大。 4. 定期对上下库水位测量系统进行维护，并进行主备用切换试验，保证水位测量设备可靠、稳定运行
		汛期水电机组大发电，长期运行存在跳机	较大	1. 大发发电机组长时间运行，对各部瓦温、水温、油温以及机组振动摆度等加强趋势分析，动态跟踪。 2. 增加针对性巡回次数，加强对相关运行设备的巡检和红外测温。 3. 做好机组跳机事故预想
		水库水位过高，超淹没线造成库区财产损失	较大	1. 水库水位达到预定位置，及时启动预案，通知到位，避免造成更多的淹没损失。 2. 根据负荷计划提前做好水位预估，并做好水库放水相关准备工作，与地方防汛办进行沟通

续表

序号	风险源	存在风险	风险等级	应对措施
4	特殊运行方式—水库水位非正常运行	水库水位过高，局部造成溢坝漫坝	重大	1. 水库水位过高，溢洪坝面过水，通过溢洪闸门泄洪，严格执行泄洪通知规定，避免造成意外的损失。普通坝面要避免漫坝、溢坝，杜绝因此造成的水电站垮坝风险。 2. 汛期加强水库巡视。 3. 要及时与地方防汛办进行沟通，提前做好放水准备，避免不可控的溢坝漫坝事件。 4. 做好相关预案，必要时可调整机组负荷计划或采取机组转抽水等特殊手段控制上下库水位
		水库水位过高，泄洪对下游居民产生的影响	较大	1. 洪峰期预留备用库容。 2. 及时启动预案，通知到位，避免造成更多的损失与人员伤害。 3. 做好相关预案，必要时可调整机组负荷计划或采取机组转抽水等特殊手段控制泄洪流量
		水库水位低于死水位时，引水隧洞容易发生空蚀现象，并容易引起隧洞损坏、机组振摆过大严重后果	较大	1. 上库水位过低向调度申请发电机组停机，下库水位过低向调度申请抽水机组停机。 2. 严格按照低水位运行设计规定调整机组输入功率，监视机组振摆值变化趋势。 3. 机组在此条件下运行应由相关部门提前制定相应的执行办法，规范执行过程中的细节并制定好相关现场异常处置预案
5	特殊天气—冰冻	线路严重覆冰，导致线路跳闸，导致运行机组甩负荷、过速风险；过速过程伴随着剧烈的振动、蜗壳转轮室压力上升、转子存在过速损伤	较大	1. 加强对户外设备巡检，及时清除线路上、绝缘子等处的冰雪。 2. 现场放置机组失稳失控现场处置方案。 3. 做好手动关闭机组进水阀门或导叶的准备。 4. 如高压注油泵、轴承水泵等重要辅机设备应严格执行定期切换试验工作。 5. 加强监视机组出口电压曲线和蜗壳转轮压力上升曲线，确认各个参数上升值在安全范围。 6. 安排人员停机工况定期对风洞和水车室进行检查。 7. 进行机组升转速试验，重点关注风洞、水车室是否有异音。 8. 做好水淹厂房事故预想，做好手动落上/下库闸门准备。 9. 关注机组消防动作情况，现场检查有无火情，做好启动消防准备
		路面结冰，存在厂区用车风险，特别是上下库急坡地带，容易发生交通事故	较大	1. 车辆更换防滑轮胎。 2. 进行道路除冰或采取防滑措施。 3. 制定冰雪路面用车规范。 4. 在高危地段装设警示标志。 5. 开展员工冬季行车安全培训
6	特殊天气—酷暑	机组长时间满输出功率运行，运行设备温度过高存在限制输出功率或跳机	较大	1. 加强对各瓦温、油温、绕组温度的监视，增加现场运行设备的巡视，及时做好户外设备红外测温工作，加强对高温部位监视，定期对各参数进行趋势分析，动态跟踪，一旦发现异常立即检查处理。 2. 出现设备温度高报警时，及时到现场查看，调出温度曲线，跟踪温度变化趋势，及时调整冷却水流量或压力、增加冷却器运行台数，必要时向调度申请相关机组降输出功率运行或停机。 3. 合理安排机组的启动顺序，避免机组长时间运行

续表

序号	风险源	存在风险	风险等级	应对措施
7	特殊天气—暴雨或持续降雨	雨水过于集中，导致水库水位上涨，水库水位过高，造成溢坝漫坝	重大	1. 加强水库水位动态监测及水情自动化系统巡视检查。与气象部门做好沟通联系，提前对雨情进行分析，及时安排泄洪。 2. 加强厂外设备及水工建筑物巡视，检查各泄水闸门操作机构及电源供电情况，如发现异常及时排查处理。 3. 水库水位达到预定位置，及时启动预案，通知到位，避免造成更多的淹没损失。 4. 水库水位过高，溢洪坝面过水，通过溢洪闸门泄洪，严格执行泄洪方案，避免造成意外的损失。普通坝面要避免漫坝、溢坝，杜绝因此造成的水电站垮坝风险。 5. 做好相关预案，必要时可调整机组负荷计划或采取机组转抽水等特殊手段控制上库水位
		抽水蓄能机组上水库水位过高跳机	较大	1. 运行中的机组安全受到威胁时，立即与调度联系，改变机组运行方式，降低水位。 2. 根据负荷计划提前核算好上下库水位，必要时向调度申请调整负荷计划
		厂房、地下厂房雨水倒灌，厂内排水系统无法正常工作排水，厂房内水位升高，可能造成水淹厂房	重大	1. 立即组织人员用防洪沙袋在厂房通风兼安全洞、交通洞、施工支洞等洞口筑起阻水水坝，防止雨水进入厂房；对排水沟进行检查清理，防止堵塞造成水淹设备。 2. 严格执行排水泵的日常巡检及定期试验。 3. 注意关注地下厂房集水井水位上升情况，必要时增加深井泵台数或采取辅助手段排水。 4. 视情况启动水淹厂房预案，及时疏散人员
		厂内过水区域部分电气开关拒动，可能会造成人身涉水触电	较大	根据相关现场处置方案，提前对厂内过水设备停电
		水工建筑物廊道渗水量异常，水工廊道发生击穿，涌水，最终导致水淹厂房	重大	1. 水工安排定期巡检，并加强对各廊道，施工支洞漏水量的监视和漏水趋势分析。 2. 做好水工监测自动化系统维护，确保装置稳定运行
		公路边坡塌方、泥石流等导致道路交通阻断甚至造成人员伤亡	重大	1. 封锁边坡塌方、泥石流流经地带，禁止无关人员入内，对灾害现场进行全面检查，迅速确定事故发生的准确位置、人员伤亡情况等，有人员伤亡时，现场及时开展自救，并拨打120急救电话。 2. 通知政府相关部门配合，并启动相应预案。 3. 在无法确认户外设备受损情况下，应及时与调度沟通，调整电站相关运行方式
		室外二次端子箱门关闭不严漏雨引起主变压器、线路跳闸，进而导致运行机组跳闸	较大	1. 加强室内外端子箱、配电箱、动力箱巡查，确保箱门关闭良好。 2. 发现箱门损坏，及时通知修复。一时修复不好，应立即采取临时措施，防止因漏雨导致设备发生异常情况。 3. 做好机组跳机及厂用电失电的事故预想
		机组技术供水有杂物引起过滤器阻塞，进而导致运行机组跳闸	较大	1. 及时清理上下水库内杂物和拦污栅。 2. 及时清理过滤器。 3. 严格执行过滤器定期切换制度。 4. 做好机组跳机的事故预想
8	特殊天气—雷电	线路跳闸导致运行机组跳机	较大	1. 做好机组跳机的事故预想。 2. 视情况及时启动相关预案

续表

序号	风险源	存在风险	风险等级	应对措施
8	特殊天气—雷电	人身伤害	较大	1. 禁止进行户外设备操作。 2. 设备巡视时应制定必要的安全措施，至少两人一组，巡视人员与派出部门之间保持通信联系。 3. 户外作业遇雷雨天气应立即停止作业，就近找到能避雷电的地方，不能躲在大树下，远离电线杆、铁塔、避雷器和避雷针等接地装置
9	特殊天气—台风	线路跳闸导致运行机组跳机	较大	1. 做好机组跳机的事故预想。 2. 视情况及时启动相关预案
		雨量过于集中，排水不畅导致雨水倒灌水淹厂房	重大	1. 立即组织人员用防洪沙袋在厂房通风兼安全洞、交通洞、施工支洞等洞口筑起阻水水坝，防止大量雨水进入厂房。 2. 做好抢险物资准备。 3. 提前对户外设备进行加固。 4. 视情况及时启动相关预案。 5. 提前对厂内过水设备停电
		台风导致出线场设备损坏，杆塔倒塌，全厂失电风险	重大	1. 做好机组跳机及厂用电失电的事故预想。 2. 视情况及时启动相关预案
		台风伴随暴雨引起泥石流，威胁人身、设备安全	重大	1. 取消或暂停户外作业保证人身安全。 2. 提前对户外设备进行加固。 3. 视情况及时启动相关预案
		人身伤害	重大	1. 取消或暂停户外作业，保证人身安全。 2. 视情况及时启动相关预案
10	特殊天气—雾霾	由于大气湿度及污秽物增加易导致污闪，线路跳闸，部分或全部厂用电失电	较大	1. 做好机组跳机及厂用电失电的事故预想。 2. 视情况及时启动相关预案
11	设备特殊情况运行—新设备投运或主设备大修后投运初期	机组检修后运行初期声音异常，振动、摆动较大，导轴承温度较高、运行参数不稳定等造成机组损害或跳闸	较大	1. 机组检修后，应对检修过程中处理过的缺陷、反措、隐患进行重点排查和监视。 2. 加强对检修后机组及其辅助设备现场详细检查，监控监视机组运行参数变化情况，特别是温度、振摆、电压、电流、功率等数据监视及报警信息、声音情况进行趋势分析；动态跟踪，发现异常汇报调度停机处理
		主变压器检修后投运异常出现温升过快，套管放电、本体漏油等现象，导致开关跳闸	较大	1. 加强对检修后主变器现场巡视检查，特别是温度、声音、油位是否异常，进行趋势分析，动态跟踪，若发现异常，立即排查处理，必要时停电处理。 2. 主变压器充电后，应对其进行取油化验，确保主变压器内部无异常
12	设备特殊情况运行—设备限制或限额运行	设备限制或限额运行，突破限制，会导致设备启动失败，故障甚至跳闸	较大	1. 加强对相关设备的运行监视及巡视检查，严格执行限制运行要求。 2. 值守人员应对设备的参数进行熟记，包括最低值、正常值、报警值、跳机值等。 3. 对于设置的限制运行的装置，应严格履行相关制度和手续，任何人不得无故改变设备本身的定值、参数等等，解除限制设置密码，应执行审批手续。 4. 如确已突破运行限制，应认真监视设备的运行状况，是否满足运行的条件，如有异常立即进行相应的处理；若保护相应动作，则按照相应流程进行处理。 5. 在正常执行的过程中，有可能突破或者解除限制运行的操作尽量由两个人执行，一人执行操作，一人监护，确保不发生误操作

第三节 运维一体化模式下的人才培养

一、运维一体化模式下人才培养机制的探索（琅琊山）

人才是企业发展最活跃的因素，高效率的人才培养是适应新源公司"三步走"战略和跨越式发展的需要。琅琊山公司结合自身实际，探索出适应运维一体化模式的人才培养机制，并将员工日常培训成绩作为绩效考核、岗位晋升的重要组成部分，通过将培训成绩与绩效管理相结合，实现了员工积极参与培训、自觉接受培训、主动自我培训的长效机制。

（1）强化基本技能，培养自学能力。运维人员的基本技能是查看图纸、查找资料、使用工器具等，对于新进站人员首先要完成的是基本技能的培训，运维人员不仅要熟悉各专业系统图，还应熟练掌握二次控制图，能把系统图纸与现场设备实际对应，并熟练使用万用表、红外测温仪、过程校验仪等基本工器具。琅琊山公司将所有生产相关资料全部电子化，并上传至内网服务器，方便查阅学习，每月开展知识考试、技能竞赛等活动，激发运维人员学习热情。采用布置学习课题等启发式的培养手段，引导运维人员主动学习，独立思考。

（2）专业全面覆盖，培训不留死角。运维一体化模式下，运维人员的专业、岗位都不再像传统模式那样细分与固化，要求运维人员熟悉电气、机械、控制等各专业内容，并具备一定的技能水平。琅琊山公司采用"年计划、月调整、周开展"的方式，每年制定专业培训计划，每个专业指定专人结合公司设备的实际情况编写培训教材，每周开展一次专业培训，全体生产人员参加，并对培训情况和效果进行跟踪评估。充分发挥全体运维人员专业技术优势，做到了全员全专业培训，能者为师。

（3）创新培训方式，"微培训"建奇功。琅琊山公司在开展课堂式培训之外，针对不同特点、不同时期入职的员工，创新采用"微培训"方式开展针对性培训，主要利用QC小组活动、检修间隙、班组会议等碎片时间，针对工作中遇到的热点、难点问题开展活动，如成本性支出和资本性支出的区别，隐患与缺陷、风险的关系，继保仪如何操作使用，发电机制动器的工作原理等。"微培训"与生产人员日常工作息息相关，并且可以现学现用，每个人都爱听、爱讲、爱思考、爱参与，起到了意想不到的效果。

（4）"送出去""请进来"，提升培训效果。为突破内部培训人员技能和培训水平的限制，还广泛采用"送出去""请进来"的方式。除按照新源公司统一培训计划委托"一中心两基地"开展培训外，琅琊山公司还长期与 VATECH、ABB 等设备和仪器仪表厂家保持联系，经常性派运维人员参加厂家调试、实操等培训，深入学习设备原理、结构。另外，通过与地方消防、安监、红十字会保持良好关系，邀请相关专家开展消防逃生、反恐应急、紧急救护等知识和技能培训，取得了良好的培训效果。

二、建立运维人员复合型人才长效培训机制（琅琊山）

运维一体化是水电站管理发展的必然趋势，是适应设备技术水平提升的必然结果。运维一体化的实施也需要有一支复合型人才队伍进行人才支撑。琅琊山公司在实践中探索出了一条淡化电气与机械专业界线、运行与维护岗位界线、管理与执行层级界线、技能工人和专业技术人员界线，打造"复合型人才"队伍的长效培养机制。

要打造复合型人才，需要夯实专业基础、强化基本技能、注意培训和岗位锻炼的针对性，具体如下：

（1）夯实员工专业基础。琅琊山公司编制了所有岗位的培训教材和知识题库。同时，鉴于新进厂员工的学校不同、学科设置不同，公司增加了基础课的培训。

（2）强化基本技能，培养自学能力。琅琊山公司强调对员工动手能力的要求，通过定期组织各类技能比赛、操作演示等活动，保证了运维人员均能熟悉扳手、绝缘电阻表等基本工器具的使用方法和要求。员工基本技能和自学能力的培养，为公司和个人发展都奠定了良好的基础，并起到了很好的促进作用。

（3）进行一体化培训。电气、机械专业知识同时培训，运行、维护岗位同时锻炼。运行时熟悉全站设备的运行方式、主要参数、设备的监控、倒闸隔离操作，着重掌握全站各设备系统宏观结构；维护时参与设备的日常检修维护和消缺工作，透彻了解设备的结构特点、控制原理、缺陷发生机理和修复程序，深化微观知识结构。

（4）开展"贴身式"培训。针对不同人员采取不同的培训方式。对运行人员的培训，采取签订师徒合同方式，一对一结对培训。对维护人员的培训采用辅导员方式，一名专工辅导多名新人员。

（5）在实践中锻炼员工。琅琊山公司将"专题"培训与现场设备故障和消缺相结合。由于实行运维一体，任何生产人员现场都可能碰到各式各样的缺陷，从电气到水机、水工，消缺负责人除在现场完成消缺工作外，还需在琅琊山公司月度生产分析会上对消缺思路和过程进行详细介绍，对缺陷相关的边缘知识进行讲解，这就要求每一位生产员工不光要有熟练的操作能力，还要具备丰富的理论知识。

通过实施以上措施，逐步培养出一批拿得出、顶得上的"复合型人才"。

三、摸索培训方式，提升培训效果（蒲石河）

蒲石河公司在运维一体化工作开展以来，始终秉承"培训是员工最大福利"这一理念，将员工培训作为公司的重点工作，不断摸索培训经验、优化培训模式、总结培训亮点，一步步将培训工作落到实处。

"培训是企业的生命线"，提高培训质量并非易事，需要做好培训需求分析、师资队伍、培训课件、实训设施等各环节的工作。要调动受训者参与培训的积极性和主动性，突出培训内容实用化、培训方式专业化、培训资源集约化。明确不同内容、不同人员的培训方式，加强骨干精英培训。将现场常见问题搬上讲台，开展课堂讨论，将培训工作落到实处，学真知识、练真功夫。

在运维一体化初期采用运行、维护轮岗方式开展培训。轮岗人员与公司级技能专家签订师徒协议，制定专项奖惩机制，鼓励员工自学自训。经过近两年的换岗培训，超过 90% 员工具备轮岗条件，达到预期培训效果。

蒲石河公司以班组为单位开展人员培训，能够深入了解员工需求，结合不同专业特点，突出对主要专业技术能手和拔尖人才的培养，使他们在理论上、技能上成为专家型人才，具备解决疑难问题的能力。

建立培训监督体系，生产领导、运维检修部不定期参加培训讲堂，提高员工重视程度。班组长进行课堂督导，了解培训效果和员工需求，及时调整培训计划，切实提高员工技能水平。

组织开展运维人员技术比武工作，从理论知识、实际操作等多方面考察运维人员理论技能水平。开展无脚本事故演习工作，考察运维人员应对、处理突发事件能力。通过多种途径使员工找到自身不足，有针对性地进行学习提高。

伴随运维一体化工作的逐步深入，对于抽水蓄能人才定位更加精准，蒲石河公司又创新性提出"米其林"培训法。

"米其林"培训法简介如下：

（1）菜谱拟定：拟定培训大纲，针对不同设备系统、不同人员结构制定针对性培训目标、培训内容。

（2）食材采买：根据培训大纲收集培训素材，每个培训系统提出不少于 10 项开放式问题，用以引导员工思考。

（3）指导烧菜：员工根据大纲及学习材料，围绕问题开展探索式学习。对员工自主学习中发现的问题进行集中答疑，促进员工思考与相互学习，这是决定培训效果的关键环节。

（4）试菜点评：分系统进行考试，考试后对试卷进行深入讲解，对知识点进行二次回顾。

（5）星级评定：每年开展一次巡检、操作、值守业务复评价，采用星级管理措施。不满足星级要求的员工取消相应业务资质。

"米其林"培训法突破传统"授课式"培训方法，将提问式教学与员工自主学习有机结合，使"讲授"转变为"讨论"，提升培训参与感、带入感；引入星级评价概念，促进员工主动参与培训，重视培训。"米其林"培训法将员工由"被动输入"转变为"主动吸收"，让员工对培训产生"兴趣"，并在培训过程中有实实在在的提升。

在对培训模式不断探索优化的基础上，蒲石河公司开展了多轮全系统业务培训，每个轮次的培训深度逐步升级，员工技术技能深度、广度均得到有效加强，为运维一体化的推进奠定了坚实的人才基础。

四、"从群众中来，到群众中去"（西龙池）

西龙池公司为确保运维一体化工作的顺利开展，第一次宣贯会即确定了推进工作要有"磨刀不误砍柴工""思想统一是最难的工作"的心理准备。经多次召开务虚会并充分酝酿，明确了"自下而上、自主管理、辅助决策"的工作思路，并将"从群众中来，到群众中去"作为工作方法。"从群众中来"就是听取各级人员的建议并找出措施；"到群众中去"就是分管领导和主要领导进行辅助决策。在深刻理解运维一体化相关文件的基础上，依靠全体生产人员的集体智慧分析问题、解决问题，推进运维一体化。

针对运维一体化实施过程中存在的问题，有针对性地采取以下措施：

（1）做到知己知彼，广大员工心中有数。派出四批管理人员及技术骨干到兄弟单位调研，重点调研兄弟单位推进运维一体化的难点和热点，认真对比分析，做到了心中有数。

（2）抓住培训重点，实战式培训取得实效。以机组检修为契机开展运维轮换实训，并形成定期轮换常态机制。

（3）落实项目负责人制，增强安全管理能力。包括安质部在内的大部分生产人员有序分批的独立承担各类检修、技改、科技项目，切实体会安全管理如履薄冰的感觉，在实战中锻炼生产人员项目管理和安全管理把控能力。

（4）强化主任带班制，发挥引领示范作用。生产部门四位主任实行假日独立带班制和 AB 角工作制，部门负责人管控能力、应急处置能力、技术管理能力显著提升，起到了带头示范作用。

（5）将举一反三工作落到实处，促进设备本质安全意识提升。每周统计系统内发生的重要缺陷，安排专人结合西龙池公司电站设备进行针对性的分析和排查并形成对比报告。

（6）注重外出学习、培训效果管理。西龙池公司积极采取措施，实行费用报销和出差总结报告挂钩等措施，以促进外出学习、培训、出差的效果控制。

（7）建立生产信息共享机制，学习有的放矢。共享的消缺报告、专项分析报告、比对报告、出差总结等作为考核考评题库，并积极筹划建立 FTP 资料共享系统，进一步规划生产信息、资料的全方位共享。

（8）立规矩促和谐。建立并不断强化"边界条件不清晰时立规矩——实践中修正——明确规矩"的管理共识，并在生产口广泛营造"以事为中心的自动运行机制"的扁平化工作观念和氛围。

（9）建立个人学习台账。全体运维人员建立个人学习台账，主要将个人已掌握的知识和能力进行记录、定期提交，方便了学习交流，也使得公司能够及时系统地了解每位运维人员的学习动态。

遵循"从群众中来，到群众中去"的工作方法，各级生产人员对运维一体化经历了由观望到基本了解，再到充分理解，认识到位的一个过程；开展各项工作的主动性、融入性、自觉性显著增强；年轻的运维人员取得多项超预期成绩并获得公司肯定；广大员工继续深入开展运维一体化的信心倍增。

五、开办"职工夜校"为员工"充电"（宜兴）

宜兴公司通过开办"职工夜校"，进一步加强员工教育培训工作，全面落实年度培训计划，提升干部员工整体素质和职业技能水平，促使员工学习常态化、规范化、制度化，为宜兴公司安全健康发展注入正能量。

宜兴公司制定了《职工夜校实施意见》，成立了以总经理为校长，其他班子成员和部门负责人参加的夜校组织机构，人事综合部负责职工夜校培训活动的日常工作。

宜兴公司将职工夜校与全年培训计划融为一体。每周二晚上利用业余时间开展两小时的集中培训，针对职工岗位需求开展全方位培训。促进近年来新参加工作的员工尽快成长，促进宜兴公司各级管理人员加强自身的学习和提高，培养员工养成"终身学习，自觉学习"的良好习惯。

采取多种培训形式，力求取得实效。根据"缺什么补什么"的原则，制定职工夜校月度培训计划，课程设置涉及企业管理、企业文化、生产技能、安全技能、物资设备、成本核算、新闻报道、党风廉政等方面，采取"自办自讲"的方式，授课"教师"由各部门负责人担任，通过现场讲解、交流讨论、观看视频等灵活多样的教学形式，确保每位员工培训后都能得到提高。

加强夜校培训考核，保证培训质量。每次培训结束前，由参培人员对授课老师进行评估，填写《培训效果评估表》，并及时反馈给授课老师，督促授课老师持续改进和提高。对无故不参加培训及培训考试不合格者，通过绩效予以考核，确保培训工作不走过场、不走形式、收到实效。

宜兴公司建立"职工夜校"长效学习机制，利用晚上进行集中学习教育，既能较好解决工学矛盾，又能让大家在相互学习的氛围中学到知识、增长见识，取得了"干什么学什么，缺什么补什么"的良好效果。

六、加强培训，提高人员业务技能（响水涧）

响水涧公司针对实施过程中遇到的运行人员维护技能弱、运维负责人资质人员少的问题，组织开展了多形式、分类别、全方位的培训，解决了岗位轮换受限的问题，确保运维一体化工作有序推进。

（1）岗位交叉培训。传统生产模式，运行、维护人员从事业务单一、分工较细，响水涧公司利用传统模式人员专业深度优势，打破运行、维护培训常规思路，开展运维岗位交叉培训。组织运行、维护人员分批分专业轮换进行跟班学习和监护实践；结合机组检修、设备消缺等工作，组织培训人员参与现场实践，强化培训效果；指定人员"传""帮""带"，明确部门"督""考""评"，确保从方案到实施全面监管和落实。

（2）"授课+互动问答+操作演练"。每月培训员收集培训需求，结合下月现场工作，本着"干什么学什么，用什么练什么，缺什么补什么"的原则制定培训计划，采用授课+互动问答+操作演练的方式，将缺陷、异动、技改、事故处理、业务流程等搬上讲台，进行讨论学习，有效地避免了单一授课方式的枯燥性，极大地调动了培训人员的学习热情。建立培训监督制度，部门负责人不定期抽查培训情况，培训员负责培训监督，了解培训效果，发现问题及时调整。实现了培训内容实用化、培训方式专业化、培训效果最大化，形成了学真知识、练真功夫的培训氛围。

（3）"人人上讲台、个个当讲师"。将原来一人讲、多人听的灌输式的学习，变为人人讲、大家谈的互动式培训。不管是新员工还是老师傅，都有机会在讲台上谈一谈自己对某一专业知识的理解，交流工作经验、探讨学习心得，在交流讨论中提炼总结好的理念、方法。备课和制作课件对于每个员工来说本身就是一次专业知识强化过程；在台上不管讲的如何，也不论是否有足够的深度，对讲台上的员工来说，表达能力、心理素质以及专业知识都得到难得的锻炼；通过讲课过程中台上台下自由讨论，许多专业问题越辩越明、越理越清。

（4）以考促培、以赛促学、以学促升。培训采用"痕迹化"管理，建立培训档案，归档培训课件、图纸资料及相关影像图片，并设置共享文件夹，共享培训资料，方便大家课后再学习。建立逢培必考机制，每次培训结束，对人员接受培训情况进行考核，考核成绩与员工绩效考核挂钩，奖优罚劣，增强考核激励，提高培训参与积极性和学习主动性。多次举办了技术比武、劳动竞赛，通过技能竞赛带动了运维人员学技术、练技能的良好风气，形成了青年员工钻研技术、创先争优、立志成才的热潮。

七、四举措抓好生产准备培训（洪屏）

洪屏公司在生产准备阶段认真贯彻新源运维一体化生产准备工作要求，以"培训先行、助力生产"为指导，科学制定培训方案，开展点面结合、立体交叉的培训，生产准备人员顺利达到上岗工作要求。

1. 研精覃思，系统推进培训工作

（1）为确保培训工作的稳步推进，洪屏公司根据新源运维检修部对运维人员的要求，制定了"丰培基础培训—天荒坪集中培训—同类型电站培训—机电安装跟班培训"四阶段的生产准备总体培训方案。

（2）充分利用新源公司现有资源和安装调试期特有条件针对性地细化阶段培训方案，并安排业务骨干参与教学，对全体参培人员按计划、分步骤、有侧重地进行强化培训。各阶段培训任务完成后及时开展总结，分析存在的问题，提出应对措施，并修订下阶段培训计划。

（3）重点着眼于安装调试阶段的培训策划和管理，将全体参培人员根据自身特点和专业划分成多个学习小组，参与现场各系统的安装和分部调试。根据工程进度，按时完成并共享分系统安装调试总结报告，开展"每周讲堂"，组织各小组互助互学。

2. 专人带队，引导学员成长

参培人员均为新进大学生，而培训地点又多在外地，存在诸如个别学员自律性不强、自制力稍差，不适应倒班方式，安全意识不强，归属感欠缺等问题。学员在培训期遇到的

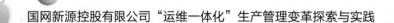

学习、生活、思想等情况如果不能及时、全面地反馈回公司，将严重影响学员成长。

为此，洪屏公司选派了两名经验丰富的运维组长作为管理人员参与现场培训并兼任现场领队，负责培训人员日常的学习和生活管理，严肃培训纪律，加强与丰培中心和各单位的沟通协调工作，及时将参培人员的培训情况和日常表现反馈给公司。

洪屏公司明确由一名领导班子成员分管此项工作，采取不定期现场座谈等形式，了解参培人员的思想动态，对于参培人员在学习、生活上的困难，及时协调解决。同时，安排企业优秀员工现场传授职业经验，宣扬良好工作作风，树立杰出员工榜样。

实行上述措施后，有效消除了参培学员的困惑，明确了方向，增强了团队意识，受到新源公司以及丰培中心、天荒坪公司的一致好评。

3. 形式多样，培养复合人才

培训过程中洪屏公司结合自身特点组织开展互助互学讲堂、厂家培训、劳动竞赛、技术比武、反事故演习等多形式的培训，营造比、学、赶、帮、超的竞争氛围。

统筹安排设备主人参加计算机监控系统联合开发、出厂验收、专业设计联络会，与设计、厂家、施工、监理等参建各方面对面学习交流，快速提升了参培人员对电站各设备系统的设计理念、安装工艺、设备性能、流程逻辑等方面的理解。

在现场安装调试跟班培训过程中，鼓励参培人员积极参与 QC 成果、专利发明活动，培养"专一、会二、懂三"的复合型人才。

4. 从严考核，建立激励机制

培训伊始，洪屏公司即制定现场参培学员管理与考核制度。成立由现场领队、兄弟单位培训负责人和班组长、各学习小组牵头人组成的洪屏公司生产准备培训"考评小组"。

制定考评细则，每月根据参培人员的学习成绩、现场表现、劳动纪律等进行全面的测评，及时将测评结果发布并反馈公司。

阶段培训结束后，对优秀学员和优秀培训师进行评选和表彰。考评成绩按一定权重纳入班组长岗位竞聘和运维专责资格认证总成绩。上述激励机制充分调动员工自主学习积极性，培育了严谨、严肃的组织纪律，激发了学员争先创优的热情和活力。

第五章

新 时 代 新 发 展

中国国家主席习近平在 2020 年 9 月 22 日召开的第 75 届联合国大会上表示："中国将提高国家自主贡献力度，采取更加有力的政策和措施，二氧化碳排放力争于 2030 年前达到峰值，争取在 2060 年前实现碳中和。"这一庄严的承诺，彰显了中国坚持绿色低碳发展的战略定力和积极应对气候变化、推动构建人类命运共同体的大国担当，得到国际社会高度赞誉和广泛响应。

作为世界第二大经济体和最大的发展中国家，中国当前仍处于工业化和城市化发展阶段中后期，能源总需求一定时期内还会持续增长，而主要发达国家已经逐步进入后工业化时代，十多年前就达到了碳排放高峰。根据英国石油公司（BP）《2020 世界能源统计》提供的数据，欧盟于 2006 年达到能源消费高峰，同年达到碳排放高峰，到 2019 年已经下降 22.4%；美国于 2007 年达到能源消费高峰，同年达到碳排放高峰，到 2019 年已经下降 15.6%；中国 2019 年能源消费、碳排放比 2006 年分别提高了 69.7% 和 47.2%。这也就意味着从碳达峰到碳中和，发达国家有 60～70 年的过渡期，而中国只有 30 年左右的时间。实现碳中和碳达峰，中国的难度和力度都要比发达国家大得多。

要按期实现 2030 年碳达峰 2060 年碳中和，需要在推动产业结构优化、推进能源结构调整、支持绿色低碳技术研发推广、完善绿色低碳政策体系、健全法律法规和标准体系等方面持续发力，其中能源结构的调整正是关键一环。截至 2020 年底，全国全口径发电装机容量 22 亿 kW，其中风电＋太阳能发电装机容量 5.35 亿 kW，占总装机容量的 24.3%。2030 年如果风电和太阳能发电装机容量达到 12 亿 kW 以上，风电和太阳能发电装机占比有望超过 40%，中国将形成以新能源为主体的新型电力系统。

抽水蓄能对"构建以新能源为主体的新型电力系统"意义重大。新能源的随机性、波动性决定了新能源并网规模越大，协调平衡调节需求越大。研究表明当电力系统中新能源电量占比达到 10% 时，调节需求就出现拐点，随着新能源占比提高而陡增。在所有储能

方式中，抽水蓄能电站启停时间短、调节速度快、具有双倍调节能力，是技术最成熟，最具经济性和大规模开发潜力的路径。"十三五"期间，国家电网经营区新能源利用率从84.6%提高到97.1%，抽水蓄能起到了重要作用。

抽水蓄能电站具有调峰、调频、调相、储能、系统备用和黑启动"六大功能"，以及容量大、工况多、速度快、可靠性高、经济性好等"五大技术经济优势"，在保障大电网安全、促进新能源消纳、提升全系统性能中发挥着"三大基础作用"，有着显著的基础性、综合性和公共性特征，具备"源网荷储"全要素特性，本质上是电网的基本单元，是能源互联网的重要组成部分，推动能源转型发展的重要支撑。

2017年，中国抽水蓄能电站装机容量达到2773万kW，超过日本成为世界上抽水蓄能装机容量最大的国家，但与实际需求相比仍存在巨大缺口。截至2020年年底，中国抽水蓄能电站总装机规模达到3149万kW，仅占中国电源总装机的1.43%，占比明显偏低。随着碳达峰碳中和的征程开启，抽水蓄能电站建设工作开始提速。

2021年，国家能源局印发《2021年能源工作指导意见》，重点指出要开展全国新一轮抽水蓄能中长期规划，稳步有序推进储能项目试验示范，助力中国早日实现碳达峰、碳中和。

2021年3月1日，国家电网公司发布央企首份碳达峰碳中和行动方案，明确了6方面18项重要举措，将自身定义为能源清洁低碳转型的"引领者""推动者""先行者"，大力推进能源生产和消费革命，"加快抽水蓄能电站建设"是其中的重要内容。国家电网公司在发布碳达峰碳中和行动方案的基础上，进一步出台加快抽水蓄能开发建设六项重要举措，明确共创共享、共同发展理念，深化合作、携手共进，推动抽水蓄能产业发展，为碳达峰碳中和贡献智慧和力量。

新源公司作为国家电网公司主导产业，承担着保障大电网安全和促进新能源消纳的重要任务，肩负着助力新型电力系统构建，服务碳达峰碳中和目标的重要使命，在建设具有中国特色国际领先的能源互联网企业中具有特殊重要地位。

"十三五"期间，新源公司助力新能源消纳超过1400亿kW·h，新能源利用率实现95%以上，显著提升新能源利用水平，减排二氧化碳约1383万t、二氧化硫约9万t，环境效益突出。

"十三五"期间，新源公司取得了跨越式发展，提前实现了"三步走"战略，具备了坚实的物质基础、技术积累和人才储备。截至2020年底，新源公司管理资产总额1325.67亿元，管理单位60家，分布在20个省市、自治区，员工总数7000余人。管理装机容量

6715.4 万 kW（含已核准待开工项目），其中，抽水蓄能电站 50 座，装机容量 6220 万 kW（运行 2027 万 kW、基建 4193 万 kW）；常规水电站 6 座，装机容量 495.4 万 kW；开展可研和预可研抽水蓄能项目近 3000 万 kW。"十三五"期间，新源公司机组台均启动次数、年均综合利用小时数分别较"十二五"增长 1.5 倍、2 倍，累计完成发电量 1562.3 亿 kW·h，机组启动成功率提升至 99.95% 以上，年均响应电网需求紧急启动超过 5200 次，有力保障了电网安全稳定运行。新源公司持续关注员工职业发展与能力培养，不断健全人才管理办法，搭建领导职务、职员职级、专家人才三条通道并行互通的职业发展体系，让员工发展多元化。

2020 年，面对突如其来的新冠疫情和严峻复杂的经营形式，新源公司克服管理单位跨度广、生产保电任务重等挑战，坚持疫情防控和安全生产两手抓，逆势而上，提出了"1242 提升·精彩"工程。"1242"是指"一个统领、两个定位、四个显著提升、两个走在前作表率"。"一个统领"，坚持以国家电网公司战略为统领。"两个定位"，抽水蓄能功能定位：保障大电网安全的忠诚卫士、促进新能源消纳的友好伙伴、提升全系统性能的普惠使者；公司职责定位：战略目标落地的践行者、电网主导产业的建设运营者、能源互联网建设的支撑者、能源转型发展的助推者。"四个显著提升"，显著提升精益管理能力，显著提升科技创新能力，显著提升企业治理能力，显著提升党建引领能力。"两个走在前作表率"，在践行国家电网公司战略中走在前作表率，在推动公司高质量发展中走在前作表率。

2021 年，为落实国家电网公司"一体四翼"发展布局，实现在国家电网公司"碳达峰、碳中和"行动中走在前，在加快抽水蓄能电站开发建设中做表率，新源公司发布了《国网新源控股有限公司关于落实国家电网有限公司"碳达峰、碳中和"行动方案加快抽水蓄能开发建设的实施意见》，明确了 8 大类 28 项重点工作任务。

当前，新源公司在建的抽水蓄能电站规模达到历史新高（见表 5-1）。

表 5-1　　　　　新源公司在建抽水蓄能项目发电工期安排
（截止 2020 年 9 月 29 日）

序号	单位名称	装机（万 kW）			首台机（年）	末台机（年）
		台数	单机容量	总装机		
1	丰宁一期	6	30	180	2021	2024
	丰宁二期	6	30	180	2022	2024
2	荒沟电站	4	30	120	2021	2022

续表

序号	单位名称	装机（万 kW）			首台机（年）	末台机（年）
		台数	单机容量	总装机		
3	敦化电站	4	35	140	2021	2022
4	金寨电站	4	30	120	2022	2023
5	天池电站	4	30	120	2023	2023
6	句容电站	6	22.5	135	2025	2026
7	沂蒙电站	4	30	120	2021	2022
8	文登电站	6	30	180	2023	2024
9	蟠龙电站	4	30	120	2024	2025
10	镇安电站	4	35	140	2024	2025
11	厦门电站	4	35	140	2024	2025
12	阜康电站	4	30	120	2024	2025
13	清原电站	6	30	180	2025	2026
14	缙云电站	6	30	180	2025	2027
15	宁海电站	4	35	140	2025	2026
16	洛宁电站	4	35	140	2026	2027
17	芝瑞电站	4	30	120	2027	2028
18	平江电站	4	35	140	2026	2027
19	易县电站	4	30	120	2026	2027
20	衢江电站	4	30	120	2027	2028
21	潍坊电站	4	30	120	2026	2027
22	抚宁电站	4	30	120	2029	2030
23	蛟河电站	4	30	120	2027	2028
24	哈密电站	4	30	120	2027	2028
25	垣曲电站	4	30	120	2028	2029
26	桐城电站	4	32	128	2027	2028
27	磐安电站	4	30	120	2027	2028
28	泰二电站	6	30	180	2028	2029
29	浑源电站	4	37.5	150	2028	2029
合计		134		4133		

　　抽水蓄能行业不仅在"量"的方面飞速发展，在"质"的方面也开始了蜕变。中国已逐步实现了抽水蓄能机组的独立设计、设备制造和安装调试，创造了抽水蓄能机组关键技术和成套设备从无到有、从弱到强的根本性跨越。未来，更加智能的抽水蓄能电站将成为

主流。这是抽水蓄能行业主动适应能源革命与数字革命融合发展新趋势,加快先进信息通信技术、控制技术、能源技术在抽水蓄能领域的融合应用的必然结果。新源公司与国网电科院合作完成了研究报告《智能抽水蓄能电站技术体系和状态检修技术研究项目》。研究报告指出:智能抽水蓄能电站是建立在集成的、高速双向通信网络的基础上,通过先进的传感和测量技术、先进的设备、先进的控制方法以及先进的辅助决策系统技术的应用,实现抽水蓄能电站的可靠、安全、经济、高效、环境友好的目标。智能抽水蓄能电站以坚强智能电网为服务对象,以源网协调发展的"无人值班"(少人值守)模式为基础,以通信平台为支撑,具有信息化、自动化、互动化的特征,实现"电力流、信息流、业务流"的高度一体化融合。

智能抽水蓄能电站的内涵包括:

(1)坚强可靠:通过先进技术的应用,提高设备质量,提升设备运行水平,延长使用寿命;同时,随着相关技术的发展,智能控制成为可能,可以大幅提高辅助决策能力,逐步实现相关系统自愈功能,提高安全稳定运行水平。

(2)经济高效:通过优化调度,确定机组科学合理运行方式,提高发电效益;实现状态检修提高设备可用率、降低检修成本;通过整合业务流程、简化管理程序,提高管理效率、降低管理成本。

(3)集成开放:智能抽水蓄能电站通过不断的流程优化,信息整合,实现企业管理、生产管理、自动化与电力市场业务的集成,形成全面的辅助决策支持体系,提供高品质的附加增值服务。

(4)友好互动:即抽水蓄能电站与电网之间,和谐互动、协同配合、相互促进。

智能抽水蓄能电站的特征可概括为以下几点:

(1)全厂信息数字化:基于 IEC 61850 标准的体系架构,形成标准的现场总线,实现测控信息数字化。

(2)通信平台网络化:基于开放标准协议,以光纤以太网部署全站网络环境,实现数据的可靠高速传输。

(3)信息集成标准化:遵循标准先行的原则,制定统一的建模规范与命名规范,实现全站模型资源的统一管理。

(4)业务应用一体化:基于标准的服务总线和消息总线,构建统一的业务平台,实现对智能抽水蓄能电站各类业务的支持。

(5)辅助决策智能化:具有辅助决策支持的数据分析能力,提高可靠性、降低成本、

提高收益和效率。

总体来看，中国抽水蓄能电站呈现出"有质有量"的发展趋势，与之相适应的运行检修体系也将呈现出"有质有量"的发展趋势。

未来，运维检修体系将以自主创新为引领，以数字化和智能化为依托，以精益运维为核心，覆盖设备全寿命周期的每个环节。通过覆盖各级管理机构的云平台、数据中台和物联管理平台，着力释放数据"倍增效应"。结合智能控制和新型通信技术发展，完善设备智能化测控和传感手段，实现设备状态在线监测全覆盖。制定智能设备设施技术标准，加大先进传感技术应用，融合变压器油色谱、局放、压力等先进实用智能传感技术，统一智能设备接口规范，推动设备设施状态在线监测、全面感知、主动预警和智能研判，提升设备管理水平。推进运行值守智能化转型，研究事前自动预警、报警根因分析、运行趋势研判、多系统联动等手段应用，为运行值守做好辅助支撑。发挥抽水蓄能规模效应和集群优势，推行集控中心建设，提供更精准灵活调节。通过生产期缺陷技术反馈机制，促进规划前期和建设技术完善。围绕设备缺陷、隐患及反措等重点治理，开展老旧设备延寿评估、强化监测手段，推进发电电动机、水泵水轮机等老旧设备及水工监测改造，推广应用减污降碳技术，提升抽水蓄能电站能源能耗管理。

经过多年探索与实践，新源公司在基层单位推行运维一体化模式取得了显著的效果，抽蓄电站运检组织机构基本一致，运检业务初步融合，设备主人逐步发挥作用，班组力量得到充实，设备日常维护工作得到保障，生产管理专业化、精益化、规范化水平大幅提升，机组启动成功率逐年提高，缺陷隐患数量逐年下降，服务电网能力充分彰显。但是，与"有质有量"的抽水蓄能电站发展趋势所要求的维护需求来说，基层单位还存在机电运维班组人数偏多、业务融合不够充分、运维轮换相对机械化、运维人员动手能力有所欠缺、值守业务水平提升较慢等问题。

新源公司在前期探索的基础上，将运维一体化升级为涵盖"电站运维一体化、现场作业标准化、状态评价专业化、运检管理精益化"等内容的全面运检管控体系，主要包括：

完善电站运维一体化体系。建立运维一体化模式下的设备管控体系，完善运检管理手册，推广设备运检规程，提高运检管理效率。全面实施电站设备主人制，以业务融合和班组建设为重点，细化设备主人岗位职责，落实设备管理主体责任，进一步完善运维一体化体系，规范运维作业安全风险管控，规范运维一体化班组业务管理，提升设备主人能力，提高设备运维质量。研究优化检修公司的功能定位，提升检修公司和技术中心专业服务支撑能力，建立健全以"本部综合管控协调，电站设备主人为主，检修公司协助，开展日常运维修试工作；设备厂家和专业队伍协作，提供专业维保等专业服务支持；技术中心提供状态评价和故障会诊等技术支撑"的多级设备运维保障机制。研究推进区域集控中心试点工作。

健全现场作业标准化。深入融合运维一体化后值守、操作、运维和检修等业务，规范值守操作作业标准化，推广典型监控流程和监控画面的应用，强化值守岗位人员培训，提升值守人员应急处理能力；推行现场操作采用移动终端，规范操作作业流程。以"设备树"为抓手，编制设备日常运维工作典型表单，加强设备日常运维，完善现场作业风险库，落实公司侧、电站侧生产早会制，强化现场作业风险管控。进一步深化检修作业标准化，优化检修维护策略，深入推行检修监理制，推行检修典型记录卡及可视化检修现场管理，简化两册一书，简化非关键的检修作业标准化管理环节，提升检修质量。

推进状态评价专业化。充分利用"大云物移"等新技术，推进移动终端功能扩展至生产业务管理，研究新技术在人员定位、物防技防、资源共享等方面的应用。丰富状态检测手段，加大在线预警图像识别等在线监测新技术应用，建设设备状态监测和评价系统平台，建立健全设备健康状态评价模型，依托大数据预警和分析应用，提升设备状态评价水平。建立健全运行分析机制，从各电站、技术中心、本部三个层面按月度、季度、年度，从运维质量、趋势分析、设备健康多维度加强设备分析，提升设备状态掌控能力。加强运检大数据分析应用，加大状态评价人才队伍建设，提升量化分析评价水平，为实施预防维护、状态检修提供支撑。

提升运检管理精益化。夯实运检管理基础，不断完善运检管理制度，制定运检业务技术标准，提升运检队伍业务技能水平，提升运检工作效率。建立健全设备全过程管理机制，加大反事故措施向设备选型、制造等源头反馈的工作力度，加大设备选型、技术监督等技术标准建设，强化全过程技术监督管理，提升设备本质健康水平。加强技改大修项目精益化管理，强化项目实施过程管控，提高技改大修项目管理质量。加强运检业务培训，稳步提升生产准备规范化水平。

新源公司主动适应能源革命与数字革命融合发展新趋势，聚焦企业数字化转型，推进设备精益运维、机组状态检修，抓好设备智能升级，深化机组服务电网研究，优化机组运行策略，为不断完善本部统筹调控、集约专业管理、电站运维一体的生产管控模式而奋进。

"道阻且长，行则将至"。新源人在运维一体化的道路上付出了汗水与智慧，收获了果实与种子；未来，将不忘初心砥砺奋进，在这条道路上走得更精彩。

参 考 文 献

[1] 习近平. 在第七十五届联合国大会一般性辩论上的讲话 [N]. 人民日报，2020-09-23（02）.

[2] 中华人民共和国国民经济和社会发展第十四个五年规划和2035年远景目标纲要 [N]. 人民日报，2021-03-13（001）.

[3] 刘振亚. 智能电网技术 [M]. 北京：中国电力出版社，2010.

[4] 林铭山. 抽水蓄能发展与技术应用综述 [J]. 水电与抽水蓄能，2018，4（01）：1-4+22.

[5] 胡鞍钢. 中国实现2030年前碳达峰目标及主要途径 [J]. 北京工业大学学报（社会科学版），2021，21（03）：1-15.

[6] 常玉红，徐伟，杨文道，朱中山，张士忠. 国网新源运维一体化研究与实践 [J]. 中国设备工程，2017（16）：12-15.

[7] 李例. 我国抽水蓄能电站发展及抽水蓄能专委会工作十年回顾[C]. 抽水蓄能电站工程建设文集. 中国水力发电工程学会，2005：11-23.

[8] 毕扬. 抽水蓄能电站运维一体化管理模式的创新与实践 [C]. 中国水力发电工程学会信息化专委会、中国水力发电工程学会水电控制设备专委会. 中国水力发电工程学会信息化专委会、水电控制设备专委会2013年学术交流会论文集. 中国水力发电工程学会信息化专委会、中国水力发电工程学会水电控制设备专委会：中国水力发电工程学会，2013：618-623.

[9] 万正喜，邹中林. 抽水蓄能电站运维一体化管理 [J]. 企业管理，2018（S1）：108-109.

[10] 孙章豪，熊续平. 抽水蓄能电站运维一体化模式下设备主人职责落实的探索与实践 [C]. 中国水力发电工程学会电网调峰与抽水蓄能专业委员会. 抽水蓄能电站工程建设文集2018. 中国水力发电工程学会电网调峰与抽水蓄能专业委员会：中国水力发电工程学会电网调峰与抽水蓄能专业委员会，2018：580-583.

[11] 陈怡，田川，曹颖，等. 中国电力行业碳排放达峰及减排潜力分析 [J]. 气候变化研究进展，2020，16（5）：632-640.

[12] 孙圣博. 我国抽水蓄能电站建设及管理分析 [C]. 中国水力发电工程学会电网调峰与抽水蓄能专业委员会. 抽水蓄能电站工程建设文集2018. 中国水力发电工程学会电网调峰与抽水蓄能专业委员会：中国水力发电工程学会电网调峰与抽水蓄能专业委员会，2018：20-23.

[13] 李浩良. 天荒坪抽水蓄能电站在运维一体化模式下生产人员岗位成长路径设计与实践 [J]. 水电

与抽水蓄能，2019，5（03）：2-4.

［14］ 刘国刚. 广州蓄能水电厂管理改革探索与实践［J］. 水电站机电技术，2002（01）：62-64.

［15］ 李臣. 抽水蓄能电站管理模式初步研究［C］. 中国水力发电工程学会电网调峰与抽水蓄能专业委员会. 2004年全国抽水蓄能学术年会论文集. 中国水力发电工程学会电网调峰与抽水蓄能专业委员会：中国水力发电工程学会，2004：243-249.

［16］ 佟德利，郝峰，魏春雷，茹松楠. 智能抽水蓄能电站工程数据中心建设研究［J］. 水电与抽水蓄能，2019，5（04）：6-10.

［17］ 何雪飞. 面向智能电网的抽水蓄能电站的智能化研究［J］. 大电机技术，2017（04）：66-70.

［18］ 梁启凡，李文雅. 基于智能电网的抽水蓄能电站智能化分析［J］. 通信电源技术，2018，35（07）：249-250.

［19］ BP，Statistical Review of World Energy June 2020，http://www.bp.com/statisticalreview.